U0504154

海南国际旅游岛建设报告

(2014)

ANNUAL REPORT ON THE CONSTRUCTION
OF HAINAN INTERNATIONAL TOURISM ISLAND (2014)

赵康太　曹锡仁/主编

陈　耀　祁亚辉　詹兴文　陈　文/副主编

社会科学文献出版社

SOCIAL SCIENCES ACADEMIC PRESS (CHINA)

海南争创中国特色社会主义实践范例的真实写照

赵康太 *

建设海南国际旅游岛，是党中央和国务院立足我国全面深化改革和社会主义现代化建设全局做出的重大战略决策。

根据国际旅游岛的建设战略定位，到 2020 年，海南将逐步建设成为生态环境优美、文化魅力独特、社会文明祥和的开放之岛、绿色之岛、文明之岛、和谐之岛，成为中外游客的度假天堂和海南百姓的幸福家园。2013 年 4 月，习近平总书记在海南考察时，针对海南国际旅游岛建设，又提出了海南国际旅游岛建设的新目标："海南作为全国最大的经济特区，后发优势多，发展潜力大，要以国际旅游岛建设为总抓手，闯出一条跨越式发展路子来，争创中国特色社会主义实践范例，谱写美丽中国海南篇章。"

建设海南国际旅游岛，争创中国特色社会主义实践范例，谱写美丽中国海南篇章，这是前所未有的崭新事业，也是习近平总书记代表党中央对海南国际旅游岛建设提出的新的历史使命。

在中国共产党海南省委和省人民政府的正确领导下，海南人民将习近平总书记和党中央的要求化为行动指南，埋头苦干，奋起直追，克服了国际旅游岛建设中的诸多困难，以建省办经济特区的经

---

* 赵康太：海南省社科联党组书记、主席，博士，教授，博士生导师，国务院特殊津贴专家。

验为基础，充分发挥了海南经济特区的优势，积极探索，先行试验，勇于实践，敢于创新，不断进行全面深化改革的探索和试验，许多重大项目相继竣工，各项民生措施不断推出。今天的海南已经站在了国际旅游岛建设的新起点上，正按照习近平总书记的要求，"发扬特区敢闯敢试、敢为人先的精神，在打造更具活力的体制机制、拓展更加开放的发展局面上走在全国前列"。

海南国际旅游岛建设的目标十分明确，就是要建成中国旅游业改革创新的试验区，世界一流的海岛休闲度假旅游目的地，全国生态文明建设示范区，国际经济合作和文化交流的重要平台，南海资源开发和服务基地，国家热带现代化农业基地。由于肩负着争创中国特色社会主义实践范例的历史使命，海南有必要把其在国际旅游岛建设中取得的成就系统地进行总结，特别是将海南在试点探索、投石问路、大胆探索、先行一步中取得的经验上升为中国特色社会主义的实践范例，将海南局部的小胜推演为全国的大胜，从而为我国全面深化改革的顶层设计提供实践的范例，为中国特色社会主义建设做出独特的贡献。

根据国际旅游岛建设的发展战略和战略定位，《海南国际旅游岛建设报告》在内容设置上分为总报告和分报告，系统地总结了海南国际旅游岛建设的进展和成就，并用大量数据和事实对海南的旅游产业、新兴产业、农业经济、海洋经济、文化建设、生态文明建设和社会事业等的发展情况进行了全面分析论证。本书还在采集大量数据和陈述充分事实的基础上，增加了专题篇和案例篇，对海南国际旅游岛建设进行了专题论述和实例举证，使海南争创中国特色社会主义实践范例的伟大实践得到了具体展现，较好地体现了其编写意图。

本书不是政府文件，也不是学术研究报告，却兼有两者的特征。本书着重总结实践经验和进行理论分析，特别重视实战案例研究，是海南国际旅游岛建设成就和经验的系统总结，也是海南争创中国特色社会主义实践范例最新进展的鲜活展示，同时也对海南经济社会发展的趋势进行了比较科学的预测。

因此，有关海南国际旅游岛建设的系列图书会持续编下去。它们将成为海南争创中国特色社会主义实践范例的真实写照，见证海南国际旅游岛建设的伟大历史进程。我们希望本书能成为有关部门进行决策和专家学者进行学术研究的重要参考，也希望它能成为关心海南、了解海南和研究海南的重要窗口，当然更希望它能为中国特色社会主义建设和全面深化改革提供鲜活的实践范例。

目　录

ⒷI　总报告

ⒷII　分报告

ⒷIII　专题篇

B IV 案例篇

总 报 告

谱写美丽中国海南篇章

——海南国际旅游岛建设年度报告（2013~2014）*

一 2013年海南国际旅游岛建设发展回顾与分析

2013年，面对错综复杂的国内外形势和多次严重自然灾害，各地区和各部门在省委、省政府的正确领导下，以科学发展观为指导，认真学习贯彻党的十八大和十八届二中、三中全会的内容和习近平总书记视察海南的重要讲话精神，坚持稳中求进的工作总基调，稳增长、调结构、转方式、惠民生，全面推进国际旅游岛建设。社会经济发展总体良好，较好地完成了年初确定的各项目标任务，为全面建成小康社会和实现绿色崛起奠定了良好的基础。

（一）经济实现平稳较快增长，综合经济实力进一步提升

2013年，海南国际旅游岛建设发展面临的宏观经济环境错综

---

* 本报告负责人：曾德立。

复杂，比如国外需求下降，国内部分行业产能过剩，内需减弱，市场竞争十分激烈，同时海南的经济基础薄弱，产业结构性矛盾突出，这些因素都导致全省经济下行压力明显加大。面对严峻的形势，全省上下"抓投资、促增长"，组织开展多种形式的岛外促销活动，深入推进减轻企业税负专项行动，采取"一对一"企业帮扶、生产要素调度等有针对性的综合措施，确保了经济运行平稳和较快增长。2013年全省实现地区生产总值3146.46亿元，按可比价格计算，比2012年增长9.9%，较好地实现了年初确定的预期增长目标，增速比2012年快0.8个百分点。其中，第一产业增加值为756.47亿元，增长6.3%；第二产业增加值为871.29亿元，增长9.2%；第三产业增加值为1518.70亿元，增长12.1%。

海南2013年的经济运行呈现七大亮点。

一是经济总量跨越3000亿元台阶。全省全年实现地区生产总值（GDP）3146.46亿元，继2006年超过1000亿元、2010年超过2000亿元后，跨越了3000亿元台阶，3年实现千亿元跨越，总量规模迅速扩大，标志着海南综合经济实力明显增强。

二是主要经济指标增速好于预期、高于全国。全年地区生产总值同比增长9.9%，实现了年初确定的预期目标，高出全国2.2个百分点。其中农业增加值增长6.3%，高出全国2.3个百分点；服务业增加值增长12.1%，高出全国3.8个百分点。农业和服务业均实现了年初确定的预期目标。固定资产投资增长27.0%，高出年初确定的预期目标7个百分点，高出全国7.4个百分点，位居全国前列；社会消费品零售总额增长14.0%，完成年初确定的预期目标，高出全国0.9个百分点，位居第3；出口增长18.2%，高出全国10.3个百分点，位居第8。

三是调结构、转方式取得新进展。产业结构继续优化：服务业产值占 GDP 的比重提高了 1.4 个百分点。工业高技术产业比重进一步提高，全省规模以上工业中医药、电子信息、新材料和新能源三大产业产值所占比重为 9.9%，同比提高了 1.4 个百分点。民间投资活跃，投资结构优化，民间投资占固定资产投资比重为 50.6%，比 2012 年提高了 0.8 个百分点，成为经济稳增长的重要力量。转方式取得新成效：全年万元规模以上工业增加值能耗比 2012 年下降 0.67%；单位 GDP 建设用地下降 8.0%。高新技术产业发展迅速，全年新培育并通过国家高新技术企业认定的企业有 28 家。

四是宏观经济运行质量和效益得到提高。全年地方公共财政预算收入 480.52 亿元，增长 17.4%，比预期增长目标快 2.4 个百分点，实现了增长速度与质量效益相统一。其中税收收入 411.59 亿元，占地方公共财政预算收入的 85.7%，增长 17.3%。

五是物价调控取得明显成效。政府进一步加大了物价调控力度，把稳定物价放在突出位置，采取了保障供应、搞畅流通等一系列措施，取得了良好效果。全年居民消费价格总水平（CPI）只比 2012 年上升了 2.8，明显低于 5% 的预期目标，处于比较温和的水平。

六是劳动力就业情况良好。全年城镇新增就业人数 9.94 万人，比 2012 年增长 2.5%；年末城镇登记失业率为 2.17%，保持在较低水平。农村劳动力转移 9.50 万人，增长 2.2%。年末从业人员有 504.87 万人，比 2012 年末增长 4.3%。其中城镇从业人员有 198.20 万人，增长 8.2%。

七是区域发展协调性增强。从地区生产总值看，东部地区增长 10.2%，西部地区增长 10.4%，中部地区增长 9.7%，呈现协调增长态势；从地区投资看，东部地区增长 25.2%，西部地区增长 30.6%，中部地区增长 21.5%，均呈现快速增长势头，发展后劲不断增强；从地区社会消费品零售总额看，东部地区增长13.8%，西部地区增长15.1%，中部地区增长14.8%，中西部的增长快于东部；从地区财政收入看，东部地区增长16.1%，西部地区增长18.3%，中部地区增长22.6%，中部地区增速明显加快，区域发展协调性进一步增强。

（二）国民经济各行业保持稳定发展，产业基础不断夯实

1. 农业生产稳定发展

2013年，农业生产克服了H7N9禽流感，超强台风"海燕"，冬季罕见强降雨以及部分热带农产品市场需求不足、产品价格低迷等不利因素的影响。各级政府及政府各部门及时采取一系列生产补救措施，努力促进各种农业经济要素的流动配置，以及促进农业在强农惠农政策、技术进步等综合因素作用下保持稳定发展势头。2013年，全省农业增加值为756.47亿元，按可比价格计算，比2012年增长6.3%，自1997年以来，已连续17年保持6%以上的增长水平，为稳定海南整体经济增长奠定了坚实的基础。

（1）水果、蔬菜等大宗农产品稳产增产，奠定了农业经济增长的基础。2013年，全省种植业完成增加值315.47亿元，按可比价格计算，比2012年增长6.4%，对农业经济增长贡献率为42.7%，贡献率同比提高0.7个百分点，成为拉动农业经济增长的主导动力。总的来看，2013年农作物生长所需光、温、水条件十分充裕，大宗农产品生产迎来了一个丰年期。2013年，全省蔬菜产量为524.67万吨，比2012年增长5.1%；水果总产量为441.90万吨，比2012年增长3.1%；花卉种植面积为9.78万亩，比2012年增长17.6%。蔬菜、水果、花卉创造的产值达327.51亿元，占种植业产值比重达67.3%，为稳定农业经济增长发挥了极为重要的作用。

（2）渔业生产有效化解市场需求不足的影响，大力支持农业经济增长。2013 年，全省渔业完成增加值 205.34 亿元，按可比价格计算，比 2012 年增长 7.1%，对农业经济增长的贡献率为27.9%，同比贡献率提高了 2.0 个百分点，是农业经济增长的新亮点。2013 年，全省水产品总产量为 183.1 万吨，比 2012 年增长6.0%。其中，海水产品、淡水产品产量分别增长 3.3%、15.0%。其原因主要是越南巴沙鱼低价竞销欧盟市场和人民币持续升值，为了应对这些冲击，海南及时调整渔业生产结构，努力巩固和扩大热带水产品国际市场。尽管 2013 年全省水产品出口总值仍下降0.2%，但自 8 月起全省水产品出口已逐月恢复增长，为渔业发力撬动农业经济增长发挥了积极的作用。

（3）畜牧业逐步走出"猪周期"与禽流感阴影，总体走暖支持农业经济增长。2013 年，畜牧业完成增加值 133.21 亿元，按可比价格计算，比 2012 年增长 3.5%，对农业经济增长的贡献率为 9.8%，尽管同比贡献率下降了 10.0 个百分点，但全行业已基本走出"猪周期"和 H7N9 的阴影，逐步恢复增长。2013 年，全省生猪出栏量为 610.5 万头，比 2012 年增长 5.1%；家禽出栏量为 15035 万只，增长 2.5%；肉类总产量为 82.86 万吨，增长4.2%。

（4）天然橡胶保持较快增长，有效撬动林业支持农业经济增长。2013 年，林业完成增加值 82.15 亿元，按可比价格计算，比2012 年增长 7.5%，对农业经济增长的贡献率为 15.7%，同比贡献率下降 2.6 个百分点。林业生产增长主要得益于 2013 年年初全省总体处于暖冬状态，天然橡胶开割生产期比 2012 年同期提前了10 多天，产量显著增加。2013 年全省天然橡胶干胶产量达 42.69万吨，比 2012 年增长 8.1%，成为拉动林业经济增长的主导因素。另外，随着"绿化宝岛"行动的持续推进，更新造林、人工造林陆续进入抚育管理阶段，全省成、幼林抚育面积大幅增长。2013年，全省成林抚育面积达516.70万亩，比2012年增长36.5%；幼林抚育面积为78.49万亩，增长了5.0倍，有效地支持了林业经济的增长。

（5）农林牧渔服务业持续较快增长，为农业经济增长提供了坚强的保障。2013年，农林牧渔服务业完成增加值20.29亿元，按可比价格计算，比2012年增长9.6%，对农业经济增长的贡献率为3.9%。

2. 工业生产保持平稳增长

2013年，海南省工业生产面临较大困难，这些困难导致了海南工业生产的低速增长。其主要原因有：一是海南省最大的工业企业海南炼化因为制度性技术检修和扩能改造，停产约两个月；二是受市场需求不足和多种因素影响，部分企业生产量下降甚至出现停产；三是部分新投产企业没有达产。面对不利的形势，省委、省政府从政策、资金、能源调度等方面加大了对工业企业发展的扶持力度。省财政安排10亿元专项资金支持重点产业园区发展，引导和鼓励金融机构增加对中小企业的信贷投放，进一步减轻了企业的税收负担，切实加强了能源调度，通过推进"六个一"责任模式，使一批工业项目相继竣工投产，为工业的平稳增长提供了重要的支撑。海南省全年完成工业增加值551.11亿元，比2012年增长6.4%。其中，规模以上工业增加值为509.57亿元，同比增长6.3%。从轻、重工业看，轻工业增加值为130.95亿元，增长11.8%；重工业增加值为378.62亿元，增长4.5%。从经济类型看，国有企业产值为58.53亿元，增长5.6%；集体企业产值为0.48亿元，增长81.3%；股份合作企业产值为0.30亿元，增长23.8%；股份制企业产值为270.37亿元，增长20.2%；外商及港澳台投资企业产值为174.77亿元，下降9.9%；其他经济类型企业产值为 5.12 亿元，增长 8.8%。从企业效益看，全年列入统计监测的 385 家规模以上工业企业综合效益指数为 327.9%，比 2012年下降 40.9 个百分点；实现利润总额 105.82 亿元，比 2012 年减少 6.4%。

2013 年，海南省工业经济运行呈现三大亮点：

其一，亿元工业企业数量进一步增多。全年全省完成工业总产值亿元以上的企业有 183 家，占全省规模以上工业企业数的 46.8%，比 2012 年增加 6 家，比 2011 年增加 16 家，比 2010 年增加 28 家。其中，全年工业总产值超 5 亿元的企业达到了 57 家，比 2012 年增加 3 家，比 2011 年增加 8 家；全年工业总产值超 10 亿元的企业达到了 34 家，超 50 亿元的企业有 4 家。

其二，新增工业企业贡献大。全年全省新建投产的规模以上工业企业有 17 家，占全省规模以上工业企业数的 4.3%，全年实现工业增加值 29.4 亿元，对规模以上工业增加值增长的贡献率高达 93.2%，拉动规模以上工业增长 5.9 个百分点，是 2013年支撑全省工业经济增长的主要力量。其中 PTA/PET 项目、赣丰复合肥和富山油气三大新增项目贡献率在所有新增项目中位列前三。

其三，高端制造业增速较快。全年全省规模以上工业中，高科技制造业实现增加值 60.51 亿元，同比增长 17.2%，比规模以上工业增加值增速高 10.9 个百分点，对规模以上工业增加值增长的贡献率为 28.6%。其中，医药制造业增加值同比增长 8.4%，电子及通信设备制造业增加值同比增长 28.4%，医疗仪器设备及仪器仪表制造业增加值同比增长 33.9%。

3. 服务业保持较快增长

2013 年，服务业保持了较快的增长，规模不断扩大，水平不断提高，结构不断优化，在促进经济增长、调整产业结构、转变增长方式、协调社会发展、保障充分就业、提高人民生活水平等方面发挥了重要的作用，为海南经济发展和社会进步做出了积极的贡献。全年服务业实现增加值1518.70亿元，比2012年增长12.1%，对经济增长的贡献率达57.7%，是经济增长的主要推动力。

服务业实现较快增长，房地产业的贡献较大。凭借优越的生态环境和气候条件，海南省房地产市场保持了强劲的销售势头。全年房屋销售面积为1191.23万平方米，增长27.8%；销售额为1032.65亿元，增长40.4%。房地产业实现增加值288.54亿元，增长19.2%，对服务业增长贡献率为26.7%。

旅游业保持较快发展。由于深入贯彻落实《旅游法》，扎实有效开展"旅游市场整治年"活动，旅游秩序得到进一步规范。邮轮旅游迅速崛起助推海洋旅游发展，婚庆旅游市场持续火爆，韩国首尔至三亚直航包机航线成功复航，新增兴隆热带花园旅游区、东山岭文化旅游区、三亚亚龙湾热带天堂森林旅游区3家国家4A级旅游景区。全年实现旅游业增加值229.96亿元，比2012年增长11.3%。接待旅游过夜人数3672.51万人次，比2012年增长10.6%；总收入428.56亿元，比2012年增长13.0%。旅游接待能力进一步提高，年末全省共有挂牌星级宾馆177家，其中五星级宾馆25家，四星级宾馆46家，三星级宾馆82家。

交通运输、仓储和邮政业较快发展。全年交通运输邮政和仓储业实现增加值140.96亿元，比2012年增长6.6%。全年货物运输周转量为1399.33亿吨公里，下降10.1%；旅客周转量为570.16亿人公里，增长12.9%。全年邮电业务总量为110.44亿元，比2012年增长6.9%。其中，电信业务总量为101.58亿元，增长6.3%；邮政业务总量为8.87亿元，增长13.9%。

金融业快速发展。2013年全年金融业完成增加值151.64亿元，比2012年增长16.0%。海口联合农商银行、三亚农商银行等地方金融机构和浦发银行海口分行、国家开发银行三亚分行、民生银行三亚分行等金融机构先后开业。2013年年末全省金融机构本外币存款余额为5952.50亿元，比2012年年末增长16.4%。年末金融机构本外币贷款余额为4630.78亿元，比2012年年末增长18.9%。其中，短期贷款707.37亿元，增长35.6%；中长期贷款3685.42亿元，增长17.5%。金融机构效益较好。银行业金融机构资产总额为8558.99亿元，比2012年增长17.5%。利润大幅度增长，利润总额为108.53亿元，比2012年增长41.3%。不良贷款率为0.91%，比2012年下降0.15个百分点。

证券业保持良好发展势头。省发展控股、洋浦控股、金海纸浆、海航集团4家企业获国家发改委批准发行企业债券，华闻传媒、海南海药2家企业在银行间市场发行中期票据和私募债，海南航空发行美元债融资，海南瑞泽、海岛建设2家企业获批发行公司债。海南省证券业在2013年全年通过发行、配售股票共筹集资金61.77亿元；2013年年末省内共有上市公司26家，股票市价总值为1795.71亿元，比2012年增长24.3%；证券和期货交易总额为78394.42亿元，比2012年增长86.9%。

保险业不断发展壮大。全年保险保费收入为72.61亿元，比2012年增长20.5%。其中，财产保险收入31.70亿元，增长26.0%；人身险业务收入40.91亿元，增长16.5%。在人身保险收入中，人身意外伤害险收入1.88亿元，增长17.0%；健康险收入3.41亿元，增长23.6%；寿险收入35.62亿元，增长15.8%。全年赔付支出22.01亿元，比2012年增长21.1%。其中，财产保险赔付14.52亿元，增长18.6%；人身保险赔付7.49亿元，增长26.4%。在人身保险赔付中，人身意外伤害险赔付0.23亿元，增长7.9%；健康险赔付0.83亿元，增长23.0%；寿险赔付6.43亿元，增长27.7%。

（三）固定资产投资规模显著扩大，基础设施得到进一步完善，经济发展后劲大大增强

固定资产投资领域始终坚持深化改革、调整结构、提高效益的方针，在保持与国民经济增长相适应的投融资规模的同时，深化投资体制改革，加大投资结构调整力度，集中力量保证重点建设，从而使固定资产投资规模继续扩大。2013 年，全省固定资产投资总额完成 2725.40 亿元，比 2012 年增长 27.0%。其中，房地产开发完成投资 1196.76 亿元，增长 35.0%。全年施工项目有 2699 个，增长 8.6%，其中本年新开工项目有 1079 个，增长 8.6%。

重点项目建设进展较好。通过扎实有效地推进"项目建设年"，海南省在 2013 年全年对 349 个重点项目完成投资 1796.92 亿元，比 2012 年增长 31.1%，完成年度计划投资的 119.4%。20 万吨镀锡原板扩建、文昌热带食品饮料产业基地等项目竣工投产，海南亚洲制药 GMP 药厂、皇隆新药厂建设、澄迈统一饮料生产等项目和海口威斯汀酒店、海口希尔顿逸林酒店、海棠湾威斯汀度假酒店等一批高档酒店即将建成投产；昌江核电一期、屯昌至琼中高速公路、文昌航天发射场配套道路东郊至龙楼段、洋浦大桥、红岭水利枢纽、海棠湾国家海岸、陵水清水湾、香水湾、神州半岛、乐东龙沐湾、海南生态软件园、海马 30 万辆汽车、中石化成品油保税库等 156 个项目处于主体施工阶段；西环高铁、三亚红塘湾开发区、海秀快速路、国际旅游岛黎安风情小镇、长影海南国际影视基地、台湾民俗文化风情镇、海口 5A 级红树林乡村旅游风景区、海口户外休闲运动中心等 101 个新开工项目得到强力推进。

园区建设步伐加快。海南省在 2013 年安排了 10 亿元资金支持重点园区改善基础设施。洋浦开发区搬迁安置和项目建设步伐加快，儋州市三都镇整建制划入洋浦开发区。国际旅游岛先行试验区总体

规划和土地利用规划通过审核，土地征收、拆迁安置、项目建设和招商引资等工作取得新进展。博鳌乐城国际医疗旅游先行区获批并启动建设。老城开发区申报国家级开发区进展顺利。美安科技新城基础设施不断完善。国家级广告产业园区得以设立。

基础设施不断完善。全省高速公路全部进入国家高速公路网规划，西环高铁开工建设，海榆东线完成改造，洋浦跨海大桥主体工程合龙，屯昌至琼中高速公路建设、海文高速公路改造、海秀快速干道建设、定海大桥建设等工程进展顺利。基本实现农村公路和宽带"村村通"。红岭水库主体工程加快建设，大广坝灌溉系统已具备通水条件，重点小Ⅱ型水库除险加固全部开工。昌江核电顺利推进，农村电网改造步伐加快。南渡江流域土地整治取得阶段性成效，建设高标准基本农田 57 万亩，新增城镇供水能力 2.5 万吨/日，建成污水管网 305 公里。新建户用沼气 8500 户。琼北琼南天然气管道实现互联互通。南渡江引水、红岭灌区、铺前大桥、西南部电厂等项目前期工作取得了新的进展。

（四）各项改革力度加大，对外开放水平进一步提高

实行了企业投资项目备案制，取消、下放、调整、停止行政审批事项 314 项。纳入省政务中心集中办理审批事项达 1523 项，网络申报率达 50%，提前办结率达 99.6%。加来等 4 个农场顺利移交市县管理，三江等 4 个农场移交工作正式启动，教育和卫生防疫等移交工作有序推进。改革企业注册登记制度，新增登记企业 8305 家、个体工商户 20180 户，分别增长 46%、53.4%。启动"营改增"试点，落实结构性减税政策，取消和减免行政事业性收费 4 项。实行部门预算和"三公"经费公开，完善县级基本财力保障奖补激励转移支付办法，改革省对市县专项转移支付，加强政府债务管理，盘活闲置财政资金 36.6 亿元。理顺食品药品监管体制，健全基层安全

生产监管机构。治理乱埋乱葬坟墓 9.8 万座。国企国资、国有林场、公立医院、事业单位分类改革等都取得了新的进展。

对外开放水平不断提高。招商引资取得明显成效。海南省 2013 年组团赴长三角、珠三角、环渤海等地区开展系列招商活动，积极参与泛珠论坛、东盟博览会等经贸活动，引进了一批实体项目。海南省在 2013 年全年共签约项目 190 多个，签约额达 4200 多亿元；全年实际利用外商直接投资 18.11 亿美元，比 2012 年增长 10.3%；新签外商投资项目 62 宗，其中协议合同外商投资额为 8.43 亿美元。企业"走出去"步伐加快。海南省在 2013 年争取商务部对外投资合作资金 2457 万元，支持海航、省农垦集团、海域矿业等企业"走出去"。海航斥资成功收购西班牙 NH 酒店集团、荷兰提普拖车租赁公司；海胶集团与塞拉利昂政府签署投资合作协议，共同发展天然橡胶和水稻种植及加工项目。邮轮边境旅游异地办证政策落地。海南省在 2013 年成功举办博鳌亚洲论坛 2013 年年会、中非合作圆桌会议第四次大会、第 17 届岛屿观光政策论坛等，对外合作与交流进一步呈现多层次、多渠道、全方位的发展。外贸进出口总额平稳增长。海南省在 2013 年全年对外贸易进出口总值为 149.78 亿美元，比 2012 年增长 4.6%。其中，出口总值为 37.06 亿美元，增长 18.2%；进口总值为 112.72 亿美元，增长 0.8%。

（五）城乡居民收入较快增长，民生状况继续改善

城乡居民收入得到较快增长。全年城镇居民人均可支配收入达 22929 元，比 2012 年增长 9.6%，扣除价格因素，实际增长 6.6%；农村居民人均纯收入 8343 元，比 2012 年增长 12.6%，扣除价格因素，实际增长 9.7%。

社会保障水平不断提高，民生状况不断改善。海南省在 2013 年全年用于民生的支出达 715.48 亿元，占财政支出的 70.9%。全省有

62 万新农保领取待遇人员基础养老金，且该养老金提高到每月 100 元，有 487 万新型农村合作医疗参合人员和 171 万城镇居民医疗保险参保人员，对这些人员的财政补助标准提高到每年 280 元。企业退休人员基本养老金提高 10%，月人均增加 153 元。城市低保标准提高到每月 365 元，农村低保标准提高到每月 247 元，农村五保户集中供养标准提高到每月 459 元，农村五保户分散供养标准提高到每月 380 元。海南省在 2013 年建成省托老院和 7 个市县敬老院，新增床位 1618 张。全年新建、加固改造中小学校舍 62.81 万平方米；建成思源学校 2 所，新增高中学位 6800 个；新建和改扩建 51 所公办乡镇中心幼儿园，新增学位 1.86 万个。全省中职教育学生全部免除学费。全年改造乡镇卫生院 40 个。全年城镇保障性住房新开工 4.74 万套，竣工 5.32 万套。省级居家养老网络服务平台建成运营，万宁荣获"世界长寿之乡"称号。文化事业建设取得新进展。三沙卫视开播，舞蹈诗《黎族故事》和歌舞剧《执着》获得文华剧目奖，新编历史琼剧《海瑞》在全省巡演。海南省在 2013 年成功承办第 23 届全国图书交易博览会，举办第四届黎族织锦大赛、非物质文化遗产专题文艺晚会，开展海南省琼剧展演、海南书香节等活动。全省共有报社 15 家，出版报纸 24311 万份；杂志社 43 家，出版杂志 802.84 万册。

十件民生实事全面完成。海南省在 2013 年减少贫困人口 6.4 万人；开工建设保障性住房 4.74 万套，建成 5.32 万套，分配入住 5.84 万户；改造农村危房 2.56 万户，实现库区危房移民 3200 户。2013 年海南省住房公积金覆盖面比 2012 年提高 6.7 个百分点；城镇新增就业 9.9 万人，农村劳动力转移就业 9.5 万人。海南省在 2013 年按计划提高了新农保、城市低保、农村五保保障标准和医保财政补助标准；建成省托老院和 7 个市县敬老院，新增床位 1618 张；新增常年蔬菜基地 2.96 万亩，建成平价商店 21 家、平价专区 12 个，改造城镇菜市场 50 家，13.6 万平方米；新建和改扩建公办乡镇中心幼儿园51所，增加学位1.86万个，免除了16.6万名中职在校学生学费。农村安全饮水工程和"膜法"饮水示范工程按计划全部完成。农信社等涉农金融机构累计发放农民小额贷款41.1亿元，为5万户农民提供了小额贷款财政贴息，为5.68万对计划怀孕农村夫妇开展了地中海贫血筛查，完成60例患儿免费人工耳蜗植入手术。开工建设县道砂土路工程813.5公里，建成通车418公里。全年全省民生支出715.5亿元，占地方公共财政支出的70.9%，兑现了向全省人民做出的庄严承诺。

（六）社会治理得到切实加强，社会大局和谐稳定

依法严厉打击各类刑事犯罪活动，缉枪治爆、禁毒、禁赌等专项整治行动成效显著，社会治安综合治理全面加强。"六五"普法深入推进，人民调解、法律援助、安置帮教和社区矫正力度加大；建立领导干部信访积案化解制度，深入推进社会矛盾排查调解工作；集中开展"六大专项整治"，清理闲置土地31.1万亩，追缴土地出让金28.72亿元，拆除违法建筑400多万平方米，解决了5万户600多万平方米商品房历史遗留办证等问题，旅游市场、环境卫生和交通秩序逐步好转。食品药品和质量技术监督进一步得到加强，安全生产形势保持总体稳定。广泛开展群众性精神文明创建活动，全社会文明程度不断提高。完成第七届村委会换届选举，全面落实党的民族宗教政策，民族团结进步事业不断发展。国防动员、人民防空、优抚安置扎实推进。外事、侨务、对台等工作取得新成绩，妇女、儿童、青少年、老龄、残疾人、慈善等事业取得新进步。

（七）生态文明建设取得积极成效，生态环境质量继续保持优良态势

2013年，全省造林绿化面积为3.02万公顷。森林覆盖率达

61.9%，比2012年提高0.4个百分点。城市建成区绿化覆盖率为39.56%，提高0.32个百分点。全省新建文明生态村988个，现共有14648个；新建小康环保示范村36个，共有186个。

城市（镇）环境空气质量总体优良。全年城镇环境空气质量优良天数比例为99%，其中77%监测日空气质量为优，部分城市（镇）的个别监测日主要受颗粒物影响，空气质量出现轻度或中度污染。全省二氧化硫、二氧化氮和可吸入颗粒物年均浓度分别为0.005毫克/立方米、0.009毫克/立方米和0.039毫克/立方米，总体符合国家一级标准，所有监测城市（镇）空气质量均达到或优于居住区空气质量要求的国家二级标准。

地表水环境质量总体优良。全年90.8%的监测河段、88.9%的监测湖库水质符合或优于可作为集中式生活饮用水源地的国家地表水Ⅲ类标准。南渡江、昌化江、万泉河三大河流干流，主要大中型湖库及大多数中小河流的水质保持优良水平，但个别湖库和局部中小河流河段水质受到一定的污染。受到监测的绝大部分城市（镇）集中式生活饮用水水源地水质符合国家集中式饮用水源地水质要求，极个别水源地未能稳定达标。

近岸海域水质总体为优。海南岛近岸海域水质总体为优，绝大部分近岸海域处于清洁状态，一、二类海水占92.7%，94.1%的监测海域水质符合水环境管理目标的要求。洋浦经济开发区、东方工业园区和老城经济开发区三大重点工业区及19个主要滨海旅游区近岸海域水质为优，保持了一、二类海水水质。西沙群岛近岸海域水质为优，均为一类海水。

总体看来，2013年海南经济社会发展呈现稳中有进、稳中向好的态势，成绩来之不易。但海南省经济社会发展中还存在不少矛盾和问题：受国际经济环境仍然错综复杂，全球经济增长疲软，外需萎缩，以及国内经济增长放缓，部分行业产能过剩，市场需求不足等多重因素叠加影响，全省经济增速呈现持续回落态势，下行压力较大；工业产业结构单一，传统产业产能过剩问题逐步显现，部分企业经营困难、效益下降，转方式、调结构任务艰巨；投资结构不合理问题依然存在，外向型经济发展水平不高；节能减排形势严峻，资源环境约束明显；经济社会处于发展转型的关键时期，长期积累的深层次矛盾亟待解决。

二 全省及各市县国际旅游岛建设实现程度和指数

（一）海南国际旅游岛建设发展实现程度评价主要指标和权重

1. 海南国际旅游岛建设发展评价

海南国际旅游岛建设发展评价，是指按照国务院《关于推进海南国际旅游岛建设发展的若干意见》中提出的 10 年发展目标和《海南国际旅游岛建设发展规划纲要（2010～2020）》提出的三个阶段主要指标，对全省以及各市县推进国际旅游岛建设 10 年中每年实现程度的评估。

2. 评估方法

设国务院《关于推进海南国际旅游岛建设发展的若干意见》中提出的 10 年发展目标和《海南国际旅游岛建设发展规划纲要（2010～2020）》提出的主要目标总值为 1，各项指标实现指数等于实际实现值与各项指标值之比。

3. 实现程度评价指标和权重

考虑到海南省的统计状况，国际旅游岛建设全省和各市县实现程度的主要指标仅限于主要经济指标。年度国际旅游岛建设全省实现程度设有 7 个主要指标（见表 1）。考虑到受区域分工因素影响，各市县实现程度只设 3 个主要指标（见表 2）；考虑到各市县发展的不平衡性，市县指标按三个层次（A、B、C）设置，即海口市、三亚市为第一层次 A，其他市为第二层次 B，县为第三层次 C。

表 1　2013 年国际旅游岛建设全省实现阶段性主要经济指标值和权重

指　标	权重（%）	指标单位	实际值	指标值
地区生产总值	15	亿元	2772.39	6900
人均生产总值	17	元	30930.24	72850
城镇居民人均可支配收入	17	元	20877	48900
农村居民人均纯收入	17	元	7609	17720
旅游收入	11	亿元	428.56	1240
旅游业增加值比重	12	%	7.3	12
第三产业增加值比重	11	%	48.3	60

表 2　国际旅游岛建设各市县实现主要经济指标值和权重

指　标	权重（%）	指标单位	指标值	
人均生产总值	40	元	A	100000
			B	65565
			C	58280
城镇居民可支配收入	30	元	A	53790
			B	44469
			C	41565
农村居民人均纯收入	30	元	A	21260
			B	17720
			C	15100

4. 说明

依据《海南国际旅游岛建设发展规划纲要（2010～2020）》提出的发展目标，2013 年度进行评估的地区生产总值、人均生产总值、城镇居民可支配收入、农村居民人均纯收入实际值均以 2010 年价计算，与 2013 年统计公报公布的现价指标值不一样；各市县人均生产总值均以户籍人口计算；儋州市不含洋浦经济开发区。

表3　2013 年各市县主要经济指标实际值

名　　称	地区生产总值（万元）	人均 GDP（元）	城镇居民人均可支配收入（元）	农村居民人均纯收入（元）
海 口 市	8325880	51057	21724	8145
三 亚 市	3325775	57569	22620	8711
儋 州 市	1756348	17759	18978	7773
琼 海 市	1459482	28815	19737	8230
文 昌 市	1581520	26428	20124	8185
东 方 市	1032452	24866	19578	7598
万 宁 市	1673727	21097	19578	7992
五指山市	167373	14717	15915	5915
澄 迈 县	1807065	31565	20267	8169
昌 江 县	893768	33524	20721	6952
临 高 县	950416	18420	17158	6685
定 安 县	483032	14130	18734	7135
陵 水 县	719343	18657	17575	6552
乐 东 县	714350	13042	16527	7085
屯 昌 县	441125	14207	17440	7112
白 沙 县	317452	15849	17218	5957
保 亭 县	256536	14668	17450	5730
琼 中 县	316894	13487	17230	5760

（二）2013 年度国际旅游岛建设全省和各市县实现程度
（2020 年）评估指数

1. 2012 年度国际旅游岛建设全省和各市县实现程度（2020
年）评估指数

表4　2013 年度国际旅游岛建设全省和各市县
实现程度（2020 年）评估指数

单位：%

名　称	实现程度指数		
	2012 年	2013 年	提升幅度（个百分点）
海南省	44.64	47.76	3.12
1. 澄迈县	47.38	52.52	5.14
2. 昌江县	47.05	51.78	4.73
3. 三亚市	44.35	47.94	3.59
4. 琼海市	40.70	44.83	4.13
5. 海口市	40.60	44.03	3.43
6. 文昌市	40.22	43.55	3.33
7. 东方市	36.39	41.24	4.85
8. 万宁市	36.49	39.61	3.12
9. 陵水县	34.69	38.51	3.82
10. 临高县	34.77	38.30	3.53
11. 定安县	34.08	37.40	3.32
12. 儋州市	33.36	36.79	3.43
13. 屯昌县	33.09	36.47	3.38
14. 白沙县	31.85	35.15	3.30
15. 乐东县	31.98	34.96	2.98
16. 保亭县	31.35	34.05	2.70
17. 琼中县	29.77	33.14	3.37
18. 五指山市	26.99	29.73	2.74

2. 评估结果分析

①2013 年国际旅游岛建设全省实现程度比 2012 年提高了 3.12 个百分点，国际旅游岛建设步伐加快。②2013 年度各市县实现程度稳步提升。在 18 个市县排名中，澄迈县、昌江县、三亚市、琼海市、海口市、文昌市六市县仍稳居前 6 位，东方市和陵水县均提高 1 位，万宁市和临高县分别下降 1 位，其他市县排名保持不变。

三 2014 年国际旅游岛建设发展趋势预测

2014 年是全面贯彻落实中国共产党十八届三中全会精神、全面深化改革的第一年，是"十二五"规划第四年，对全面完成"十二五"规划至关重要。全省经济社会发展的不确定、不稳定因素较多，经济社会发展仍面临诸多风险和挑战。尽管国内外宏观经济环境依然复杂多变，短期矛盾和长期问题相互交织，有利因素与潜在风险同时存在，但总体来看，经济社会发展的有利因素多于不利因素。初步预测，2014 年海南经济社会总体的发展仍保持平稳健康较快的态势。

（一）2014 年国际旅游岛建设发展面临的国际国内环境

从国际环境看，世界银行在最新发布的《全球经济展望》中预计，2014 年世界经济会逐步走强，特别是欧美等发达经济体经济复苏势头渐强，全球经济增速将从 2013 年的 2.4% 上升至 3.2%。发展中国家和发达国家都将加速增长，发展中国家将增长 5.3%，发达国家将增长 2.2%。在发达经济体中，美国就业状况逐步改善、房地产和汽车消费恢复良好，欧盟正逐步走出债务危机引发的经济衰退，将增强全球经济的增长动力。但新兴经济体相对减速的格局仍将维持，美国量化宽松政策退出的影响、资本流动的冲击、通货膨胀的压力等仍是新兴市场稳定发展的潜在风险因素。

从国内看，我国发展面临的形势依然错综复杂，有利条件和不利因素并存。我国仍处于可以大有作为的重要战略机遇期，新型工业化、城镇化持续推进，区域发展回旋余地很大，今后一个时期保持经济中高速增长具有良好基础。十八届三中全会将是我国启动新一轮改革的重要标志。新一届政府坚持改革的市场化取向意图明显，其中重点将以加快完善并建成社会主义市场经济体制为主要目标，着力清除行政壁垒，进一步放开准入，减少管制，划清政府和市场边界，为各类企业创造公平竞争的环境，提高微观经济主体特别是中小微企业投资的活力，既利当前又惠长远。中央经济工作会议提出坚持稳中求进、改革创新，继续实施积极的财政政策和稳健的货币政策，在实施"双稳健"财政、货币政策的同时，坚持稳中求进、以稳促进的思路，努力释放改革红利，激发市场活力和社会创造力，加快转方式、调结构，着力保障和改善民生，切实提高发展质量和效益，大力推进社会主义经济建设、政治建设、文化建设、社会建设、生态文明建设，促进经济社会持续健康发展。但我国经济存在下行压力，国内部分行业产能过剩问题严重，需求不足的问题进一步凸显。从总体来看，预计 2014 年中国经济增速将略高于 2013 年。

（二）海南省三大产业将继续保持平稳较快发展

1. 农业生产保持稳定发展

2014 年各级政府将继续加大强农惠农政策力度。全省经济工作会议提出把热带特色农业打造成海南经济的"王牌"，政策优势、气候优势、区位优势都有利于确保农业稳定发展。全省继续大力发展热带特色现代农业，稳定瓜菜种植面积，推进南繁育种科研核心区建设，创建标准农业示范园 200 个、休闲农业示范基地 50

家、省级林下经济示范基地 29 个；以畜禽良种繁育、标准化健康养殖和无害化处理系统建设为重点，推动畜牧业转型升级；加强农产品质量监管和动植物疫病防控，巩固无疫区建设成果。全省推广农业新品种 80 个、新技术 50 项，培育中国驰名商标、省著名商标、省名牌产品和农产品地理标志产品 30 多种；支持设立农联会，组建种业、瓜菜、畜牧等科技产业联盟，培育省级农民合作社 100 多家。

农村改革将进一步深化，坚持农村土地集体所有权，稳定农村土地承包权，放活经营权，实现土地承包权与经营权分置并行。全省将做好农村土地承包经营权确权登记颁证工作，盘活农村集体留用土地，妥善解决土地出租面积过大、租期过长、租金过低问题；依法有序推进土地流转，因地制宜发展适度规模经营；积极培育新型农业经营主体，鼓励引导工商资本到农村发展适合企业化经营的种养业；按照"先行试点、分步实施"的思路，探索建立城乡统一的建设用地市场；完善征地补偿机制，切实维护被征地农民合法权益；根据金融机构的涉农贷款市场份额和税收贡献，引导市县财政资金和政府结算支持金融机构存款业务，保障农村存款主要用于农业农村。

2. 工业生产将加快增长

占规模以上工业总产值三分之一左右的海南炼化制度性技术检修及扩能改造已完成并恢复正常生产，2013 年新增投产一批工业项目将在 2014 年实现达产，另外，2013 年一批工业项目也将新竣工投产，这都有利于促进工业加快增长。海南省继续安排 10 亿元园区发展专项资金支持园区建设，进一步提升园区发展。除此之外，海南省还会全力推动 100 万吨乙烯及炼油扩能、210 万吨精对苯二甲酸二期等重大石化项目开工建设，提前策划下游配套产业，延长产业链条；支持新能源汽车、生物医药、电子信息等战略性新兴产业加快发展，鼓励矿产资源加工和农副产品加工业开展技术改造；集中园区发展资金，重点支持洋浦经济开发区、老城经济开发区、东方工业园、海口美安科技新城完善基础设施；推动海南生态软件园和美安科技新城融合发展，打造琼北高新技术产业基地；化解三亚创意产业园和清水湾国际信息产业园的发展瓶颈，打造琼南创新创意产业基地；严格执行园区产业发展规划，既要坚决禁止借发展工业变相搞房地产开发，又要坚决防止房地产开发挤占产业用地；统筹全省园区招商政策，加大招商引资力度，提高招商引资实效；理顺园区管理体制，建立科学合理的园区考核评价体系；将中小企业发展专项资金提高到 1.45 亿元，进一步解决中小企业融资难问题。

3. 服务业继续保持较快增长

2014 年海南省将大力推进新型城镇化，这有利于发挥产业集聚效应，促进服务业加快发展。另外，居民收入继续较快增长，居民消费能力增强，都将促进消费需求较快增长。洋浦成品油保税仓库投入运作，将带动海南省外贸进出口加快增长。边境邮轮旅游异地办证政策落地，将促进邮轮旅游迅速崛起；2014年海南省将推进国际旅游岛先行试验区建设，实现项目建设和招商推介新突破；进一步理顺管理体制、落实配套政策，支持博鳌乐城国际医疗旅游先行区加快建设；大力发展乡村旅游、森林旅游、医疗旅游和低空飞行等新业态，推动西沙旅游扩大规模、提升品质；积极开拓旅游客源市场，促进旅游业加快发展；加快发展电子商务，同时加快发展研发设计、现代物流、融资租赁等生产性服务业；不断提升文化娱乐、健身休闲、家政服务等生活性服务业发展水平，拓展消费需求空间；重视发展养老产业，争取成功申报世界长寿岛并授牌。综上所述，服务业可望继续保持平稳增长。

（三）坚持投资与消费双拉动，形成经济增长的有力支撑

海南当前的经济仍属于典型的投资拉动型增长模式。省委、省政府将继续把抓投资、上项目作为重要抓手，发挥其支撑经济平稳较快发展的关键性作用，合理确定资金投向，重点支持全局性、基础性、战略性的重大项目，集中力量办大事。在继续加强基础设施、生态环保、民生、"三农"等重点领域投资基础上，海南将努力培育发展优势产业，确保全省固定资产投资达到3270亿元，增长20%。为了达到这一目标，海南将采取如下措施。一是按照竣工投产一批、加快推进一批、开工建设一批的原则，全力抓好重点项目建设。海南初步安排省重点项目406个，比2012年增加57个，年度投资1749亿元。其中：竣工项目51个，年度投资152亿元；续建项目212个，年度投资1222亿元；新开工项目142个，年度投资375亿元。二是保持基础设施建设和投资强度，全面提升基础设施保障能力，加快西环高铁建设、屯昌至琼中高速公路建设、美兰国际机场扩建、凤凰机场三期改扩建、昌江核电建设、琼中抽水蓄能电站建设、三亚凤凰岛国际邮轮码头二期建设、海南航天发射场配套区建设、先行试验区建设等一批重大基础设施的建设，确保红岭水利枢纽、洋浦大桥、海口市贯通工程、洋浦港油品码头及配套储运设施、洋浦港区小铲滩作业区起步工程、海南原油商业储备基地、海口港马村港区扩建二期、清水湾游艇码头等项目竣工，开工建设博鳌机场、美兰国际机场二期扩建、中线琼中至五指山至乐东高速公路、文昌至琼海高速公路、铺前大桥、西南部电厂、华能洋浦热电厂、海口港马村港区扩建三期等项目。三是加快推进一批重大项目的前期工作。下大力气做好项目策划和储备，以一批又一批项目的滚动建设来支撑持续发展。此类项目主要有：三亚凤凰国际机场迁建、万宁至儋州至洋浦高速公路建设、海口和三

亚轨道交通建设、海口港马村港区扩建四期建设、跨海联网二回建设、国电琼海天然气发电项目建设、国家原油和成品油储备库建设、迈湾水利枢纽建设等项目的前期工作。四是实行更加精细的项目管理和服务。严格执行"六个一"目标责任制，抓好重点项目专项督促检查工作。注重地方债投向，解决好地方债支出慢问题。注重资源合理利用，做好土地精细化管理，盘活闲置土地，控制好土地成片开发，审慎用好岸线资源和填海指标，严禁浪费和贱卖资源。

扩大有效消费需求，充分发挥消费的基础作用。认真落实中央扩大消费的政策，加快培育一批拉动力强的消费新增长点。继续开展旅游、房地产、农产品、日用消费品、餐饮、会展等领域的"岛外六大促销"系列活动。大力支持新能源产品进入公共设施和家庭，积极发展电子商务、网购网销、信贷消费、租赁消费等新型消费业态，扩大家居、家电、汽车等大宗商品消费，加快第四代无线通信网络（4G网络）建设。提升商业设施水平，建设好海棠湾免税购物城等大型购物中心和奥特莱斯等品牌店、折扣店，促进城市商业中心和特色街区建设，发展便利店、连锁店等社区商业，建立"一刻钟便民消费圈"。继续推进"万村千乡市场"工程，在乡镇（村）建设一批商贸中心、配送中心和直营店，新建一批大型区域性综合农产品批发交易市场，加快农贸市场升级改造，完成50家标准化菜市场改造任务。

（四）大力推进新型城镇化，将带动经济社会又好又快发展

城镇化是拉动经济增长、促进社会全面发展的一个重要力量，也是改善民生的一个重要方面，经济和社会各项事业的发展都离不开城镇化。加快城镇化建设，是拉动消费、扩大内需，推动经济健康发展的强大动力；是提升县域发展实力的有力举措；是提升城乡居民幸福指数的重要途径。海南省采取了若干政策以推动城镇化。一是编制和实施新型城镇化规划及配套规划。推动中心城市与小城镇协调发展，构建科学合理的城镇体系；推动产业和城镇融合发展，促进产业发展、就业转移和人口集聚相统一；促进城乡要素平等交换和公共资源均衡配置。二是抓好城乡基础设施建设。在完善城市基础设施和公共服务设施的同时，促进其向乡村延伸、覆盖，力争在城乡统筹一体化上取得突破。推进海口统筹城乡综合配套改革试验区建设和三亚城乡一体化建设试点，加快全省供水及管网改造、海口江东新区统筹城乡等项目建设。三是充分发挥中心城市的辐射带动作用，积极发展小城镇，努力形成中心城市和小城镇相互促进、互为补充、合理分工、协调发展的局面。四是坚持城市发展与产业成长"两手抓"。把城镇化与调整产业结构、培育新兴产业、发展服务业、促进就业创业相结合，夯实各类城市产业基础，创造就业机会，完善基础设施，全面提高城市经济实力和综合承载能力。五是坚持城乡统筹、以城带乡。逐步建立以工补农、以城带乡长效机制，统筹兼顾社会主义新农村建设，最终实现城乡共同繁荣、协调发展。六是加快一批特色风情小镇建设。结合产业、旅游、文化、宜居特色，再建设一批特色风情小镇和一批美丽乡村。加快陵水黎安海风、文昌书香、琼海潭门南海、儋州光村雪茄、兰洋温泉、澄迈欧洲风情、五指山水满等风情小镇项目的建设。

（五）全面实施"科学管理年"，提高社会管理科学化水平

2014年是海南全面实施"科学管理年"，下大力气完善社会治理体制、提高管理水平、严格执行管理监管制度、切实解决突出问题的一年。一是改进社会治理方式，实现政府治理和社会自我调节、居民自治良性互动。进一步强化薄弱领域和环节的管理机制，继续开展规范房地产市场秩序、清理处置闲置用地、打击拆除违法

建筑、旅游市场综合整治、环境卫生综合整治、交通秩序综合整治等六大专项整治行动，出台措施管理好自驾游入岛车辆。实施政社分开，加强政策扶持和分类指导，推进社会组织明确权责、依法自治、发挥作用，重点培育和优先发展行业协会商会类、科技类、公益慈善类、城乡社区服务类社会组织。加强社会工作者队伍建设，支持和发展志愿服务组织。二是健全公共安全体系。建立最严格的覆盖全过程的食品药品安全监管制度，建立食品原产地可追溯制度和质量标识制度，保障食品药品安全。更加重视安全生产管理，建立隐患排查治理体系和安全预防控制体系，遏制重特大安全事故。健全防灾减灾救灾体制。加强社会治安综合治理，创新立体化社会治安防控体系，依法严密防范和惩治各类违法犯罪活动。加大依法管理网络力度，加快完善互联网管理体制，确保国家网络和信息安全。三是创新有效预防和化解社会矛盾的体制机制。建立畅通有序的诉求表达、心理干预、矛盾调处、权益保障机制，使群众问题能反映、矛盾能化解、权益有保障。改革行政复议体制，健全行政复议案件审理机制，纠正违法或不当行政行为。完善人民调解、行政调解、司法调解联动工作体系，建立调处、化解矛盾纠纷的综合机制。改革信访工作制度，实行网上受理信访制度，健全及时就地解决群众合理诉求的机制。

（六）进一步加强生态保护和建设，谱写美丽中国海南篇章

一是实施主体功能区规划。建立完善主体功能区政策体系和绩效考核体系，严格落实责任，切实组织好实施宣传工作。启动市县功能区规划编制和实施工作。建立生态补偿基金，加大对生态功能区生态转移支付力度，开展差别化考核评价。二是继续推进"绿化宝岛"大行动。大力实施天然林、水源林、海防林保护和自然保护区建设等生态工程，确保完成植树造林 10 万亩、义务植树

1000万株。继续推进生态文明村建设。加强部门联动，加大打击毁林种果等破坏森林资源违法行为力度。三是做好国家第二期低碳试点省建设。积极构建低碳产业体系，初步建立温室气体排放、统计、核算和考核体系。四是扎实开展节能减排。制定实施全省能源消费总量控制工作方案，推进节能、清洁能源发展各项激励、考核措施的落实。支持发展节能环保产业，推动水泥、电厂脱硝设施建设，低氮燃烧改造工程等工作，加快洋浦、昌江等生态工业、循环经济园区建设，推进低碳交通运输体系建设，建设绿色照明示范省和绿色建筑示范省。五是加强环境保护。大力开展环境卫生综合整治，解决好农村垃圾和小橡胶加工厂、小槟榔加工厂等污染问题，进一步加强城镇污水、垃圾处理设施及管网配套的建设和管理，推进水土保持工程建设和生产建设项目的水土保持监管。推动规模化畜禽养殖污染防治。六是节约集约利用资源。继续严格执行先补后占制度，制定海南省有关住宅、商业、工业等项目用地标准，继续抓好闲置土地专项清理处置工作，切实加强村镇规划。七是推进生态文明制度建设。划定生产、生活、生态开发管制边界，严格按主体功能区定位推动发展。健全自然资源产权制度和用途管制制度，对自然资源实行最严格的保护措施。建设资源环境承载能力监测预警机制，对水土资源、环境容量和海洋生态资源超载区域实行限制性措施。推进资源环境产品价格改革。完善生态补偿机制，提高生态补偿标准。加大环保执法力度，依法严厉打击违法占林、毁林开发、非法排污、乱砍滥伐等行为，坚定不移守护好海南的绿水青山、碧海蓝天。

（七）切实保障和改善民生，促进社会和谐稳定

当前，如何解决和保障好民生，促进社会和谐稳定，最大限度地降低危机带来的风险，维护改革发展稳定的大局，是一项必须应

对而又十分紧迫的艰巨任务。一是尽财力所能，继续加大民生投入，办好年度承诺的民生实事。二是实施更加积极的就业政策。做好高校毕业生就业工作，确保高校毕业生初次就业率不低于 82%。强化就业创业培训，新增城镇就业 8.5 万人。鼓励农民工返乡创业，力争全年培训农民 50 万人次，转移农村劳动力就业 8.5 万人。三是推进保障性住房建设。开工建设城镇保障性住房 3.5 万套，建成 2.5 万套，完成农村危房改造 2.3 万户，加快实施棚户区改造。合理调整保障性住房供应结构，在满足中低收入住房困难家庭需要的基础上，尽量扩大保障对象。公共租赁房分配入住实行公示制度，加强保障性住房后续管理。四是健全工资正常增长机制，稳步提高全省最低工资标准，完善低收入群体价格补贴与物价上涨联动机制。五是促进科教文卫等社会事业的发展。加快推进公办乡镇中心幼儿园建设，新增幼儿园学位 1 万个。继续实施思源试验学校建设，新增普通高中学位 4000 个。促进中职教育产教融合、校企合作，推进高等教育改革发展。进一步实施好中小学校安工程、农村义务教育薄弱改造工程、农村初中校舍改造工程等重点项目，深入推进海南省教育体制综合改革试点项目。加快实施科技创新战略，鼓励建设工程技术研究中心、重点实验室，争取突破一批关键、核心技术，提高创新能力。加快建立健全覆盖城乡的医疗保障、医疗服务、药品供应、公共卫生和卫生监管五位一体的医疗卫生体系，尽快建成辐射全岛的五大区域医疗中心和三级医疗机构服务圈，建设好省疾病预防控制中心、省肿瘤医院、省儿童医院、省人民医院秀英门诊楼及内科楼、海南医学院附属医院急诊大楼等项目。深入实施文化惠民工程，大力推进基层公共文化和公共体育设施建设，抓好省博物馆二期、省民族博物馆改扩建、国家水下文化遗产保护中心南海基地等项目建设。六是保持物价总水平基本稳定。加强价格监测预警，完善重要商品储备制度和主要农产品临时收储制度，适时启动粮油、猪肉、蔬菜等主副食品保供稳价的应急预案。着力降低流通成本，加大对流通基础设施的支持力度，大力推进产销对接、农商对接、农超对接，全面清理流通环节不合理收费。抓好常年"菜篮子"基地建设，重点建设 60 个常年蔬菜生产示范基地和 100 万只蛋鸡项目；推进农副产品平价商店建设，新建平价商店 23 个。七是加大城市养老服务设施建设力度，支持社会力量举办养老机构，积极稳妥发展养老产业。支持社区服务中心、农村幸福院、乡镇中心敬老院、儿童福利院、救助站、精神病院以及殡葬服务设施建设。

继续办好十件民生实事，不断提升人民的幸福指数。一是实施 60 个贫困村整村推进扶贫开发项目。二是开工建设城镇保障房 3.5 万套，建成 2.5 万套，完成农村危房改造 2.3 万户。三是从 2014 年 7 月起，将 62 万新农保领取待遇人员基础养老金由每人每月 100 元提高到 120 元。四是适时启动城乡低收入群体补贴与物价上涨挂钩联动机制。五是改善艰苦边远地区教师的教学和生活条件，增加高中学位 4000 个。六是新建 230 处农村安全饮水工程，解决了 30 万农村人口饮水安全问题；实施"膜法"饮水示范工程，使 13 万群众的饮用水达到国家新的饮用水卫生标准。七是对全省农民小额贷款按不低于 5% 的贴息率给予财政贴息，实现农业保险财政补贴 14 个险种全覆盖。八是为 49 个乡镇卫生院配备救护车，继续开展国家免费孕前优生健康检查和地中海贫血筛查诊断服务。九是为困难群众和农民工提供法律援助。十是完成省民族博物馆改扩建一期工程，建设行政村邮站 1708 个。省委、省政府承诺办理的"十件实事"，将使发展改革成果更多更公平地惠及广大人民群众，不断提升人民的幸福指数。

分　报　告

海南国际旅游岛旅游产业发展情况[*]

2013 年，是海南国际旅游岛建设继续蓬勃发展的一年。在海南省委、省政府的正确领导下，全省认真贯彻党的十八大、十八届二中全会、十八届三中全会和习近平总书记视察海南时的重要讲话精神，贯彻落实《旅游法》，使海南省旅游业在加快推进旅游重点项目和产品开发建设，加强旅游市场监管，加大旅游宣传促销工作力度等方面的工作都取得了新的进展，有力推动了海南国际旅游岛的建设发展。

一　2013 年海南旅游业总体运行状况

（一）旅游经济发展持续增长

2013 年海南省接待旅游过夜人数达 3672 万人次，同比增长 10.6%；实现旅游总收入 428 亿元，同比增长 13.1%。接待旅

---

* 本报告负责人：王琳；执笔人：赵全鹏、王红、邢颖、王琳。

游过夜人数、旅游收入指标完成情况超过《海南省国民经济和社会发展第十二个五年规划纲要》的预期。其中，国内游客过夜人数达 3596.87 万人次，旅游收入达到 408.05 亿元，同比增长 14.37%。在 2013 年春节黄金周的 7 天时间里，全省旅游总人数达 190.48 万人，旅游总收入达到 56.71 亿元，首次进入全国前十位。在航空方面，凤凰、美兰两个国际机场分别比 2012 年提前 37 天和 35 天迎来第 1000 万名旅客，两机场已连续 3 年实现客流量突破千万人次。

在旅游交通基础设施建设方面，西环高铁建设在积极推进中，海南"田"字形高速公路网被列入了《国家公路网规划（2013～2030 年)》，这意味着海南高速公路将在资金和用地指标方面获得国家大力支持，而这对推进海南国际旅游岛建设具有重大意义。2013 年 8 月，美兰机场国际航站楼投入使用，国际机位数增至 10 个；在国际航班的保障方面较过去更专业、更便捷。

（二）产业转型升级步伐加快，服务业提质升级取得新进展

观澜湖、海棠湾、电影公社等一批重点旅游项目相继竣工或有力推进，新增了 4A 和 3A 级旅游景区各 3 家。免税购物政策放宽，邮轮边境游异地办证政策落地，西沙邮轮旅游开通并实现常态化运行，环岛自行车赛、竞猜型体育彩票获国家批准，中国海南旅游消费价格指数通过国家发改委评审。2013 年 11 月 18 日，继三亚凤凰岛邮轮母港之后，海口秀英港国际邮轮母港启用，海南海洋旅游的管控和服务能力得到进一步提升。

（三）《旅游法》贯彻实施情况良好，旅游市场整治工作成效显著

一是《旅游法》宣传培训全面展开，配套制度建设不断深化。

海南省旅游发展委员会组织全省开展《旅游法》的宣传、培训和学习，完成了对省市县旅游管理部门领导干部和旅游执法人员的培训工作。全省旅游企业管理人员和导游分批次、按行业接受了重点教育培训。宣传部门以"旅游服务进社区"为活动载体，以播放宣传视频、发放宣传资料等为主要形式，在企业、社区组织开展了《旅游法》宣传活动，树立起"知法守法"的社会氛围。同时，《旅游法》配套制度建设也得到有序推进。《海南省旅游安全管理规定》已经省长办公会议审议通过，并提交省政府常务会审议。省政府启动了《海南省旅游条例》等地方性法规的修订工作，并及时组织开展对现有规章制度的梳理，有序推进地方法规、行政规章的"立改废"工作。二是旅游市场整治持续深入，旅游市场环境日渐优化。按照省"旅游市场整治年"的部署安排，省旅游市场综合整治工作领导小组协调组织交通、工商、物价、地税、海洋、文体、质监、食品药品等15个成员单位和相关市县，竖立了"统一领导、属地检查、部门分工、分片包干、责任到人"的工作原则，扎实有序地开展了旅游市场综合整治工作，查处并分四批曝光了一部分违法违规企业和个人。2013年共查处并执行完毕的涉旅案件254宗，罚没款1104万元，补征、补缴各类税费197万元。同时，省旅游市场综合整治工作领导小组遵照"节前大盘点、节中大整治、节后大总结"的工作部署，按照"分片包干、驻点检查、省市联动"的工作方式，牵头省交通、工商、物价、公安、质监、税务等部门，协同推进假日旅游管理工作。三是旅游标准化体系建设和旅游质量提升工程得到进一步推进。省政府制定并实施了《旅游购物点质量等级划分与评定》，完成了《海口市高尔夫旅游服务规范》《海口市海上休闲旅游服务规范》《旅游投诉中心服务规范》《潜水旅游服务质量服务等级标准》《自驾车旅游露营地建设服务规范》等标准的制定工作。

（四）重点旅游项目建设推进有序，旅游产品形态不断丰富

一是旅游重点项目建设督导工作成效显著。2013 年，全省 27 个重点旅游项目共投资 123.9 亿元，完成了年度投资计划的 115.9%；由省旅游委牵头督导的 20 个重点旅游项目共投资 136.8 亿元，完成了年度投资计划的 152%。二是旅游景区改造升级工作效果明显。万宁兴隆热带花园旅游区、三亚亚龙湾热带天堂森林旅游区等 3 家旅游景区被评为国家 4A 级旅游景区；澄迈永庆寺等 3 家旅游景区被评为国家 3A 级旅游景区；琼海多河文化谷等一批旅游景点积极组织开展 A 级创建工作。三是旅游新业态发展迅速。第一，海洋旅游产品得到重点开发，西沙邮轮旅游取得了突破性进展，实现了西沙邮轮旅游正式开通并经半年 13 个航次的试运营，共接待游客 2000 余人。第二，婚庆旅游产品开发再创新局面，"海南岛十全十美婚庆产业联盟"、婚庆旅游专业委员会、海南婚庆主题网站等相继成立、创建和开通，海南已形成以婚庆为主线，以滨海游、温泉游、森林游、民俗游等为主题的蜜月婚庆旅游产品体系。第三，乡村旅游得到大力发展，由政府职能部门推动出台了《关于加快乡村旅游发展的意见》，编制完成了《海南省乡村旅游点（区）等级的划分与评定》，组织了琼海潭门新渔村等乡村旅游点开展首批乡村旅游示范点的创建工作。

（五）落实政策工作力度不断加大，推进政策落实的作用进一步增强

一是邮轮边境旅游异地办证政策得到落实。为加快推动海南邮轮旅游的快速发展，省旅游委与省公安厅密切配合，扎实推进边境游异地办证政策的落地工作，积极与公安部和国家旅游局进

行沟通协调。边境游异地办证工作顺利通过公安部和国家旅游局组织的实地验收，最终于 2013 年 10 月 30 日获公安部和国家旅游局批复同意实施。政策实施以来，海口、三亚两条邮轮航线的上座率同比增长显著，持身份证办理出入境通行证登邮轮旅游的人数已达四分之一。二是旅游消费政策相关问题研究得到推动。海南省政协受省政府委托启动并完成了《海南旅游消费现状调研报告》，省旅游委协助完成了全省旅游住宿设施的普查工作，显示出旅游委作为行业主管部门在推进国际旅游岛建设中所发挥的协调作用。

（六）旅游规划编制工作成效突出，旅游产业发展规划引领作用不断凸显

2013 年省旅游委以"规划建设年"为契机，不断创新思路，狠抓旅游规划编制工作，编制完成了一批重点区域、重点景区和专项旅游的规划，为科学引领和规范促进旅游业的快速发展奠定了坚实的基础：一是大力推进区域旅游规划的编制工作。完成了《海南国际旅游岛先行试验区总体规划》《儋州东坡文化旅游区总体规划》《屯昌县旅游发展总体规划》等；审议通过了《海南国际旅游岛西部旅游发展战略规划暨西部旅游线路设计》，完成了《南海（三沙）旅游开放开发规划》初稿。二是积极推动重点旅游景区规划的编制工作。推动了《昌江棋子湾旅游度假区总体规划》《昌江霸王岭森林旅游区总体规划》《海南西海岸昌江海尾湿地公园总体规划》《琼海白石岭旅游区概念性规划》《麓海天堂旅游度假区控制性详细规划》的编制工作。三是启动了《海南省红色旅游发展规划》《海南省民俗旅游发展总体规划》《海南省商品开发规划》等专项旅游规划的编制工作。

（七）旅游宣传促销力度不断加大，旅游整体形象得到进一步提升

一是有效开展专项旅游促销活动。2013 年，海南省共组团赴省外（含港澳台）举办促销活动达 41 场，宣传促销覆盖全国 30 个省份。先后 6 次组团分赴俄罗斯和韩国举办旅游宣传活动；促成韩国至海南包机航线的开通，扭转了近年来韩国游客连续下滑的局面，实现了韩国市场恢复性增长。据统计，2012 年韩国旅琼人数达 27357 人次，同比增长 70.42%。二是有序组织广告投放工作。在国际媒体方面，海南在俄罗斯、韩国、新加坡等客源国家的多家主流媒体和网站上投放广告，在美国纽约时报广场大屏幕投放旅游宣传影片，在 CNN、英国旅行社协会官方杂志和德语杂志投放了宣传广告。在中央媒体方面，海南省旅游委与省委宣传部联合在中央电视台黄金时间段投放了"海南深呼吸"宣传广告。在地方媒体方面，海南省旅游委依托《南方都市报》《新京报》等纸质媒体，以广告的形式重点推介海南省旅游新业态和婚庆旅游产品。三是扎实推进"请进来"促销工作。根据海南省旅游市场发展的新特点和新要求，省旅游委多次邀请国内旅游批发商、省外媒体到海南考察踩线并进行专题宣传报道；分 15 批次邀请了俄罗斯、韩国、德国、意大利和中国台湾等主要客源国和地区的 400 多名旅行商和媒体记者到海南采风考察并组织业界交流。四是精心打造节庆会展活动，扎实推进世界旅游旅行大会筹办工作。成功举办了 2013 年第十四届中国海南岛欢乐节等 13 个重要节庆会展赛事和大型文化活动。将于 2014 年 4 月下旬举办的世界旅游旅行大会各项筹备工作正在扎实有序地推进。

（八）旅游新闻宣传工作突出，十大旅游新闻评选反响不断

阳光海南网与海南在线联合举办了"2013 年度海南十大旅

游新闻评选"活动,网民最终票选出 2013 年十件海南旅游大事件。选出的新闻事件涵盖了 2013 年海南旅游行业发展的重大事件与典型事件,其中包括:①2013 年中国海洋旅游年在海南三亚正式启动,这也是我国首次将海洋作为国家年度旅游主题;②海南推介"请到海南深呼吸"成全国营销亮点,在国内大部分地区和城市遭受严重污染、阴霾笼罩的状况下,"好空气、好生态"成为海南旅游的金字招牌;③海南成立十全十美婚庆产业联盟,游艇婚礼、邮轮婚礼、海湾婚礼、黎苗民俗婚礼、小镇婚礼、海岛婚礼等不断出现,婚庆主题旅游成为海南旅游新业态一大亮点;④西环高铁 9 月底开工,带动西部旅游开发,全长为344 公里,建设工期为 4 年。建成后将与已经投入运营的东环高铁连接形成环岛快速铁路网,游客大约用 3 个小时就可以环岛一周;⑤海南邮轮边境旅游异地办证启动,全国各地的居民可凭身份证在三亚市、海口市两地参加邮轮边境旅游;⑥《旅游法》实施区域旅游整合规范,海南大力开展"2013 海南旅游市场整治年活动";⑦凤凰、美兰机场旅客量双双提前破千万人次;⑧离岛免税购物人数超 250 万人次,销售总额超 60 亿元,离岛免税购物已成为海南旅游的新品牌;⑨琼北旅游发力,海南旅游"南热北冷"格局得到一定改变,琼北 8 市县策划出多条精品自驾游线路,顺利实现转型发展;⑩第十四届中国海南岛欢乐节欢乐出彩,市民游客不仅可在主会场三亚感受天涯浪漫欢乐,还可在海口、琼海、万宁、琼中、儋州五大分会场感受和参加丰富而多样的活动。

二 2013 年海南旅游产业发展存在的问题

2013 年,海南旅游以天时地利人和的条件得到了长足的发展,然而问题也仍然存在，这里有历史的原因：如经济发展起步晚、结构不均衡；有外部的影响因素，如发达国家经济的持续低迷以及旅游消费者自身要求的变化；有内部的问题，如管理制度不完善、专业人才缺乏等都在或轻或重地影响甚至制约着海南旅游业的正常发展。这些问题主要表现在以下几个方面。

一是旅游供需结构性矛盾依然突出：从总量上看，作为现代旅游目的地的综合示范区，海南可供游客到访游览的优质景区、景点的数目依然不足，黄金周期间呀诺达等知名景区爆发出来的景点拥挤、运力拥挤的状况便是具体的例证；从结构上看，适合大众休闲、度假需求的产品还有待进一步开发。二是旅游产业服务体系有待进一步健全。旅游是一个综合性极强的产业，产业服务体系的健全与否直接影响区域旅游的品质提升与可持续发展。海南医疗、教育水平与国内其他省份比，仍有较大差距便是一个突出的表现。三是旅游市场管理的规范化、制度化程度依然有待提高，旅游旺季容易产生的"零负团费""店大欺客"的现象仍然存在，处理不当立即会产生形象危机。四是旅游管理与服务的信息化程度有待提升。智慧旅游、数字旅游等信息高速发展背景下的旅游服务模式的开发与应用进展缓慢，研究资金投入不到位、专业人员缺乏是突出的原因。五是海外旅游市场有效开发力度有待进一步加大；2013 年海南过夜入境旅游者为 75.64 万人次，同比下降 7.26%，旅游外汇收入 33118.77 万美元，同比下降 4.84%，巴厘岛、泰国等旅游目的地的竞争使海南 2014 年的旅游营销面临巨大挑战。六是旅游人才队伍建设有待进一步加强。人才是旅游品质服务提升的重要保证条件。海南目前无论是学历培养还是在职人员培训，都与海南旅游业的实际需求存在较大差距，这是一个长期的、需要持之以恒地投入的工程。

三 2014年海南国际旅游岛发展形势分析与展望

（一）形势分析

1. 国际形势

（1）据国际组织预测，2014年世界经济形势有望进一步改善，整体经济复苏步伐将加快。2014年世界经济将增长3.6%，增速比2013年提高0.7个百分点。2014年，发达国家经济可望延续回升向好态势，全球经济回升也将更多地集中在发达经济体。欧洲经济走出衰退将推动全球市场信心改善，增强全球经济的增长动力，而美国经济稳固复苏也是决定全球经济前景的最重要因素。

（2）海南主要旅游客源国社会经济发展基本平稳。俄罗斯、韩国、日本等国家是海南的主要传统客源国，这些国家总体上在2014年的社会经济将继续保持增长势头。

首先是俄罗斯。俄罗斯全球化和社会运动研究所经济研究中心专家预测，2014年俄经济发展面临以下不利因素：实体经济及投资、贸易积极性下降，外部环境没有改善，世界股票市场的剧烈震荡将导致俄罗斯商业积极性迅速下降，并加剧银行及工贸界危机。部分工业、农业企业将继续遭受入世带来的冲击；2014年卢布对美元汇率可能将下跌10%～15%；俄金融领域将面临危机。该中心专家认为，2014年是俄罗斯经济由缓慢增长走向衰退的转折点，但短期内对旅游市场影响不大。

其次是韩国。韩国央行发布2014年经济形势预测，2014年经济同比增长最高将超过3%。由于国内消费、投资增长以及持续的出口动力，2014年韩国经济将继续复苏，国内需求将拉动1.8%的GDP增长，出口将拉动2.0%的GDP增长，两者水平基本相当。

再次是日本。世界银行在 14 日发布的 2014 年《全球经济展望》中预测，受经济结构性改革前景未明拖累，日本今明两年经济增速将持续放缓。世界银行预计 2014 年日本国内生产总值（GDP）将增长 1.4%，2015 年将增长 1.2%，均低于 2013 年的 1.7%。报告认为，积极的财政政策和宽松的货币政策的确为日本经济带来周期性复苏，但如果不进行经济结构性改革，复苏势头将难以持续。但是，在钓鱼岛领土争端问题上与中国日益紧张的关系将影响日本游客在中国的旅游人数。

2. 国内形势

2014 年将是全面贯彻落实十八届三中全会精神的开局之年，也是完成"十二五"规划的攻坚之年，更是中国经济深度调整的关键之年。中央政治局审议中央政治局关于改进工作作风、密切联系群众的八项规定，此后又颁布六项禁令，包括"严禁用公款搞相互走访、送礼、宴请等拜年活动"，"不准借用各种名义组织和参与用公款支付的高消费娱乐、健身活动；不准用公款组织游山玩水等"。"八项规定""六项禁令"收紧了旅游业中的公款消费群，对公款吃喝、高端旅游、高端餐饮、论坛经济等形成影响。旅游绿皮书指出，限制公款消费逼迫中国旅游业调整市场结构，回归以真实的公民消费、大众消费为本的市场结构。

据《经济蓝皮书》分析：我国经济基本面依然较好，总体看我国仍处于工业化、城市化、消费结构升级、收入较快增长阶段，且一些新的增长拉动因素正在形成，经济基本面仍然良好。一方面，内需增长仍有广阔空间。从消费方面看，对文化、教育、医疗、养老和旅游等服务类需求增长迅猛，智能手机、平板电脑、信息家电等已形成新的消费热点，住房汽车等消费持续增长。2014 年中国主要处于战略机遇期，预计 2014 年中国 GDP 增长 7.5% 左右，将继续保持在经济运行的合理区间。

2013 年是中国旅游业发展历史上具有深刻影响和重大意义的一年。第十二届全国人民代表大会常委会审议通过《中华人民共和国旅游法》，国务院办公厅下发《国民旅游休闲纲要》。全国旅游行业坚持依法治旅，积极扩大旅游消费，做了大量富有成效的工作，实现了旅游业持续健康较快发展。全年旅游总收入 2.95 万亿元，比 2012 年增长 14%；国内旅游人数达 32.62 亿人次，国内旅游收入达 2.62 万亿元；出境旅游人数约 9819 万人次；入境过夜人数约 5569 万人次，旅游外汇收入约 517 亿美元，增长 3.3%。新增旅游直接就业 50 多万人。

3. 海南省经济发展形势和政策

省委书记罗保铭在 2014 年 1 月 9 日全省经济工作会议上提出了海南省 2014 年的主要工作任务：一是以优化投资结构为抓手，推动经济转型升级；二是努力把热带特色农业打造成海南经济的"王牌"，全力促进农民增收；三是紧密结合海南省情，积极稳妥推进新型城镇化；四是进一步扩大开放，拓展海南发展空间；五是坚持生态立省，保护好海南的"金饭碗"；六是加强科学管理，提高社会治理水平。旅游委则重点定下了以下六个方面的工作：一是紧扣发展主题，扎实推动旅游业改革开放的不断深入；二是突出工作重点，扎实推进《旅游法》的全面贯彻实施；三是坚持标本兼治，持续深入开展旅游市场综合整治工作；四是整合资源渠道，创新开展旅游市场宣传促销工作方式；五是加强规划建设，加快促进旅游业转型升级、提质增效，抓好旅游规划的修订和编制工作；六是加强教育培训，加快促进旅游人才综合素质全面提升。

4. 海南省政府对旅游业的促进政策

（1）旅游科技应用。从 2012 年开始，省科技厅与省旅游委共同认定了包括呀诺达、大小洞天等 5 个高新技术示范景区，希望通过科技带动海南旅游景区整体管理及服务水平；2013 年，拟认定 4

个高新技术示范景区，省科技厅希望以此推动科技兴旅。一批科技成果在旅游中的成功应用，不但推动了旅游业的转型升级，更提升了游客的满意度。一是直饮水工程。在各大旅游景区推出公共直饮水工程，到 2015 年，将会有近 200 台直饮水设备覆盖全省 55 个景区。直饮水设备提供商海南立昇净水科技公司还专门为这些设备设计了融入黎族文化的筒裙型和米舂型设备，让这些直饮机不但为游客提供便利，更为景区增添风景。二是绿色照明在三亚南山、亚龙湾热带天堂森林公园、三亚大小洞天、兴隆热带植物园和定安文笔峰等景区铺开，预计 2015 年全部完工，届时景区室内室外都会换上绿色节能环保灯。三是旅游景区生活污水处理。省科技厅扶持的海南文笔峰景区生活污水生态处理示范工程现已完成基本设施建设，通过采取分散式小面积作业能够保护景区原有生态环境，对整体环境无破坏，净化后的水可进行二次利用，景区在保护生态的同时也节省了成本。四是海南特色产品开发。通过科技项目支持，海南省近年来还利用海南特色生物资源成功开发了藿香精油、香草兰香水等海南特色产品。全省首家槟榔专业合作社还成功开发槟榔花茶、酒等特色食品。这些举措提升了海南旅游服务的科技水平和服务质量。

（2）美丽乡村建设与海南乡村旅游发展。党的十八大报告提出，"要努力建设美丽中国，实现中华民族永续发展"。提出了"美丽中国"的概念。2013 年，海南省在海口市琼山区、澄迈县、琼海市等 6 个市（县、区）启动美丽乡村建设试点工作，首批试点涵盖 21 个乡镇 42 个村，受益人口近 10 万人，各市县因地制宜展开建设，并推动美丽乡村与旅游的融合。如白沙县于 2012 年在全县 40 个村庄试点美丽乡村建设，目前已有 38 个村完成主体工程建设，初具规模。在这一过程中，白沙县坚持政府主导、企业参与、金融支持、依靠群众的总体思路，不仅要从项目建设角度拉动地方经济，更要通过发展乡村旅游实现长效的进步。2013 年，白沙打造了 31 个美丽乡村。因为没有公司投资，这里的"美丽乡村"建设主要依靠政府投资和村民自行筹资。全村 46 户村民中有40 户参与了该次民房改造，每户可获得政府的各类补贴近 4 万元。如定安县委、县政府为改善老区人民生产生活环境，整合资金 3 亿元连片创建"百里百村"文明生态村。"百里百村"北起龙门镇，南至母瑞山革命纪念园，利用龙门至中瑞农场 100 里路两边得天独厚的资源，不拆房不砍树就地对村庄环境进行综合整治，建成文明生态村 200 多个。每个村庄都保持了原生态特色，路相通、村相连，一条低密度、高生态的绿色长廊将片区各景点串联起来，形成了一个原生态乡村休闲基地。

（3）旅游市场整治加强。2013 年是海南旅游市场整治年。海南以贯彻落实《旅游法》为契机，依法加强旅游市场监管，旅游市场整治工作成效显著，为 2014 年的持续发展奠定了良好基础。

（二）2014 年海南旅游业前景展望

根据对 2014 年国际国内及省内的社会经济形势分析，海南在2014 年的旅游业发展既存在有利的一面，同时也有不利的因素。但是总体上，海南旅游人次还会持续增加，旅游经济还会继续增长。

1. 具体指标

据统计，已经过去的 2013 年海南省共接待过夜国内外游客3672 万人次，同比增长 10.6%，其中接待过夜入境游客 81.56 万人次，同比增长 0.13%，实现旅游总收入 428 亿元，同比增长13.1%。不出意外的话，这一势头将持续下去，预计在 2014 年海南旅游总人次将按照 10% 左右的速度增长，达到 4039 万人次。旅游总收入约 494 亿元，较 2012 年增长 15% 左右。

2. 现代服务业发展水平将进一步提高

随着海南旅游规划体系的完善，海棠湾、清水湾、龙沐湾、棋子湾、观澜湖、南丽湖、富力海洋欢乐世界、红树林湿地公园等旅游度假项目建设将逐步完善，具体目标将包括新增5A级景区1个、4A级景区2~3个。国际旅游岛先行试验区将实现项目建设和招商推介新突破。管理体制将进一步理顺、配套政策将进一步落实，博鳌乐城国际医疗旅游先行区建设将逐步加快。乡村旅游、森林旅游、医疗旅游、邮轮游艇旅游和低空飞行等新业态将得到持续，西沙旅游规模、品质不断提升。

3. 2014年海南旅游发展需要解决的问题

展望2014年，海南旅游产业发展仍然有许多不足和缺陷，需要大力改进。

（1）海南旅游信息化程度问题。国家旅游局将2014年旅游宣传主题确定为"美丽中国之旅——2014智慧旅游年"，要求各地要结合旅游业发展方向，以智慧旅游为主题，引导智慧旅游城市、景区等旅游目的地建设，尤其要在智慧服务、智慧管理和智慧营销三个方面加强旅游资源和产品的开发和整合，创新发展模式，推动我国旅游业又好又快发展。从旅游产品升级、产品预订到景区管理、在线咨询，所有的一切都指向旅游信息化革命。

（2）海南旅游淡旺季矛盾问题。淡旺季是海南旅游发展的老问题，黄金周期间各大旅游景区（点）人山人海，无论是交通、旅游还是餐饮都难尽人意。旅游景区同时有苦衷，节假日游客集中涌入，考验景区接待能力。但旅游淡季游客稀稀，景区工作人员又显得有些"无所事事"，旅游的淡旺季是很难避免的情况，国内、国外都面临这样的难题。所以近年来海南一直在推动智慧景区的建设，希望逐步运用信息化技术实现对游客的提前预告。在2012年"中国智慧旅游年"的大背景下，将通过多种方式加快推动旅游业与信息技术的融合发展，推动旅游业更好更快地从传统服务业走向现代服务业。

（3）旅游市场整治的持续和优化问题

2013 年是海南省旅游市场整治年，统计资料显示：截至 2013 年 12 月 15 日，海南省共查处并执行完毕的涉旅案件 254 宗，相关部门依法吊销旅行社经营许可证 12 家，依法注销旅行社经营许可证 8 家，依法责令旅行社停业整顿 2 家，8 家非法经营的酒店被取缔，2 人导游证被吊销，共罚没款 1104 万元，补征、补缴各类税费 197 万元。这些数据显示了海南省 2013 年市场治理的有效性。同时，这些数据说明海南旅游市场依然存在一定量的"乱象"问题。严治初步见效之后，更重要的是减少案件发生率。2014 年海南将持续开展旅游市场整治工作，组织实施旅游服务质量全面提升工程，大力推进文明旅游工作。旅游相关部门需进一步思考市场治理手段的优化，在进一步加大市场整治有效性的前提之下，完善旅游市场机制作用的有效性，争取减少案件发生率。相关旅游部门要对"零负团费"等旅游市场中的违法行为采取坚决措施予以打击，从建立长效机制入手建立完善相关规章制度，集中力量开展大批量的旅游质量、旅游法制培训；要在旅游项目开发时就要对质量标准进行确定，对违反质量标准的要采取措施予以监管；要在开展国内外旅游宣传促销等活动时，如实公布海南旅游的价格信息，让广大游客了解；要从严标准，在规定的时间内对所有旅行社和导游员信息进行再次全面清查；编撰海南旅游市场案例丛书，作为培训相关旅游企业和旅游从业人员提高法律法规意识和行业自律精神的第一手教材。

（4）海南生态旅游资源由比较优势向竞争优势转变的问题

国内旅游市场竞争中，良好的自然环境与气候条件无疑是海南独具的比较优势。在我国经济发展由政府投资主导向消费主导的转型背景以及国内雾霾等极端天气频现的背景之下，这一比较优势显得更加突出。2013 年，海南旅游业成功依托这一比较优势取得了良好的市场业绩。然而与资源、气候环境类似的东南亚旅游发达国家相比，海南旅游业自然资源优势的产出水平依然不高，即海南旅游业对自然生态资源的使用效率依然有待提高。

应该注意到，随着国内生态体制改革的推进以及各地发展方式的转型，国内雾霾天气虽然一定时期内无法彻底改变，但一定会逐步改善，直至有效优化，特别是那些海南旅游业主要客源所在的区域，例如，京津地区、珠三角、长三角经济发达城市。目前，可谓海南旅游业生态资源比较优势相对最为明显、最有吸引力的时期。如果海南在这一难得的市场机遇之下，不能成功地将海南生态旅游资源的比较优势转化为竞争优势，实现海南生态旅游资源的高效应用，将错失一个发展的机遇，甚至在海南国内主要客源地生态环境优化后面临棘手的挑战。为此海南急需确定将旅游生态资源优势转换为竞争优势的发展战略，以促进海南旅游业抓住机遇，实现更有效率的、可持续地发展。

（5）海南旅游业现代、高端服务业的发展问题

《国务院关于推进海南国际旅游岛建设发展若干意见》中明确提出了海南的发展定位，即形成以旅游业为龙头，现代服务业为主导的特色经济结构，并要求旅游业及相关现代服务业在改革开放和科学发展方面走在全国前列。经过 5 年的建设，海南虽然在现代服务业发展中不断尝试，但旅游服务转型升级的挑战依然巨大。

一方面，海南省在旅游教育服务、医疗旅游、旅游金融等领域的开放度依然有限，在市场开放方面还需要不断探索；另一方面，海南省现有的旅游服务企业中普遍存在企业规模小、经营效益低等产业素质有待提高的问题。此外，海南省在高端、特色旅游服务业方面的探索依然步履缓慢，例如，博彩旅游、文化旅游、海洋旅

游、三沙旅游等新兴产业的创新潜力依然有待开发。

海南急需促进已有服务业的转型升级，使现有服务产业具备转型升级的压力、动力，更重要的是赋予现代服务业转型升级的能力，并且需要进一步促进新兴、高端、特色旅游产业的兴起与发展，以更加显著的探索海南现代服务业改革开放与科学发展之路。

与此同时，海南旅游市场治理开始面临新的挑战。海南优质海域岸线多被一般性房地产开发，成为排他性的营利性工具。这对海南可持续发展构成了威胁。以填海造地为重点的"新造地运动"出现苗头。这些问题是海南旅游业发展面临的严峻挑战，需要提升海南省旅游业的综合治理水平，以促进海南旅游业的健康、持续发展。

四 2014 年海南旅游业发展的若干建议

2014 年是我党提出"让市场在资源配置中起决定性作用"后的第一年，在新开启的改革中，作为旅游大省的海南应该思考在旅游业的发展中让市场创新的活力、市场竞争的效率得以充分释放，以发挥市场的作用，促进海南旅游业的发展。

（一）完善旅游管理体制

省委、省政府结合党的十八大精神的要求，将 2014 年定为海南的"深化改革年"和"科学管理年"，要求充分发挥市场在资源配置中的决定性作用，更好地发挥政府的协调作用。在旅游的发展上需要进一步完善旅游管理体制，重点工作包括：推进导游管理体制改革，建立健全旅行社等级评定和退出机制，完善旅游客运管理体制，加强旅游合同和行程管理，完善旅游价格管理机制，探索建立旅游综合执法"统筹协调、共建共治"体制等。

（二）力争更加开放的优惠政策

随着国际旅游岛软硬件建设的发展和海南品牌影响力的提升，海南对国际客源的吸引力也需要加强，下一步要争取更加开放的外币兑换政策和"东盟—中国海南单一签证"试点政策，争取个人免签入境等便利签证政策，积极探索开通海南至东南亚各国邮轮旅游航线。

（三）实施整体营销战略

全力办好"2014世界旅游旅行大会"，并利用这一国际旅游业盛会的影响力，全方位宣传推介海南，塑造海南的良好品牌形象。开展旅游与航空联合开发计划，按照"一国一策"的原则，实施差异化旅游营销。在国外重点客源国家实现较大规模的、持续的网络宣传推广。

（四）合理推动重点项目建设

要特别鼓励和支持旅游商品企业研发和推出一批海南特色旅游商品；加快推进海棠湾免税购物城、海口观澜湖综合购物城、万宁奥特莱斯购物城建设；支持冯小刚电影公社、三亚千古情等新兴旅游项目的发展。推进"智慧旅游"海南旅游综合云平台和海南旅游电子商务平台建设。2014年，要借助"智慧旅游年"之机，充分利用物联网、云计算等信息技术，与通信部门和知名旅游商务网站合作，积极开展旅游在线服务、网络营销、网络预订和网上支付，构建旅游数据中心、12301呼叫中心，全面提升旅游服务、旅游管理和旅游营销信息化水平，逐步实现旅游的智慧化、智能化。

（五）加强旅游培训

结合乡村旅游、婚庆旅游、邮轮游艇、会展旅游等旅游新业态的人才需求，抓好旅游新业态紧缺人才的教育培训，加快培育出一支素质高、结构优、技能强的新业态人才队伍。可依托海南知名高校如海南大学以及海南其他相关旅游院校，对海南婚庆旅游、邮轮游艇、会展旅游、乡村旅游等业态目前从业人员素质较低、管理和服务水平受限等实际问题实行骨干人才培训工程，依托现有的旅游人才培训机构为旅游和相关现代服务业培训千名经营管理、特色生产等方面的专业技能人才。

（六）继续大力发展热带农业乡村旅游

要加强乡村旅游基础设施和配套服务体系建设，加快乡村旅游示范点建设，积极创建富有海南特色的乡村旅游示范县、示范村、示范户等。海南在发展乡村旅游过程中也存在一些问题。①城市化问题，一些乡村按照城市模式建设，失去了乡村特色。②基础设施和服务设施不配套。虽然全省大交通格局已经基本完成，但是乡村基础设施欠账很多。政府部门应积极帮助协调那些有旅游资源优势和产业基础的乡村，加快解决交通、通信、供电、饮水、卫生等方面的问题。③旅游服务质量差。乡村接待人员缺乏培训，服务质量差。④缺乏资金。发展乡村旅游最缺乏的是资金，一是乡村经济基础薄弱，二是有条件发展乡村旅游的地区，相当一部分是生态环境好和文化特色明显的山区和少数民族地区，地方经济欠发达，农民收入低，发展乡村旅游更需要资金投入。要完善旅游村内外道路、水电、污水垃圾处理、清洁能源、公共厕所、景区点指示牌，开通农村宽带网、有线电视、卫生服务站，保护原生态植被，按照景观标准改造农房，开通城市直达乡村旅游景区景点的公交线路，解决乡村旅游发展基础环境和服务功能配套问题。

（七）创新旅游业政府公共服务的内容

旅游业是一个充分竞争性产业，政府的公共服务应主要围绕旅游业的市场失灵展开，在旅游市场发展的不同阶段，政府公共服务的内容重点也应随之调整。结合 2014 年海南旅游市场的主要矛盾，政府公共服务的内容可以从以下几个方面进行创新。

1. 强化战略性公共服务

在海南"国际旅游岛"建设进程中，出现了旅游消费者对"国际旅游岛"期望与旅游行业"国际旅游岛"产品供给之间的矛盾，已严重制约了海南旅游业的发展，政府需要通过战略性公共服务，引导、促进产业的优化发展与持续升级。

其一，海南旅游业六大产业要素协调发展战略。旅游业作为涉及食、住、行、游、购、娱六大方面的综合性产业，相关产业的发展状况直接影响旅游业的整体发展水平。在海南旅游业的发展中，对旅游交通"滚动发班制度"的质疑之声不断，关于海南缺乏更多大型旅游吸引物的观点也有较多回音。然而，海南旅游业发展中六大要素的短板是什么，其消极影响如何，并没有科学且明确的结论，需要政府基于对旅游业要素发展现状的分析制定旅游产业协调发展战略。

其二，海南旅游业竞争优势战略。海南气候、自然环境的比较优势已更加凸显，但目前急需将比较优势转化为竞争优势的战略。例如，如何通过基础设施的完善形成旅游竞争优势。旅游业的发展离不开目的地各项基础设施，友好的目的地居民，便利而完善的金融、治安、交通体系。政府需要基于基础设施对海南资源使用效率的影响程度分析制定海南旅游业基础设施完善战略。

其三，旅游业整体形象的营销战略。经过几年的努力，"海南国际旅游岛"的品牌形象在国内旅游市场中的知名度可谓已经非常高了。目前，海南需要适时地将营销目标由提高知名度转变为提高知晓度（全面有针对性的了解）及喜爱程度。基于这一目标，需要制定基于新目标的整体形象营销战略。

2. 完善引导旅游产业转型升级的公共服务

新版《旅游法》的颁布、旅游回归为普通公民幸福生活的事业等外部环境的变化，对海南旅游业提出了转型升级的要求。在旅游业转型升级的过程中，政府需要完善三个方面的公共服务。

其一，赋予旅游产业实现转型升级的能力。新的《旅游法》颁布之后，许多海南的地接旅行社面临经营方式的转型。这些旅行社中，不乏一些旅行社依然秉持着观望的态度，期待着非正规操作模式的继续。实际上，以这些旅行社目前的人、财、物、信息等方面的实力，顺利实现转型升级是有一定困难的；同时国际市场中来自东南亚国家的经营压力更让部分旅行社企业对转型升级缺乏信心，迟疑无措。这一背景之下，需要政府通过公共服务产品的完善有效赋予旅游产业实现转型升级的能力。首先，应加强教育培训的公共产品供给，赋予企业实现转型升级的外脑支持；其次，协调各方利益，为旅行社企业发展创造更好的外部条件，赋予企业实现转型升级的市场支撑；最后，关注转型企业的需求，为企业转型升级创造无障碍的制度环境。

其二，强化旅游产业实现转型升级的压力与动力。按照规划，在 2020 年，海南应该由一个旅游大省成功建设为一个旅游强省。目前，海南的旅游资源在国内及世界范围内具有一定的比较优势，然而我们需要产业转型升级使海南旅游资源的比较优势成功转换为竞争优势，即单位旅游资源的投入产出最大化。从目前情况看，海南旅游产业的投入产出比还有待提高。这一背景之下，需要政府通过严格有效的市场监管、及时有效的产业政策减少单纯依托资源、耗费资源、破坏品牌的粗放型发展模式，增加保护资源、增加创意及文化附加值的新型发展模式，赋予旅游产业实现转型升级的压力与动力。

其三，完善旅游者信息服务，引导理性、成熟、可持续的旅游消费选择毋庸置疑，在完善的市场经济环境之下，消费者的选择对产业发展有不可小觑的意义。旅游行业的零负团费、破坏资源开发的种种行为背后，旅游消费者在不知情或者不完全知情的情况之下，起推波助澜的负面影响。从某种意义上讲，这些旅游消费者对旅游市场的供给乱象也有不可推卸的责任。旅游产业的转型升级，离不开旅游消费者理性、成熟、可持续的消费选择。在旅游行业，旅游经营者与旅游消费者之间的信息不对称是比较明显的，因此，需要政府及时推出教育、引导旅游者的公共服务。通过相关信息的宣传以及旅游者规制，促使旅游者成为关注目的地自然与社会环境可持续发展的成熟消费者。只有消费者成熟了、理性了，旅游产业的转型升级才能有发展的良好土壤。

3. 重视针对旅游高端服务业的公共服务

在"海南国际旅游岛"的建设进程中，已经萌生出各种新业态，例如，依托房地产项目的酒店经营项目，这一项目即不属于家庭旅馆也不属于产权式酒店，在目前的经营中缺乏明确的管理制度，急需政府对其进行指导与明确的规制。

此外，随着国际旅游岛建设项目的不断推进，有关免税以及博彩项目的各种探索还将不断得以推进，然而，有关这些新业态涉及的高端服务业的管制制度领域依然存在较多的空缺，例如，游艇发展必不可少的低空飞行规章制度。需要政府适时的、超前的予以考量，为这些在大陆范围内具有创新意义的新业态提供比较完善的制度环境。

（八）创新旅游业政府公共服务的形式

1. 积极、有序地引入市场力量，提高公共产品供给的效率

在旅游产业公共产品的供给机制与方法中，可以更多、更有效地引入市场的力量。积极引入市场力量，并非意味着政府工作的减少；相反，需要政府投入更多的工作，关键在于工作的重点需要调整。在引入市场要素的过程中，需要政府确定标准、确定最后的考核体系、明确支撑条件的给予方式等等。总而言之，需要政府部署引入市场力量的战略，突出市场效率的方案。

例如，在香港旅游业"盛世基金"的运作中，特区政府为了在香港旅游业外部环境面临挑战的背景之下，通过增加盛世活动，达到增强目的地吸引力从而增加游客量的目的，确定了3年持续实施"盛世基金"项目的战略。政府确定基金项目的资助额度、基金项目的动态要求（每年盛世活动的主题各不相同）、基金项目的考核方式，然后向全球公开招募，这样借助了全球会议、赛事、事件运作的市场力量，办好了香港的盛世活动，动态地契合了香港旅游业发展的需求。

2. 促进旅游非政府组织的发展，引导自下而上的制度创新

在海南旅游业新业态的发展中，要及时、有效甚至超前地制定合理的制度，需要更多地引入非政府组织的力量，从而有效促成自下而上的制度创新。促进非政府组织的发展并非意味着政府应该完全放松对非政府组织的监管，也并非意味着政府需要从人、财、物等方面投入力量以支持非政府组织的发展。政府应该适当减少对非政府组织的资源投入以及与之相对应的权利监控，加强对非政府组织合法成立、有序运作的制度性监管。有了良好的制度环境，新业态在发展中便可以自发对制度需求进行研究，形成适合行业需求的自下而上的制度创新。

海南国际旅游岛新兴产业与海洋经济发展情况*

面对日益激烈的世界竞争格局，我国制定并实施了"863计划""火炬计划"等高新技术发展战略，在提升我国高新技术产业竞争力的同时，更有效地带动了整个高新技术产业的发展。中央最近提出，要加快实施创新驱动战略，推动战略性新兴产业发展取得新进展，促进传统产业改造升级，促进服务业与制造业融合发展，下大力气推动产业转型升级。2013年，新兴产业在乐观预期作用下掀起了一波又一波市场浪潮，成就了创业板屡创新高的牛市和一批明星股。中央经济工作会议提出了2014年经济工作的六项主要任务，其中第二条明确指出要调整产业结构，大力发展战略性新兴产业，加快传统产业优化升级。2014年，中国经济的关键词在于"稳增长、调结构、转方式"以及"全面深化改革"，贯穿其中的每一个环节的正是新兴产业。

在我国新兴产业快速发展的同时，海南省也加快了其新兴产业发展的步伐，特别是国际旅游岛建设战略，进一步推动海南新兴产业和高新技术产业的发展。海南省高度重视培育发展战略性新兴产业，省委、省政府领导多次开会研究部署，及时出台有关政策措施加快推进新兴产业发展，并于2012年7月和11月先后出台了《海南省鼓励和扶持战略性新兴产业和高新技术产业发展

---

* 本报告负责人：李仁君；执笔人：李仁君、徐思泉、陈萍、侯晋封、姚婷。

的若干政策规定（暂行）》《海南省"十二五"高技术产业暨战略性新兴产业发展规划》，随后又出台了《关于加快培育和发展战略性新兴产业的实施意见》。这个《意见》表明，海南将多措并举着重推进新能源产业、新材料产业、新能源汽车产业、高端装备制造产业、信息产业、生物和医药产业、节能环保产业及高技术服务业八大战略性新兴产业，使其成为海南先导产业和支柱产业。2013 年省财政厅还出台了《关于分配 2013 年省重大科技项目经费的通知》，下达资金 1.5 亿元支持海南省实施首批 23 个重大科技项目，每个项目平均资助经费为 650 万元，实施期为 3 年，共 88 个课题，172 个单位参与，总投资 80 亿元。其中有 21 家高新技术企业的 22 个项目获得支持，涉及 6 个技术领域，加上 2013 年高新技术企业发展专项资金 2000 万元，2013 年本省高新技术产业获得了近 4000 万元支持。

海洋经济方面，近年来，我国已形成了环渤海、长三角、珠三角、海峡西岸、环北部湾和海南六大海洋经济区。2013 年我国海洋经济发展保持良好增长态势，全年海洋生产总值达到 5.4 万亿元，比 2012 年增长 7.9%，海洋经济约占全国 GDP 的 9.5%。2013 年 8 月 6 日出台的《海南省委、省政府关于加快建设海洋强省的决定》提出，到 2015 年海南省海洋生产总值将达到 1150 亿元，到 2020 年海洋生产总值将达到 2862 亿元。2013 年国家持续加大支持海南发展海洋经济的力度，海南省海洋经济加速崛起，海洋生产总值将达 847 亿元，同比增长 17%，占全省生产总值的 27%，海洋经济成为国民经济新的增长极。同时，海南省基础设施、民生改善和生态环保工作等方面也取得很大成绩，如马村港中心港区建成开港，白马井中心渔港和昌江海尾一级渔港主体工程完工，三亚崖州、临高新盈、乐东岭头等渔港建设稳步推进，开工建造大吨位渔船 103 艘，改造标准化养殖池塘 19249 亩，新增深水网箱 531 口。

一 海南国际旅游岛战略性新兴产业和海洋经济发展现状

（一）海南国际旅游岛战略性新兴产业发展现状

省工信厅数据显示：2013年全省工业实现增加值554亿元，工业固定资产投资完成370亿元，电子信息、生物医药、新能源新材料等战略性新兴产业完成产值突破600亿元。其中，信息产业产值为320亿元，同比增长24%，医药产业预计完成产值115亿元，同比增长15%。2013年，海南省八大支柱产业实现工业总产值1621.9亿元，同比增长2.6%，比规模以上工业增速高0.4个百分点，占规模以上工业的86.6%，浆纸和纸制品、电子信息产品制造、新能源和新材料、食品和热带农产品加工，分别为22.5%、35.4%、15.0%、11.3%，继续保持快速增长势头，拉动规模以上工业总产值增长5个百分点。2013年海南省新增28家国家认定高新技术产业，其中电子信息领域12家，生物医药领域企业5家，新能源新材料领域企业11家。

2013年中印IT知识园、30万套穿戴式电脑等项目开工建设，引进了惠普、微软、飞利浦、印度NIIT等一批项目落户；100万吨多功能片材、60万吨聚酯原料等项目建成投产；200万吨精细化工、300万吨液化天然气站线、洋浦石化新材料产业基地等项目加快建设；100万吨乙烯及炼油扩能获国家核准，微软、惠普等项目正式落户。2013年新增省级高新技术企业28家，战略新兴产业产值增长17.9%，建立重点工业企业服务"直通车"，新增亿元以上工业企业16家，安排中小企业专项资金4500万元，撬动担保贷款30亿元，全省战略性新兴产业呈现良好的发展势头。

2014 年，海南省将继续推进以企业为主体、产学研用紧密结合的技术创新体系建设，大力推动高新技术产业发展。海南省工业和信息化厅有消息称，2014 年全省战略性新兴产业预计同比增长 15% 以上；海南省在 2013 年突出项目建设和园区发展，加快了战略性新兴产业的发展。在保证 60 万吨聚酯原料、200 万吨中海油精细化工项目年初投产的基础上，海南省加快建设 68 个重点项目，其中竣工项目 9 个，续建项目 25 个，新开工项目 34 个，推动工业经济稳中求快；以电子信息、生物制药为重点，夯实战略性新兴产业的基础，促成一批电子信息产业项目落地、投产，推进海口药谷做大做强，计划 2013 年医药行业新增产值为 20 亿元以上，重点打造新型石化产业基地、琼北高新技术产业基地、琼南创新创意产业基地，促进全省产业优化布局和结构调整。根据《关于 2013 年海南省和省本级预算执行情况及 2014 年海南省和省本级预算草案的报告》（以下简称《报告》），经济转型升级是 2014 年海南省财政将重点支持的一大方面。报告显示，2014 年省本级公共财政用于支持经济转型升级的项目预算共 22.0 亿元，增长 20.9%，另在政府性基金预算安排 33.4 亿元，在补充项目预算安排 3.0 亿元，共计 58.4 亿元。

1. 电子信息产业

信息消费在 2013 年是所有新兴产业中最耀眼的明星，激发了极大的市场热情，成为新兴产业中的领航者。2013 年以来，我国与信息消费领域的相关政策陆续出台，《关于促进信息消费扩大内需的若干意见》文件的发布成为全面推动加快发展信息消费的纲领性文件。移动互联网、家电智能化、互联网金融、智慧城市、4G、信息安全等引起社会的广泛关注。电子信息产业是海南重点发展的高技术和战略性新兴产业之一，建设信息智能岛是海南的战略布局。海南尽管在信息网络基础设施建设、信息技术应用、电子政务发展等方面取得巨大成效，但在培育 IT 企业成长、促进信息产业发展上一直举步维艰。

继 2011 年和 2012 年海南信息产业主营业务收入连续超过 100 亿元及 200 亿元关口后，2013 年海南信息产业产值突破 300 亿元，比 2008 年增长 2.3 倍，5 年间年均增长 26.3%。信息产业是海南重点发展的高技术和战略性新兴产业之一，数据显示，2006~2009 年，海南信息产业主营业务收入每年递增约 10 亿元，但一直未能突破 90 亿元关口。为加快信息产业发展，近 3 年来，海南省以园区为载体，持续加大招商引资力度，有力推进了产业发展。截至 2013 年年底，海南 IT 企业数量超过 1800 多家，其中规模以上电子信息制造企业 8 家，规模以上软件和信息服务企业 105 家。

海南信息产业实现快速发展的重要原因是大力推进园区建设，带动产业集聚发展。自 2009 年开始建设专业性产业园区以来，不到 5 年的时间，海南已建成了分别位于澄迈、海口、三亚、陵水的海南生态软件园、海南国际创意港、三亚创意产业园、清水湾国际信息产业园 4 个专业园区，初步形成了一南一北产业集中布局、集聚化发展的格局。海南首个信息产业园区——海南生态软件园 2012 年实现产值 53 亿元，预计 2013 年实现产值 80 亿元，实现入园企业 301 家，办公人员近 4000 人，已引进了中电、中软、东软、浪潮、长城信息等国内外知名 IT 企业入驻，特别是 2013 年引进了全球最大的 IT 专业培训机构——印度 NIIT 集团，合作建设中印 IT 知识园、30 万套穿戴式电脑等项目，引进了惠普、微软、飞利浦、印度 NIIT 等一批项目落户。

2. 新能源产业

新能源是国家加快培育和发展的战略性新兴产业之一。海南省凭借其自然地理位置，在"大企业进入、大项目带动、高科技支撑"发展战略的指导下，太阳能、风能、核能、生物质能发展等方面潜力巨大，近几年迅猛发展。2013 年新增光伏集中发电项目 8 个，推广节能灯 100 万只，实施节能技术改造和资源综合利用项目 26 个。

2013 年 12 月 31 日上午，海南首个独立光伏智能微电网项目建成发电。该项目是经财政部、科技部、国家能源局共同批准的 2012 年第二批"金太阳"示范项目之一，由海南天能电力有限公司投资建设。项目依托三沙阳光资源，融合了智能微电网技术，充分考虑了海岛"三强""三高"的特殊环境，在三沙市永兴岛北京路沿线两侧屋顶安装了光伏组件作为分布式能源，并配以 1000 千瓦时磷酸铁锂电池作为能量存储及缓冲，结合智能微电网管控技术，为负荷提供高品质绿色电力，很好地解决了岛上办公及居民生产生活用电困难问题，同时也具备良好的可扩展性，为岛上的电力发展和能源高效综合利用奠定了较好的基础。项目建成投产后将为三沙军民提供更可靠的可再生清洁能源保障。

截至 2013 年年底，中国英利绿色能源控股出资的海南天能电力有限公司已经在海南省设置了合计输出功率在 100 兆瓦以上的光伏发电系统。这些光伏发电系统的太阳能电池板全部由英利绿色能源的全资子公司、太阳能电池板企业英利太阳能公司供应。英利太阳能还为部分光伏发电系统提供 EPC（设计、采购及施工）服务。该次光伏电站的总投资额约为 14 亿元，除了大规模的地上设置型发电站，还在住宅、商业设施屋顶及耕地等处设置光伏发电系统，合计输出功率超过了 100 兆瓦。其中约 2/3 的光伏发电系统目前已经开始向电网供电。2013 年，英利预计光伏组件出货量在 320 万～330 万千瓦。

3. 新材料产业

海南石英砂矿产资源非常丰富，储量约占全国六成，且纯度极高。近年来，海南省在海口、澄迈布局，积极引进大企业投资建设新材料项目，目前已初步形成以特种玻璃、光纤光缆、特种功能

BOPP 薄膜等为代表的新材料产业发展格局。

2013 年 3 月，在海南中航特玻材料有限公司特种玻璃生产基地，世界第一条全氧燃烧在线 Low－E 镀膜玻璃高新技术浮法玻璃生产线建成投产。在发展高端特种玻璃的同时，该公司努力将企业打造成国内节能减排标兵。据介绍，海南中航特玻特种玻璃生产基地 3 号线——全氧燃烧在线 Low－E 镀膜玻璃生产线，是国内首条采用全氧燃烧技术的新型高新技术浮法玻璃生产线。该生产线是公司 2009 年度非公开发行股票募投项目之一，计划总投资金额 72788.00 万元，其中募集资金 38885.82 万元。其全氧燃烧工艺技术完全使用纯氧气助燃，具有增强传热、玻璃液温度均匀性好和燃烧空间耐火材料温度低、熔窑稳定性好、提高玻璃产量和质量等优点，并可以解决传统浮法线的空气助燃燃烧工艺带来氮化物排放污染环境的问题。海南中航特玻根据根据市场需求，依靠自身技术力量自主创新，通过对超白玻璃的技术攻关，使玻璃成分当中 Fe_2O_3 含量控制在 105±5ppm（目前国内超白玻璃含量最低），并成功解决了疵点密度问题。经过优化退火、改造冷端设备解决了厚板切割质量问题，成功生产出尺寸为 18 米×3.3 米×12 米的世界上最大的超白超厚玻璃原片。生产出的这批玻璃将进入国际市场，被用来作为国外某知名公司总部大楼及旗舰店的玻璃装修材料。

2013 年 8 月，海南省重点项目——山东高速海南石化新材料基地在海口洋浦开工建设，山东高速海南石化新材料基地项目总投资 63 亿元，一期工程预计 2014 年上半年建成投产。项目投产后，可年产 20 万吨道路新材料、30 万吨高等级润滑油产品，年均产值计划在 200 亿元，可形成至少 800 万吨/年的物流总量。项目一期占地 500 亩，投资约 34 亿元，年均利税可达 11 亿元，并创造 500 多个就业机会。2013 年以来，洋浦按照一港三基地的产业布局，加快新材料、新能源等重点新兴产业的推进。

4. 环保节能产业

2013 年 8 月，国务院印发了《关于加快发展节能环保产业的意见》（以下简称《意见》）。《意见》的出台，对指导和推动节能环保产业加快发展将起到十分重要的作用。海南省认真贯彻落实国务院《意见》，《"十二五"节能减排综合性工作方案》和海南省第六次党代会提出的"科学发展绿色崛起"的精神，全面推进《海南省"十二五"节能减排总体实施方案》的实施，推动环保节能产业发展战略，以昌江循环经济区作为示范点，加快资源循环利用产业化示范，支持工业废渣、建筑垃圾、生活垃圾、电子垃圾利用项目，提高资源综合利用水平和再制造产业化水平；推广先进环保技术装备及产品，提升污染防治水平；推进市场化节能环保服务体系建设。同时围绕海南国际旅游岛建设，在宣传海南节能减排工作的基础上，推广绿色节能及新能源产品的相关运用，大力宣传"节能低碳、绿色发展"。海南省为扎实推进"绿化宝岛"大行动，完成造林绿化 45.3 万亩，森林覆盖率达 61.9%，提高 0.4 个百分点；新建 4 个省级生态文明乡镇、36 个省级小康环保示范村和 988 个文明生态村；新增光伏集中发电项目 8 个，推广节能灯 100 万只；实施节能技术改造和资源综合利用项目 26 个，淘汰造纸生产线 5 条；强化建设项目环境评价，停止审批高能耗高污染项目 22 个，对 6 个市县和 5 家企业进行节能减排责任追究；建成垃圾转运站 35 座。

2013 年淘汰落后产能责任企业名单中造纸行业有 2 家。其中，海南嘉宝纸业有限公司淘汰生产线（设备）型号及数量为 1575 型造纸生产线 1 条、1600 型造纸生产线 1 条；海南万佳纸业有限公司为 1575 型造纸生产线 3 条，淘汰时间均为 2013 年 10 月 30 日前。2013 年海南加大产业结构调整力度，坚持循环经济试点，加强工业园区生态保护，按计划开展美安科技新城生态环境保护工程，鼓励和支持企业改造原有燃煤、燃油锅炉，改用天然气作为清洁能源。争取到 2015 年年末，全市工业园区的企业全面实行清洁生产。

5. 新能源汽车产业

海南目前对高新技术产业给予所得税优惠，加上海南独特的自然环境，无法复制的自然气候资源，四季无冬、阳光充沛、空气清新、水质纯净，非常适合新能源汽车的研发和运用，加上岛内行驶环境相对封闭有利于网络的充电布点建设，因此海南必将成为新能源汽车产业化良好的试点。据海南省节能与新能源汽车示范运营项目规划，"十二五"期间将形成海口新能源汽车示范运营布局体系，把海口建设成为国内先进水平的节能与新能源汽车开发、制造中心和试验检测中心，启动全省所有 8 市 10 县政府公务用车、海口和三亚机场用车、电力用车、文昌航天发射场用车等行业规模市场，推广节能与新能源汽车以及相关汽车零部件制造业和供应市场。海南以海口建设节能新能源汽车示范运营城市为契机，加快混合动力和纯电动汽车应用；积极与国内外科研和技术机构合作，着力突破关键核心技术，推进研发纯电动汽车的产业化和标准化。

2013 年 11 月，国家新一轮新能源汽车推广应用城市海口再次榜上有名，海口市今后有望再推广应用新能源汽车 5000 辆。海南省三亚市 50 辆新能源公交车于 2014 年 1 月 25 日上路，车上采用假币自动识别投币机，与之前不同的是，投币机纸币硬币要分开投，假硬币当场吐出。目前，三亚市 8 路、10 路公交车是穿行在三亚市区、机场、火车站的主要线路，所运行的 40 余辆公交大巴运力紧张，为减少乘客等候时间，三亚广达公共交通有限公司决定增加运力，同时全部更换为新能源公交大巴。

"十二五"期间，海南将新增投资 100 亿元打造新能源汽车产业链，建设从电池、配件到整车、物流、保险、维修的新能源汽车产业园区，同时加大新源汽车基础设施领域的建设。至 2015 年，累计建设可供各类节能与新能源汽车停车、充电、维修用充电设施 3068 处，投放新能源汽车 10000 辆，每年实现节油 780 万升。海南把全省作为一个大城市，在北部、西部规划建设电动汽车产业园区，形成海口新能源汽车示范运营布局体系，把海口作为国内先进水平的节能与新能源汽车开发、制造中心和试验检测中心基地，启动全省政府各市县政府公务用车，海口三亚的公交、出租车、租赁，以及公用领域推广节能与新能源汽车，力争建设一个具有国内先进水平的新能源汽车示范岛，目前海口市的 20 路公交车已经采用纯电动公交。

从 2010 年海口市入选国家第二批节能新能源汽车节能推广试点城市。到 2013 年上半年，在海南省、海口市政府共同努力下，海口完成国家新能源汽车示范推广 1050 辆，新能源汽车示范推广引起海南社会广泛的关注，取得了优良的示范效应，惠及民生并带动海口市绿色交通的发展，积累了新能源汽车示范推广经验，推进了海南新能源汽车产业的发展。

6. 生物医药产业

海南拥有独特的自然环境和资源，阳光充沛、空气清新、水质纯净，为医药产业发展提供了洁净空气和优质水源。作为战略性新兴产业之一，医药产业是推动海南科学发展、实现绿色崛起的重要产业支撑。

宏观经济环境和政策的变化极大地影响海南医药产业的发展，工信、税务、财政、药监、科技等部门及海口市近年来加大对药企的扶持力度。政策吸引力等因素的叠加使进驻海南的药企不断增加，海南制药企业已由建省前的 5 家发展到现在的 130 家左右，形成以"海口药谷"核心区，由海口保税区、海口高新区、美国工业村和永桂、桂林洋等产业聚集区域组成的"海口药谷医药产业基地"，使海南医药产业 2013 年继续保持两位数增长态势。2011年以前，我国基本药物招标采购供应模式转变，医疗机构用药品种结构性调整等，这让海南省药企普遍感到压力。2012 年海南省出台了一系列有力举措，为生物医药产业发展壮大提供了良好条件与契机。目前，全国 70%～80% 的主要作物品种育种都经过南繁育种的环节，工业总产值从 2005 年的 31.1 亿元上升至 2012 年的100.21 亿元。2013 年前三季度全省 62 家正常生产的制药工业企业完成工业总产值（现行价）76.33 亿元，同比增长 16.5%；与第二季度 16.5% 的增长率相同，比 2012 年同期 11.2% 的增长率提高了 5.3%。分区域看，第三季度海口 54 家正常生产的制药工业企业完成工业总产值（现行价）73.55 亿元，同比增长 16.91%，占全省总产值的 96.4%。1～9 月全省 62 家医药工业企业实现利税14.92 亿元，其中利润总额 8.01 亿元，应缴增值税 5.24 亿元，同比增长 15.3%；实现工业增加值 34.16 亿元，同比增长 22.0%。其中化学制剂完成工业产值 20.04 亿元，约占总产值的 89%；中成药制剂等完成工业产值 2.25 亿元，约占总产值的 10%；生物生化医疗仪器其他等共完成工业产值 0.23 亿元，约占总产值的 1%。据预计，2013 年海南省医药工业仍将继续保持增长趋势，增长速度保持在 10%～20%，总产值有望达 120 亿元。

海南省医药产业已形成以"海口药谷"核心区、海口保税区、海口高新区、美国工业村和永桂、桂林洋等产业聚集区域组成的"海口药谷医药产业基地"。截至 2012 年，在海南省通过国家认证的 99 家高新技术产业中，生物医药领域企业有 58 家，占全省高新技术产业总数的 59%，医药行业该年实现产值达 100.21 亿元。2013 年，海南省新增国家认证高新技术产业 28 家，生物医药领域企业新增 5 家。截至 2013 年，海南省通过认证的 127 家高新技术产业中，生物医药领域企业 62 家，有望实现产值为 120 亿元。目前，海南省医药企业信心大增，大批医药企业如齐鲁制药、海药股份、皇隆制药、中化制药、亚洲制药、海灵化学等正积极增加投资，加快扩能增产项目的建设。

7. 高端装备制造产业

海南国际旅游岛的建设，给海南高端制造产业带来前所未有的契机。海南利用低空开放政策，大力发展水上飞机制造业；利用国际旅游岛建设机遇，大力发展游艇和邮轮制造业；利用国家开发海洋资源机遇，大力发展海洋工程装备。

从海南国际旅游岛规划落地开始，游艇产业发展就被放在了海南省可持续发展战略的重要位置，2013 年，海南省编制《海南省游艇产业发展规划》已通过专家评审并上报省政府。从 2011 年海南省唯一的游艇陆上保税仓投入使用，设立两年来，共有 28 艘游艇和摩托艇入仓，货值超过 1 亿美元，2013 年海南省在三亚设立我国第 2 个水上游艇保税仓。目前海南省已建成 7 个国际标准游艇码头，共有 1170 多个泊位，仅三亚就有靠港游艇 200 多艘。据统计，海南目前有游艇俱乐部（游艇会）45 家，游艇 400 余艘。2013 年 3 月，海南省三亚鸿洲国际游艇会与意大利托斯卡纳的联合企业将共同成立一家合资公司，打造中国与意大利两国首个游艇产业合作项目——超级游艇服务基地，并落户三亚，这标志着海南向我国游艇产业发展桥头堡的目标又迈进了一步。与此同时，超级游艇服务基地项目将在三亚市南边海路段和三亚市崖城创意新城建立两个服务基地，分别为 30 米以下和以上的游艇服务。这两个基地将分别满足三亚市游艇在近、中、远期不同尺寸游艇的服务需求，提供"除蚝"、设备安装调试、胶衣修补、无尘喷漆、改装、装修等不同程度的保养维修服务。其中较小的南边海服务基地将配备 150 吨订制游艇吊机和海南唯一的无尘喷涂车间，可支持长达120 英尺的超级游艇。海南的出入境游艇艘次在逐年不断增加，游艇的数量正在以每年约 50 艘的速度增长。

2013 年全国首个游艇码头布局规划——《海南省游艇码头布局规划》（以下简称《规划》）通过专家组评审。该《规划》提出构建"两核四区"总体格局，即以海口、三亚为核心地区，形成北部、南部、东部和西部四大区域，核心城市海口、三亚以大型、综合性游艇码头为主，四大重点区域的重点城市以滨海度假旅游用途的游艇码头为主，将海南游艇业打造成规范的新兴高端产业。根据《规划》，到 2020 年、2030 年，海南省吸引游艇消费数将分别为 7700 艘、2.35 万艘，年均增长率将保持在 10% ~ 15%。游艇产业已成为海南国际旅游岛建设的重要组成部分和新的亮点。预计到 2030 年，海南省游艇产业将发展成中国最具影响力的游艇基地、现代化的世界级游艇运动休闲娱乐岛，世界级游艇展销中心。

海南是我国目前唯一实行全省低空空域开放的省份，在发展航空领域方面具有得天独厚的战略地位。目前万宁正在推进的一个水上轻型飞机制造厂和海上运动园项目，设计年均生产制造和组装水上轻型飞机 200 架，投产后将有效拓宽海上运动产业链条，助推万宁打造成国际滨海社区高端旅游品牌。除了水上飞机制造厂和海上乐园项目，万宁还在积极筹划一个大规模的国际潜水节，打造中国龙舟风情小镇和国家级海钓基地。大洲岛、洲仔岛、加井岛附近海域，借助丰富的潜水资源，积极筹划举办国际潜水节，让更多的潜水专业人士了解万宁，发现万宁。

8. 高技术服务业

高技术服务业是现代服务业的新兴业态，其发展壮大，对助推海南省战略性新兴产业和高技术产业发展，加快现代服务业转型升级，调整经济结构和转变发展方式，吸纳社会就业，促进国际旅游岛建设发展和"两型"社会建设具有十分重大的意义。

在海南，近年来，服务业取得了长足发展，发展面不断拓宽，集聚发展已见雏形,已成为拉动经济增长的主要动力。统计数据显示,2013 年海南服务业保持较快增长,全年服务业实现增加值 1518.70 亿元,比 2012 年增长 12.1%,对经济增长的贡献率达 57.7%。然而,不少发展瓶颈正明显制约着海南服务业加快发展:现代服务业占比小,服务业企业中粗放型经营的企业占大多数,服务业缺乏顶层设计。

近年来,海南积极推动高技术服务业集聚区发展,目前海南服务业已经形成南北两极化的空间分布特征,海口市和三亚市已经成为海南服务业发展的重要载体。信息软件、金融、文化创意、现代物流等集聚区得到加快建设,已初步形成一批主体功能突出、带动作用大、服务配套齐全的集聚区。

(二)海南国际旅游岛海洋经济发展现状

2013 年海南省产业转型升级步伐加快。三次产业结构由 24.9∶28.2∶46.9 调整为 24.0∶27.7∶48.3。海洋经济产业体系在不断完善,产业门类不断增多,服务业提质升级取得新进展。2011 年,海南海洋经济增加值 511 亿元,较 2007 年增长 120%,年平均增长 17%,海洋与渔业经济实现 5 年"两个翻番"的良好发展态势,超额完成"十一五"发展目标。到 2013 年,海南海洋生产总值 847 亿元,同比增长 17%,占全省生产总值的 27%,海洋经济在国民经济中的作用不断增强。同时,"海洋强省"战略也日渐清晰,2013 年海洋渔业、滨海旅游业、海洋交通运输业、海洋油气业四大支柱产业增加值达 474 亿元,占全省海洋生产总值的 56%。其中,海洋渔业增加值为 113 亿元,较 2012 年增长 6%;而发展较快的则是滨海旅游业,截至 2013 年 10 月底,海南省旅游总收入为 302.38 亿元,同比增长 12.7%。2013 年海南省在提高海洋开发、控制和综合管理能力,发展海洋旅游文化经济方面取得了一定的成就。

1. 组建海洋管理机构，加强海洋立法管理

海南省海洋产业开发基本处于初级粗放式开放模式的基本格局，海洋科技人才短缺、科研机构分散，且规模较小，尚未形成合力，严重影响了海洋科技综合优势的发挥。因此，依靠科技创新和体制创新，加大科技支撑产业发展力度，是切实转变发展方式，实现"海洋大省"向"海洋强省"跨越的必由之路。2013 年 9 月，海南省开始组建海洋与渔业科学院，承担国际旅游岛涉海产业、海洋与渔业经济发展的战略研究和总体规划，为海洋渔业资源的开发利用提供技术支持，承担海洋与渔业环境监测、海洋资源及海洋环境保护与管理和可持续利用研究，开展典型海洋生态系统的检测调查与评估工作，为海洋与渔业资源、海洋环境的开发、保护管理提供指导，还将承担水产品加工和质量安全管理技术研究，开展病害防治测报、水产动物防疫检疫、渔业污染事故调查鉴定服务，提供健康养殖技术示范等。

另外，海南省已出台了《海南省海洋功能区划分》《海南省海洋环境保护规定》等海洋管理方面的法规，海洋管理不断走上法制化轨道。2013 年海南省人大常委会加强海洋立法，推动海洋强省建设。自主起草并审议通过海南经济特区海岸带保护与开发管理规定，议定海南省实施渔业法办法，就大力发展现代海洋渔业、保护养殖生态环境、养殖证的申请和批准、水产品质量安全防控等方面做出具体规定。

2. 中央财政及地方财政支持不断加强

金融作为经济系统中的重要组成部分，对经济发展的作用已经形成共识，循环海洋经济的发展同样离不开金融支持，近年来国家持续加大支持海南发展海洋经济的力度。2013 年海南省发改委争取到中央投资超 7 亿元，扶持海南建渔业补给基地、造大船闯深海等。2013 年中央投资海南 3.5 亿元支持西沙渔业补给基地建设，启动了项目二期工程；支持渔民造大船闯大海，中央投资 3.8 亿元用于海南更新改造 200 艘渔船，已签订建造合同 133 艘，其余船只建造正待农业部审核。渔港设施建设方面，文昌铺前渔港、乐东莺歌海渔港前期工作顺利推进。为响应"绿色崛起""发展海洋经济、建海洋强省"战略，抓住壮大海洋经济机遇，海南省对海洋经济的发展不断加大金融支持。基于海南具有发展海洋经济和海洋金融服务的优势和机遇，海南省政府办公厅已出台《关于金融支持海洋经济发展的指导意见》（以下简称《指导意见》），同时要鼓励地方性金融机构探索服务海洋经济的专业模式，系统性开展海洋金融业务，打造"海洋金融银行"，应进一步加大该省金融支持海洋经济发展的力度，提升金融服务海洋经济发展的质量，促进海洋经济加快发展和转型升级。

3. 加快三沙市建设，构建海洋经济合作圈

2005 年海南省曾出台《关于加快发展海洋经济的决定》，该次《决定》增加了三沙基础设施、产业发展内容。为加强三沙市基础设施建设，发展海洋经济，促进三沙经济社会不断发展，2013 年省财政下达了三沙市建设专项中央基建资金 3.75 亿元，专项用于船舶建造、交通码头工程等建设。其中，1 亿元用于"三沙 1 号"交通补给船建造，1 亿元用于三沙永兴岛综合码头工程建设，8000 万元用于文昌清澜港三沙后勤补给及交通码头项目，3000 万元用于三沙永兴岛综合码头配套设施项目，1500 万元用于西沙岛际交通船建设项目，5000 万元用于三沙综合频道技术系统建设工程。岛屿城市三沙发展"渔家乐"，既是实现海洋旅游业转型升级的新选择，也是发展海洋特色产业的需要。三沙发展"渔家乐"既存在有利因素，也存在限制性条件。只有谋无不远、虑无不周，才能扬长避短、本固枝荣，才能实现三沙"渔家乐"的健康发展。

在第九届泛珠三角区域合作与发展论坛暨经贸洽谈会上提出未

来海南省期望与泛珠地区"92"各成员一起积极构建海洋经济合作圈，携手开发南海资源，将重点加强海洋运输、物流仓储、海洋工程装备制造、海岛开发、旅游装备、邮轮旅游等方面的合作。此外，海南省拟与"92"各成员联袂推出环北部湾、三沙旅游精品线路、香港—海南—东南亚各国的国际邮轮黄金旅游线路等具有竞争力的旅游线路。

4. 推动海洋旅游文化产业发展

《海南省"十二五"海洋经济发展规划》指出，未来 5 年海南将着重发掘海洋文化内涵，弘扬海洋文化，围绕建成世界一流的海岛休闲旅游目的地，继续完善配套服务设施，挖掘海洋文化内涵，带动开发滨海度假，海洋观光，海岛休闲，邮轮旅游，海上运动等特色旅游项目。在海南国际旅游岛建设背景下，海洋文化是推动海南海洋文化产业发展乃至整个海洋经济发展的先进生产力，深入挖掘区域海洋文化的内涵，有助于推进区域海洋文化产业的健康发展，有效提升海洋文化的经济效益和社会效益，从而推动海南经济发展方式的转变与产业结构的全面升级。"2013 海洋国际旅游休闲文化博览会"在海南国际会议展览中心举办，许多海洋旅游城市形象、旅游景区、景点开发项目也来竞相推广、展示。豪华游艇亮相、靓丽模特走秀、旅游运动产品体验吸引了众多市民、游客前来观展，各展位前的咨询者络绎不绝，海洋收藏品也吸引了市民的关注。海博会的举办为海南省与国内其他省市搭建了一个海洋国际旅游休闲文化产业交流和交易的平台，这对宣传海南省海洋文化，推广海洋旅游，提高群众海洋保护意识，促进海南省海洋旅游文化产业发展具有积极意义。海洋经济已成为海南省经济新的增长点，海洋旅游休闲文化产业的不断提升也为海南省经济发展注入了新的活力。海南海洋面积辽阔，海岸线资源丰富，发展海洋旅游文化产业的潜力巨大。

二 海南国际旅游岛战略性新兴产业
和海洋经济发展面临的问题

（一）新兴产业发展的科技支撑能力不强

海南在促进技术创新、引进人才、扶持产业发展等方面依然存在很多瓶颈制约，企业技术创新能力有限；高技术人才总量和结构满足不了当前战略性新兴产业发展的需求，电子信息、先进制造业、新材料和生物医药主要产品的总体技术水平不高。

在新材料产业方面，海南近几年来虽然发展迅猛，具备一定的知识基础，海南英利、中航特玻等企业都具备一定的研究开发实力，但都属于合成化工领域，其他领域的人才培养和科技创新能力依然很薄弱。

在电子信息技术产业方面，海南大多数电子信息企业的技术创新重点在集成创新，新产品开发主要靠引进与仿制，缺乏具有自主知识产权的核心关键技术，标准和专利发展相对滞后。目前海南IT领域的专利大部分来自国外，信息技术企业对外部技术依存度还很高。而且海南本省高校和科研机构的产业技术积累明显不足，创新能力不强，尚不完全具备引领产业技术发展方向和支持产业技术升级的能力。

在高端装备制造产业方面，海南本地生产能力严重不足，高端制造技术基本来自欧美和日本。

在生物医药产业方面，知识生产主要集中在药物制剂。现代中药及初级生物技术方面，高端的生命科学如转基因工程和克隆技术、生物医学工程的知识积累依然非常薄弱。

在节能环保产业，标准缺乏，技术产业化难度较大。海南省环保产业技术与发达国家相比仍有很大的差距，VDF膜、高端氧化、特殊菌种、软件控制等相关环保核心技术均掌握在欧美及日本手中。环保产业标准化体系尚未建立，大多数环保技术和产品没有规范的标准。环保企业群总体呈现规模小、专业分散、技术创新能力弱的特点，缺乏在全国具有影响力的旗舰型企业。

（二）区域间发展不平衡制约新兴产业整体水平的提高

海南新兴产业发展地区差异较大，总体表现出东中西部差异较大、城乡发展差异大的特征。东部新兴产业发展水平较高，而中西部的农业县和少数民族聚居区新兴产业和高新技术产业发展水平普遍很低；市一级的地区服务业发展水平明显高于县城服务业水平。海口、三亚、洋浦等东部城市服务业发展水平较高，2012年这两个城市服务业增加值占全省服务业增加值的比重高达65.4%，而乐东、保亭、陵水、澄迈、琼中、白沙、临高等市县高新技术产业发展水平处于全省最低。新兴产业地区间发展不均衡不仅制约着落后地区的经济发展，而且制约着全省服务业的快速发展。

（三）新兴产业发展所需的软环境尚不健全

制度环境以及政府所采取的推进新兴产业发展的政策越来越成为决定区域新兴产业竞争力的一个重要因素，然而海南在这方面与北京、上海、天津等地相比已处于落后地位，还有不少问题需要解决。

在生物医药方面，由于缺乏拥有国内外最具影响力的大学、医学研究机构以及权威的医学专家，海南不具备北京和上海等生物医药基地所拥有的良好国际化人文地理环境，不能大量吸引跨国医药企业。葛兰素史克、诺和诺德、礼来、惠氏、强生、诺华、阿斯利康等全球排名前10的制药公司都将其研发中心设在北京或上海，这样的人文地理环境导致海南不利于吸引具有国际竞争力的高端人才，极大影响了生物医药产业创新能力的提高。

在新能源产业方面，政策环境体系不完善，尤其是风能、太阳能等可再生能源的相关扶持政策体系还不完善。缺乏良好的产业发展指导，财政激励力度较弱，未能形成支持新能源持续发展的长效机制，导致产业呈现出一定程度的无序发展、畸形发展，没有形成一个良好的产业发展模式和机制。

在新材料产业方面，公共设施支撑建设有待加强，目前海南省新材料技术领域的企业和研发机构虽然较多，但大多实力较弱，创新资源整合不够，企业间成熟的专业化分工及差异化经营发展格局尚未形成，新材料产业的联合水平及向下游产业渗透能力还需进一步提高。

（四）高新技术产业人才引进优惠政策和激励机制吸引力不足

人才作为知识和技术的掌控主体，对高新技术产业的发展起至关重要的作用。目前，海南省高新技术产业人才引进政策主要集中在住房、配偶就业和子女上学，以及为高新技术人才提供创业资金支持等方面。海南省属于经济社会发展不发达地区，生活环境和发展空间都逊于北京、上海及广东的许多较发达的市县，但是许多优惠政策却未能优越于这些地区的人才引进政策。此外，海南省现有的高新技术产业人才激励机制单一，许多政策集中体现在引进时的一次性优惠，缺乏长期持续的激励机制。同时海南省高新技术产业产学研合作政策仅提倡高新技术企业与高等院校和科研院所开展各类合作活动，而对高等院校和科研院所如何开展合作的具体内容并未涉及，也未提及在企业与高等院校和科研院所之间以何种方式、何种途径开展产学研合作等。因此，与其他地区相比，海南省的人才引进政策及产学研合作对高新技术人才仍然缺乏足够的吸引力。

（五）海洋经济发展依然存在一定差距和问题

海南过去的几年在海洋经济方面取得了显著的成绩，但是总体来看，海南省海洋经济发展仍然比较落后，依托资源型传统产业规模的扩张来实现的海洋开发，产业发展层次低、空间布局不合理、资源和环境退化和管理体制不畅等问题长期制约着海南省海洋开发的进程。

（1）产业发展层次低，传统产业仍占主导。2013年，海南省海洋渔业、滨海旅游业、海洋交通运输业、海洋油气业四大支柱产业增加值达474亿元。海洋油气综合利用业、现代海洋渔业、港口与临港工业、海洋矿业与材料工业、海洋信息服务业等战略性海洋产业，港口交通运输、邮轮游艇业及船舶修造、海洋生物医药、海水综合利用、海洋环保等海洋新兴产业整体规模偏小，增加值占主要海洋产业增加值比重较小，部分产业发展尚处于起步阶段，延伸产业链远远不足。在海洋生物食品开发方面，主要进行的还只是一些初级的食品加工，如干制品、调味品等，总体档次不高，加工手段单一落后。

（2）海洋科技发展较落后，深度开发资源的力度不够。科学技术是第一生产力，海洋科技进步是引领海洋经济和社会发展的重要力量。海南建省晚，海洋科技基础差，科技水平在全国沿海省处于后进的水平。全省海洋开发虽经多年的发展，但粗放式开放模式的基本格局难以很快改变，开发的科技含量较低，科技进步的广度和深度不足，科技创新在海洋经济增长中的贡献度不高。目前，海南省海洋开发主要集中在海岸带和滨海海域，西、南、中沙群岛海岛开发刚刚提上议事日程，离海南国际旅游岛建设中提出的建设南海资源开发和服务基地、渔业出口基地、全国生态文明建设示范区、世界一流的海岛休闲度假旅游目的地差距较大。因此，尽快改变海洋科技水平较低，统筹力度较弱的落后面貌是加速海南省海洋科技发展的迫切要求。不仅要加速滨海旅游产业、海洋渔业等支柱产业的科技进步，而且在南海资源开发、加快发展海洋新技术，研制发展海洋生物制药工业方面更需要加大投入力度，推广维护海洋生态的健康发展的新技术，建设全国海洋生态文明建设示范区。

（3）海洋产业集聚效应和规模效应不足。海南省海洋主导产业主要集中在海洋渔业、滨海旅游业、海洋交通运输业和海洋油气业四大传统领域。海洋渔业虽然正在经历从传统渔业向现代渔业的过渡，但海南省小渔船、小规模的近海作业居多，远洋捕捞业还不完善。作为渔业重要方向的海水养殖结构单一，同类养殖品种遍布沿海各地，不仅生产风险加大，而且容易引发恶性的市场竞争；大规模围海造地严重破坏海洋生态环境；临港重化工业"遍地开花"，未发挥应有的产业集聚效应和规模效应。海洋旅游产业消费带动不足，应多元化发展热带雨林、医疗康体、演艺娱乐、邮轮游艇等新模式，吸引国内中高端游客；保障现有国际航线的运力，争取开辟新航线，拓展国际客源市场；加大并规范自驾游、乡村游、生态游、海岛游等形式，促进岛内旅游客源向纵深发展；研究实施多样化免税购物和提货方式，争取扩大离岛免税购物群体，再造免税购物新热点。

（4）资源开发无序，开发不足与开发过度并存。为促进海南省海洋经济快速发展，海南省不断完善制度以规划引领海洋经济健康发展，但依然会带来资源开发无序、开发不足与开发过度并存等问题。近年来，随着渔业资源的不合理采掘与利用，导致渔业资源逐渐枯竭，传统作业区不断缩小，加上产品市场价格低位运行和生产成本不断攀升，捕捞渔船和设备陈旧等因素影响远洋作业挖掘不足。近海捕捞资源开发过度，盐业、渔业、石油勘探开发、海港和航道建设相互影响等。另外，海底油气、金属矿产、能源、旅游等资源开发利用不足，开发潜力巨大。应加大海洋油气综合利用业、现代海洋渔业、港口与临港工业、海洋矿业与材料工业、海洋信息服务业等战略性海洋新兴产业科研及开发力度，实现海洋经济的"资源→产品→废弃物→再生资源"的增长模式，以尽可能小的海洋资源消耗和海洋环境成本，获取尽可能大的海洋经济效益和海洋环境效益。

三 海南国际旅游岛战略性新兴产业和海洋经济发展策略建议

（一）海南国际旅游岛战略性新兴产业发展策略建议

1. 构筑区域品牌优势，扩大特色新兴产业影响

国务院在《推进海南国际旅游岛建设意见》中明确提出鼓励海南省发展高新技术产业，"加强自主创新体系建设，实施技术攻关，努力在优势特色产业领域形成一批具有自主知识产权的核心技术和知名品牌"。当前海南省高新技术产业已形成以生物制药、网络信息、软件开发、设备制造等产业为主导的发展格局。截至2013年底，海口生物与新医药企业达63家，电子信息企业达28家。然而，由于主导产业的地方特色不够鲜明，目前这些优势产业和产业集群并没有形成具有广泛影响力的区域品牌，因而有必要在现有产业和产业集聚的基础上，进一步明确海南省高新技术产业的区域布局和定位，从而为构筑高新技术产业的区域品牌夯实基础，充分发挥海南建设国际旅游岛的政策优势，推进海南省集约化新型工业发展，在现有基础较强的生物与医药、电子信息等领域强化龙头企业的区域品牌宣传和示范带动作用，逐步产生一批依托区域产业的集体商标、地理标志而形成的名牌企业。以此为基础，通过构筑海南省高新技术产业区域品牌，扩大海南省特色产业的对外影响力，促进区域内高新技术企业发展。

2. 建设产学研创新平台，提升自主创新能力

当前海南省高新技术企业普遍存在规模小、研发能力不足等问题，因此，建设企业开展产学研创新平台，构筑多方要素联动的产学研创新机制显得尤为重要。企业有必要通过产学研合作机制，整合企业，优先和重点支持产学研合作项目。海南省政府部门也应通过对产学研合作项目给予优先和重点支持，鼓励高新区内的高新技术企业以多种形式与大学或科研机构开展产学研合作。海南省政府部门可以重点对国家级和省级企业技术中心与大学或科研机构合作开发的产业化项目给予贴息、贷款担保或投资支持；对由高新技术企业牵头、联合高等院校和科研院所合作承担的科研项目，在申请省级科学技术进步奖及评奖过程中给予重点倾斜，同时政府优先采购该类产学研合作创新所得的产品和服务；对高新技术企业与高等院校和科研院所合作产生的技术转让、技术开发以及相关的技术咨询和技术服务合同，经认定登记，所得的收入可享受一定的营业税优惠；积极组织实施产学研合作工程，广泛吸引省内外重点院校和科研院所与海南省高新技术企业开展产学研合作，重点支持对产业发展具有重大促进作用的重大产学研合作项目，帮助企业解决发展中的关键技术难题，提升新兴产业产品质量。

3. 鼓励各类投融资服务机构为高新技术企业提供多元化的投融资服务

解决海南省高新技术企业发展所面临的投融资问题，不应仅依赖传统的银行贷款这一单一融资渠道，还要充分发挥政府的政策导向功能，通过提供税收优惠、资金奖励或补贴等扶持政策，发挥风险投资机构和担保贷款机构等投融资服务机构对高新技术企业的资金支持作用，鼓励各类投融资服务机构为高新技术企业提供投融资服务，构建多元化的投融资渠道，通过贷款贴息为高新技术产业提供融资支持。政府可通过银行和信用担保机构对高新技术企业贷款提供贴息，支持高新技术企业融资。例如，对初创型高新技术企业的科技产业化项目，采取贴息方式支持其使用银行贷款，以扩大生产规模；对高新技术企业通过信用担保机构等非银行金融机构获得的流动资金贷款，经审核予以贴息支持。

4. 建立和完善软件产业公共技术服务体系

满足高科技产业的不同融资需求，应进一步完善金融政策体系，积极探索更多的科技金融合作模式。如设立区域性创投引导基金，设立科技成果转化资金、科技型中小企业贷款风险补偿基金，成立服务企业融资的科技金融服务中心（集团），推进科技保险、高新区集合债券等。由于海南省政府投资仅占科技经费来源的很小部分，可以考虑在省、市、县三级政府设立相关创新专项基金，并逐年稳步递增科技费用和科学事业费，努力使本级财政经常性预算支出的比例达到1.5%。同时，放宽科研经费使用政策，鼓励联合、合作，争取更多的国家科技资金。

2014年，海南省将突出项目建设和园区发展，加快发展战略性新兴产业。在保证60万吨聚酯原料、200万吨中海油精细化工项目年初投产的基础上，海南省将加快建设68个重点项目，其中竣工项目9个，续建项目25个，新开工项目34个，推动工业经济稳中求快；以电子信息、生物制药为重点，夯实战略性新兴产业的基础，促成一批电子信息产业项目落地、投产，推进海口药谷做大做强，计划2013年医药行业新增产值20亿元以上，推动海南生态软件园和美安科技新城融合发展，重点打造新型石化产业基地、琼北高新技术产业基地、琼南创新创意产业基地，促进全省产业优化布局和结构调整。

（二）海南国际旅游岛海洋经济发展策略建议

1. 构建特色海洋产业体系，加快传统优势产业升级

进一步发挥海洋渔业、滨海旅游业和海洋交通运输业、海洋油气业的支柱作用，不断实现产业技术升级和产品更新换代，优化产业内部结构。大力发展海洋旅游业，发展海洋生物医药、海洋新能源、海水淡化和综合利用等海洋新兴产业。加快海洋综合服务和环保相关产业的发展，提高海洋产业现代化水平。不断实现产业技术升级和产品更新换代、优化产业内部结构，提高产业发展的经济效益，最大限度地减轻对资源和环境的破坏。以工业化为主体，突出海洋油气、海洋生物医药、海洋化工、海水综合利用、海洋工程装备制造、海洋新能源等新兴高科技产业发展的优先地位，将其作为推动海洋产业战略升级的主导产业来培育，大力推动海洋新兴高新技术产业的发展，加快海洋综合服务和环保相关产业的发展，提高海洋产业现代化水平。

2. 实施科技兴海，并推动海洋文化产业

科学技术是第一生产力。海洋资源开发的水平在很大程度上取决于海洋技术的发展水平。应实施科技兴海和人才强海战略，形成有利于海洋科技研发、成果转化和人才发展的综合保障体系。海南省将积极参与 21 世纪"海上丝绸之路"建设，深化与东盟的交流合作。推进三亚首脑外交和休闲外交基地、博鳌公共外交示范基地、万宁中非合作交流示范基地和海口侨务交流示范区建设。筹备办好博鳌亚洲论坛 2014 年年会、中非合作圆桌会议第五次大会、2014 年世界旅游旅行大会、2014 年亚洲市长论坛、第四届世界海南青年大会等活动。推进琼台合作基地建设，进一步放大离岛免税等开放政策效应；推动实施东方市边民互市政策，争取开展海南—东盟旅游单一签证试点。

3. 有重点，分步骤分层次的发展好海洋产业

海洋产业的发展应在总体规划的基础上，要突出各个阶段的重点，分层次分步骤地稳步推进。尽快选择若干个开发潜力大、基础好、收益快并对海洋开发全局有带动作用的产业作为突破口。①加快西部渔港建设，完善渔业基础设施。实施渔船更新改造，组建远洋捕捞船队。海南省完成池塘标准化改造 1.85 万亩，进一步扶持深水网箱养殖。应鼓励发展休闲渔业、水产加工业，建设热带水产苗种基地。加快南海油气资源开发和服务基地建设，推动设立深海石油开发公司，促进海洋石油税务分局实质性运作。完善港口基础设施，积极发展海洋运输、船舶修造、油气化工、海水淡化等海洋产业。②海南将加快三沙政权、基础设施、民生改善和生态环保工作，推进晋卿岛综合补给服务基地、赵述岛码头、北礁生态工作站、机场改扩建等项目建设，争取设立三沙成品油保税库，支持三沙建设海洋经济示范园区。并提高南海管控能力，加大三沙基础设施和本岛海上服务保障能力建设。

4. 坚持生态立省战略，发展循环海洋经济

海南拥有优良的海洋自然环境，是国际旅游岛建设最宝贵的财富之一，应秉承可持续发展原则，发展循环海洋经济。海南要坚持生态立省战略，推进生态文明示范区建设。加强生态保护和建设。继续实施"绿化宝岛"大行动，完成植树造林 10 万亩。加强森林资源管护，启动热带雨林国家公园和国家海洋公园建设。加强城镇风景园林绿化，力争城镇建成区绿地覆盖率达到35%。加强海域、海岛、海岸生态修复整治，保护海洋生态环境。加强海洋生态文明建设，建立海南海域环境质量例行监测制度和公报制度，保持良好的海洋环境。要加强对热带海洋生物多样性保护和渔业资源开发保护，加强海洋生态系统的整治修复，建立健全污染物排海总量控制、海洋污染赔偿、海洋生态补偿等制度。

海南国际旅游岛文化建设发展情况[*]

2013 年 11 月 12 日，中国共产党第十八届中央委员会第三次全体会议通过了《中共中央关于全面深化改革若干重大问题的决定》（以下简称《决定》），提出要不断推进文化体制机制创新，要进一步完善文化管理体制，要加快建立健全现代文化市场体系，要全面构建现代公共文化服务体系等文化改革发展的有关要求。

针对上述决定，海南省于 2014 年 1 月 9 日在中国共产党海南省第六届委员会第五次全体会议通过了《中共海南省委关于贯彻落实党的十八届三中全会精神推动海南全面深化改革的实施意见》（以下简称《实施意见》），进一步提出海南省深化文化管理体制改革的任务。《决定》和《实施意见》的出台为海南省文化改革发展指明了方向，海南省广大文化工作者全面落实中央和省委、省政府的要求，不断深化改革发展的思想，进一步凝聚文化改革发展共识，明确改革发展的重点任务，坚定改革发展的信心，不断深化文化体制改革，推动文化建设创新，在这一背景下，海南省文化事业加速发展，文化产业全面推进，文化建设成绩斐然，为海南省实现科学发展、绿色崛起、建设国际旅游岛增添了强大的动力。

一　文化建设受到高度重视

2013 年 8 月 23 日，海南省委召开常务委员会扩大会议传达

---

　　* 本报告负责人：焦勇勤；执笔人：蔡青、焦勇勤。

学习习近平总书记"8·19"重要讲话精神和全国宣传思想工作会议精神。海南省委书记罗保铭主持会议，要求做到以下几个方面。

一是务必做到两个"坚决"，坚决学习好、贯彻好习总书记重要讲话精神；坚决在意识形态领域，旗帜鲜明、敢于担当，与党中央的政治要求保持高度一致，这是职责所在，必须矢志不移。意识形态事关国家长治久安、事关党的前途命运、事关民族凝聚力和向心力，意识形态领域斗争的这根弦时刻不能放松。

二是要在宣传领域把准方向、守土尽责，牢牢占据思想舆论主阵地，对各种混淆是非的舆论，要敢于及时亮剑、以正视听。结合当前国内和省内备受关注的社会热点案例，罗保铭说，面对纷繁复杂的舆论环境，我们要打主动仗。在大是大非面前，各级领导干部绝不能做旁观者，作壁上观，绝不能含糊其辞、退避三舍，必须鼓起革命勇气和斗志，拿出决心和担当，理直气壮、立场鲜明，敢于发声、善于发声，以正压邪。

三是要见微知著、防患于未然，重视对舆情的研判，打好宣传思想主动仗。对舆情苗头出手要早、快、准，提高舆论把控能力，切实维护人心安定和社会稳定。领导干部要加强日常学习，养成每天第一时间读报纸、看新闻，及时掌握舆论动态和社会热点焦点的习惯，特别是要经常关注有关本地本部门的网络舆情。只有这样才能胸怀大局、把握大势、着眼大事，才能找准工作切入点和着力点，才能因势而谋、应势而动、顺势而为。同时，宣传思想部门和单位要坚持守土有责、守土负责、守土尽责，多传播正能量，增强主动性、掌握主动性、打好主动仗。

四是强化落实领导责任，全力做好意识形态领域的工作。按照习总书记的要求，各级党委主要负责同志和分管领导要旗帜鲜明地站在意识形态第一线，责无旁贷地担负起政治责任，使意识形态领域正本清源、弘扬主旋律，以正视听。宣传思想战线队伍要坚定理想信念、作风过硬，与中央和省委保持一致，坚持"政治家办媒体"，提高思想和舆论引导工作水平。

2013年1月23日，全省宣传部长会议在海口召开，省委要求，2013年海南宣传文化工作将围绕扎实抓好理论武装、舆论引导、道德文明、文化发展、对外交流、队伍作风六个方面开展。2013年，海南省将继续推动文化体制改革，完成非时政类报刊出版单位、重点新闻网站转企改制任务，完成文化体制改革收尾工作，推动转制文化企业建立现代企业制度。

根据部署，2013年海南省将继续推动文化事业、文化产业快速发展。继续加强公共文化基础设施建设，加快海南省博物馆二期、南海博物馆、民族博物馆等文化场馆建设。开展"文化下乡"活动，提升文化民生保障水平。整合各类评比和奖项，设立优秀精神产品"南海文艺奖"，推动生产更多更好的文化产品。以"海南元素"为主题，积极推动"海南风"系列文艺创作活动，推出一批优秀新人新作，打响海南品牌，彰显海南魅力。

同时，海南省还将持续开展海南文明大行动，抓好文明设施建设，推动建立长效机制。深入开展文明城市、文明村镇、文明单位创建活动，改善城乡面貌，提升文明程度。

另外，海南省还将以推动文化产业成为国民经济支柱性产业为目标，探索建立推动文化与旅游、科技及其他现代服务业高度融合的领导体制和工作机制。积极推进公益性文化事业单位内部改革，强化文化服务功能，加快文化演艺资源整合，培育国有骨干文化企业，增强市场竞争力。同时将研究制定文化产业促进条例，颁布重点文化产业项目认定办法，做大做强文化产业，全力推动"国际传媒城""广电传媒中心"等项目开工建设，支持国际旅游岛先行试验区、航天主题公园、观澜湖电影公社、长影世纪城、国际创意港、天涯不夜城等重点文化产业项目加快建设，提高文化产业对经济的贡献率。

二　文化事业加速发展

（一）文化建设有重要突破

1. 三沙卫视正式开播

2013 年 2 月 7 日，经原国家广电总局正式批准设立三沙卫视。2013 年 9 月 3 日，三沙卫视正式启播。三沙卫视作为一个综合频道，以反映三沙自然人文、环境保护和经济社会发展为主要内容，集新闻资讯、海洋气象信息、文化专题、生活综艺、影视剧等各类节目于一体，为南海区域观众提供全方位的资讯和娱乐服务，促进与南海周边国家和地区的文化交流。

2. 海南省社会科学院正式挂牌成立

2013 年 12 月 25 日，海南省社会科学院在海口市揭牌成立，海南省社会科学院的成立，结束了海南省没有社会科学院的历史。

海南省社会科学院的成立是繁荣发展海南哲学社会科学的重要举措，海南省社会科学院将坚持正确的政治导向，立足于海南省情，发挥社会科学联合会与社会科学院合署办公的体制特色和优势，把社会科学院建成争创中国特色社会主义实践范例的研究基地，海南省委、省政府新的思想库和智囊团，富有个性的社科研究机构，体制创新、成果突出的新社会科学研究平台。

海南省社会科学院成立后将与海南各大高校及中国（海南）改革发展研究院、中国南海研究院等智库一起，构建服务海南经济社会发展及南海经济开发等重要课题的思想库和智囊团，提出具有前瞻性、指导性、针对性和可操作性的对策和建议。

（二）文化事业加速发展

1. 公共文化服务体系建设创新发展

2013年11月6日，文化部、财政部在上海召开国家公共文化服务体系示范区（项目）创建工作会议，宣布江苏省苏州市、湖南省长沙市、四川省成都市等31个城市，以及浙江省嘉兴市城乡一体化公共图书馆服务体系建设等45个项目成为我国首批国家公共文化服务体系示范区、示范项目。同时，正式启动第二批32个示范区、57个示范项目的创建工作。

其中，海南省澄迈县和陵水县广场文化活动经过两年多来的创建工作，经过专家评审小组的多次评审，最终通过验收，正式获批为首批国家公共文化服务体系示范区和示范项目；而保亭县和三亚市"城市休闲娱乐文化广场"、琼中县"乡村大舞台"则被分别列为第二批创建示范区和创建示范项目。这标志着海南省公共文化服务体系建设工作不仅获得了国家层面的认可，而且保持了可持续发展的态势。

文化部和财政部在对海南澄迈创建示范区验收评审意见中认为，澄迈作为全国第一批示范区中唯一的县级单位，为全国县域公共文化服务体系的建设探索了路径，积累了经验，创造了一些具有区域性乃至全国范围示范借鉴意义的经验和做法，形成了示范区创建的澄迈特色和亮点。

2. 公共文化服务基础设施建设扎实推进

2013年，海南省博物馆二期工程建设完成投资8952万元，预计年底前将完成主体结构、部分钢结构、砌体及防水工程。完成国家南海博物馆建设项目前期调研的基础文本，包括环评、稳评、地灾评估等报告，目前正在进行土地预审工作。永兴工作站、国家南海考古基地项目有了较大的进展。基本完成生态博物馆的评定标准和细则。完成全省公共图书馆评估定级工作，经文化部审定定级，海南省一级图书馆 1 个，二级图书馆 4 个，三级图书馆 6 个。全省公共图书馆、文化馆（站）免费开放，工作稳步推进并取得初步成效。全省 2013 年共有 80 个村（社区）申报体育健身俱乐部，省、市、县组织人员对创建单位进行了达标验收，通过创建活动促进群众体育组织的发展。

3. 六大文化惠民工程向纵深发展

2013 年，海南省全面提升六大文化惠民工程的服务功能，解决好农村群众看书难、看戏难、看电影难、收听广播难、体育活动难等问题。在海南全省 204 个乡镇文化站建设任务已全部完成的基础上，海南省政府办公厅下发了《关于进一步加强乡镇综合文化站建设管理工作的通知》，进一步规范了海南省乡镇文化站的建设和管理。2013 年，海南省财政安排资金 4000 万元，用于 160 个行政村文体活动室建设，现已累计完成 30% 建设项目，其他建设项目各市县正按计划有序推进。村村通第二期"广播进村"工程1355 个行政村安装广播设施建设，户户通工程第二期 14 万户建设均已完成前期各项准备工作，预计在 2013 年内完成工程建设任务。南海渔船通 5433 艘大中型渔船安装专用船载广播电视接收设施建设项目，总投资 6000 万元，中宣部同意支持建设资金 3000 万元，已进入建设准备阶段。截至 2013 年 11 月底，农村公益电影共放映31191 场次，占国家下达全年 31900 场次目标任务的 97.8%。在各级建设部门的共同努力下，对建好的 2695 家农家书屋，按照总局农家书屋办公室信息监管系统的要求，将部分调整的书屋全部验收后录入监管系统，为海口、万宁、保亭和澄迈县安装了 10 台卫星数字农家书屋。完成了全省 203 个行政村农民体育健身工程的布点及资金下拨工作，并督促、检查各市县落实项目的建设情况，并对2014 年农民体育健身工程进行了筛选、上报及资金申请工作。完成了国家下拨的全民健身路径工程195万路径工程共65条的采购、安装、验收工作。制定了2013年体育彩票公益金资助海南省全民健身路径工程435万在海南省19个市县的公园、广场、城市社区配建方案。同时着手进行器材的报批、采购、安装工作。稳步推进三网融合试点工作：海南广播电视台正在加紧进行IPTV集成播控平台建设，海南电信对IPTV传输分布平台进行升级，海南有线积极推进有线电视双向化改造，海南省广播电视互联网监察监测中心着手建设IPTV监管平台，海南移动、海南联通均编制了各自的实施方案，为海南三网融合工作奠定了良好的基础。

4. 公共文化服务产品生产与供给能力不断提升

2013年11月26日，海南省原创的首部音乐舞台剧《琼花》在博鳌亚洲论坛大酒店揭开面纱，该剧不但复苏和重塑了中国首部芭蕾舞剧《红色娘子军》的经典，更用现代思维诠释、升华打造出一台全新的原创音乐剧。

2013年9月15日，海南省成功首演的《三亚千古情》，现在成为中外游客了解海南历史文化的另一种方式。以三亚从落笔洞到国际旅游岛一万年历史文脉为故事脚本的《三亚千古情》，从视觉、听觉、情感等方面，让观众感受到艺术带来的震撼。

2013年，海南省还成功举办新编历史琼剧《海瑞》的首演及巡演、承办海南黎族苗族传统节日"三月三"主题文艺晚会《感恩花梨情，醉美三月三》、第23届全国图书交易博览会开幕式大型主题文艺晚会《悦读琼州》、"纪念海南建省办经济特区25周年文艺演出《崛起》"、话剧《孤岛奇案》（原名《无人生还》）、青春纪实剧《执着》在北京人民大会堂汇报演出等具有较高艺术水准的文艺节目，并拟于2013年12月底，举办新年音乐会。制作完成电影《猎仇者》、《蝙蝠别墅》和《三六巷》共3部；电视剧（包括引进剧）《特勤组》《冒牌英雄》《双生花》等共7部182

集；动画片《妙星总动员》《朵朵丛林历险记》等共 9 部 211 集，海南本省主旋律题材电影《鹦哥岭——最后一枪》剧本创作已基本完成。完成了《中华杂技艺术通史》《海南热带高效农业实用技术丛书（第五辑）》《黎族藏书·方志部》的国家重点出版项目验收工作。南方出版社图书《海南黎族和台湾少数民族民俗比较》获得第四届中华优秀出版物图书奖正式奖，音像制品《潜水十年》获第四届中华优秀出版物图书电子和游戏出版物奖正式奖，这是自海南建省以来，首次获得此项全国大奖。南方出版社《小旅行·大发现》入选"2013 年向全国青少年推荐百种优秀图书"，《海南日报》入选全国百强报刊。

5. 重大文体活动项目绽放新的华彩、续写新的乐章

2013 年，海南省围绕国际旅游岛建设精心策划并组织推行了文艺、文博、广播电视、新闻出版、体育共 70 项文体活动，覆盖全省，横跨全年。

2013 年 10 月，海南省在山东举办的第十届中国艺术节上取得重大突破。专业艺术评奖方面：舞蹈诗《黎族故事》、歌舞剧《执着》获文华剧目奖，李士伟等 5 人获文华导演奖，周格特力加、戴泽松 2 人获得第十届中国艺术节表演奖；群众文化评奖方面：原生态小组唱《山兰放歌》、群舞《花帽新韵》、《搏·鳌》3 个节目荣获作品类"群星奖"，音乐说唱《南海颂歌》、戏剧《鲜红的三角梅》2 个节目获"中国艺术节优秀表演奖"，"群艺大舞台""海口市万春会""欢乐陵河"广场文化活动 3 个项目获项目类"群星奖"，孙如强、王文红 2 人获"群文之星"；展览方面：专业类油画《岁月》《乡村系列之一》《寂静的莲》《南国椰韵》，版画《盛夏里》《关于相遇的理想片段·地铁》，水彩（粉）画《港口·一号》7 幅作品入选参加"第十届中国艺术节·全国优秀美术作品展览"；群文类 15 幅作品获"2012 群星璀璨·全国群众美术书法摄影优秀作品展"金、银、铜奖。

2013 年，海南省群舞《万泉河水》《南海潮》获第十届全国舞蹈比赛文华舞蹈节目表演三等奖。独舞《情系·这片土地》获文华舞蹈节目优秀表演奖。新编历史琼剧《海瑞》参评第十三届中国戏剧节获得戏剧节大奖——优秀剧目奖以及优秀音乐奖、优秀编剧奖、优秀表演奖 3 个单项奖。

2013 年，海南省成功组织深圳国际文化产业博览交易会非物质文化遗产展览。组织开展传统戏曲进校园活动，以动漫的形式向小学生演绎传播包括琼剧在内的中国戏曲经典。成功举办了"艺海文心·李岚清篆刻书法素描艺术展"，在海南普及了"大众篆刻"艺术理念。开展 2013 年海南省琼剧展演活动，《搜书院》等 9 台经典琼剧大戏让群众免费享受了精美的文化大餐。以"阅读改变生活"为主题的第四届海南书香节，"全民阅读报刊行"活动继续在全省广泛开展，积极引导国际旅游岛居民"多读书、读好书"的文明风尚。与央视电影频道合作分别在文昌市、澄迈县举办"爱电影·送学"——明星走基层活动，既送电影到群众的家门口，又创造了当地群众和明星交流互动的机会。

6. 文化遗产保护工作迈出新的步伐

2013 年，海南省评选命名了第一批 16 个海南省非物质文化遗产代表性项目传承村；第一批 6 个省级非物质文化遗产生产性保护示范基地；第一批 17 个海南省非物质文化遗产传承教学基地；评定并经省人民政府公布了第一批《海南省珍贵古籍目录》《海南省重点古籍保护单位》。完成了省级以上非物质文化遗产项目保护规划，编制了《海南省非物质文化遗产代表性项目保护规划汇编》，出版了《海南省非物质文化遗产概览》。《海南省非物质文化遗产丛书》之《海南斋戏》《黎族服饰》《海南公仔戏》等即将出版。启动非物质文化遗产数字资料片拍摄工作，已完成拍摄《崖州民歌》，十余个项目正在陆续拍摄。编写出版了《黎锦技艺》校本教材，与省教育厅联合开展琼剧进校园和黎锦技艺进中小学课堂活动，9个民族县18所中小学校近2000名学生通过实践课学习黎锦技艺。成功举办了黎锦技艺保护与传承国际学术研讨会，来自国内外的专家学者等80余人参加了交流研讨，联合国教科文组织代表、文化部非物质文化遗产司领导充分肯定了黎锦技艺保护工作取得的成绩，专家学者提交的约30篇近30万字论文将正式出版。成功举办了"文化遗产日"系列活动，组织了全省第四届黎族织锦纺纱大赛，海南省非物质文化遗产专题文艺晚会。

在第三次全国文物普查工作的基础上，海南省开展了第三批省级文物保护单位申报工作。开展了西沙群岛北礁、甘泉岛文物保护规划的前期调研工作。丘浚墓、美榔双塔等国保单位修缮工程进展顺利，海口天后宫修缮工程开工。完成了龙梅太史坊、八角殿及胡氏宗祠维修设计方案审批，三亚落笔洞遗址保护规划二次修编完成。新发现水下文化遗存5处，调查并登录水下文化遗存线索点2处，并获取了北礁、玉琢礁、银屿等海域礁盘外侧6~300米水深处的海底地形、地貌等基础资料。完成了2013年南沙群岛海域水下文化遗产调查工作任务。

7. 体育事业发展蓬勃

2013年，海南省体育健儿在第十二届全国运动会创造辉煌。在2013年8月31日至9月12日于辽宁省举行的第十二届全国运动会上，海南体育代表团不负重托与厚望，艰苦努力，团结拼搏，获得三枚金牌，一枚银牌，一枚铜牌，实现了历史性的突破，超额完成了省委、省政府提出的"确保金牌，上新台阶"的目标任务。

同时，海南省还创新办赛体制机制，成功举办了"阿罗哈杯"2013第四届环海南岛国际大帆船赛、"汇丰国际杯"2013第八届环海南岛国际公路自行车赛、2013年IKA风筝冲浪竞速世界锦标赛等 3 项大型国际体育赛事。通过公开招标确定了海南金椰子高尔夫球公开赛事运营公司，2013 年的"金椰子"赛事在国内 7 个城市及中国台湾地区和韩国举办了推广活动。成功举办了全国青年举重锦标赛、全国山地车冠军赛屯昌站比赛、"陵水杯"全国青年男女柔道锦标赛、第十二届全运会帆船预赛、全国男子自由式摔跤冠军赛等 8 项大型国家级体育赛事。成功举办第一届海南省帆板公开赛、海南省少年田径锦标赛，海南省篮球、排球、足球、沙滩排球锦标赛，海南省少年儿童游泳锦标赛，海南省青少年举重锦标赛，海南省中学生排球、篮球、足球锦标赛等 10 项省级体育赛事。组织举办了龙腾狮跃闹元宵全国龙狮大联动活动和 2013 年"红红火火过大年"全民健身志愿服务活动。成功筹办了海南省农民篮排球赛、首届海南省武术锦标赛比赛、第二届全国桥牌混合赛、第四届海南儋州国际象棋特级大师赛、2013 年海南省全民健身趣味体育运动、第五届海航杯海南桥牌公开赛、海南省首届"长寿杯"中老年人门球赛、"万宁杯"海南省文明生态村广场健身操（舞）大赛等全民健身系列赛事。协助海南省残疾人联合会、民族宗教事务委员会做好海南省第三届特奥运动会、2014 年海南省少数民族运动会筹备工作。启动了 2013 年海南国际旅游岛高尔夫假日嘉年华，接待了国内外高尔夫球爱好者近 5000 人。成功参与举办了观澜湖世界第一挑战赛、观澜湖高尔夫世界女子锦标赛。众多国际、国内重大竞技赛事和群众体育活动得到了中央电视台、新华社、人民网等主要媒体的强力宣传，吸引了大量国内外体育爱好者前来参赛和观战。赛事活动的成功举办，极大地拓展了海南国际旅游岛体育休闲旅游业加速发展的机遇和空间。

（三）文化体制改革取得新的突破

2013 年，海南省按照中央关于深化文化体制改革的要求，继续深入推进全省国有文艺院团体制改革，指导有关院团进行体制机制创新，采取由政府购买服务，支持转制文艺院团深入基层，既丰富人民群众的文化生活，培育了市场，促进全省城乡公共文化服务均等化，对各艺术表演团体也起到了一定的扶持作用。全面完成了第一批非时政类报刊转企改制工作，积极推进第二批转企改制。2013 年 8 月，海南省政府将省属 11 家文化企业（单位）纳入海南省国有文化资产监督管理办公室监管的范畴，原由海南省文化广电出版体育厅管理的海南出版社有限公司（含海南电子音像出版社）、南方出版社、海南省教材出版公司、海南省歌舞团、海南省民族歌舞团等 5 家企业的移交工作已基本完成，这标志着海南省在积极创新国有文化资产监督管理体制方面取得了突破性进展。

（四）对外文化交流打开新的局面

2013 年，海南省共审批审核全省对外文化交流和营业性演展 124 项，851 人次。向国家相关部委成功申请了中韩群众体育交流活动、环岛自行车赛赴意大利培训、2014 年澳门内地春节文化习俗展、2014 年与东京中国文化中心年度合作等交流项目。组织参加了"2013 加拿大海南文化节暨旅游文化推介周"活动，海南女子爱乐合唱团的演出受到大温哥华地区华裔同胞的追捧，海南广播电视台与 OMNI 多元文化电视台建立友好合作关系。组织本省代表团 35 人于 9 月赴新加坡参加 2013 年"月圆河畔庆中秋"活动，在新加坡举办民族歌舞表演、民俗手工艺展、旅游和非物质文化遗产图片展等 6 项演展，活动引起强烈反响，新加坡总统和总理等政要以及逾 10 万民众前往活动现场参观，新加坡各界团体和中国驻新加坡使馆对我团活动给予很高评价。

（五）文化行政服务与管理能力再上新的台阶

2013 年，海南省在文化行政服务与管理方面不断创新思路，提高素质，服务职能不断完善，服务效率不断提升。

一是行政审批服务更优质高效。积极推进网上行政审批改革工作，截至 2013 年 10 月 15 日，共受理、办结行政审批申请 2351 件，没有出现超期办结件，审批提前办结率继续保持 99.99%。

二是强化广播影视行政管理手段。海南省组织相关成员单位开展了全省境外卫视传播秩序专项整治行动 4 次，依法取缔 13 家违法销售点；收缴卫星地面接收设施（"小耳朵"）174 套、接收机 210 个、高频头 206 只及一批安装工具，下达违规整改通知 38 份。联合整治行动有力地打击了非法销售、安装卫星地面接收设施和非法接收境外电视节目行为，确保了对境外卫视节目落地的有效控制和依法管理。组织开展了为期 3 个月的全国整治虚假违法医药广告专项整治行动，联合相关部门从严监管，组织、指导各播出机构落实责任，自查自纠，全年共下发广播电视违规广告整改通知书 9 份，电话预警 22 次，处理群众投诉广告 7 批 26 条次。全省电视频道违法广告同比下降 33%，广播频率违法广告下降 18%，清理停播违法、虚假的医药、药品、保健食品等广告 360 条次约 4000 分钟。

三是加强和改进新闻出版管理。充分发挥新闻报刊审读信息网作用，通过事前、事中、事后管理相结合把好出版导向关。共审核出版单位年度及补充图书选题 1601 种、音像电子出版物选题 83 种，其中涉及"双重大"题材要求专报备案选题 6 种，敏感送审选题 137 种，撤销选题 21 种，提醒出版社注意把关的选题 26 种，20 种图书列为省重点选题。建立健全了规范化、专业化的审读制度，将审读关口前移，及早发现苗头性问题，将问题消灭在萌芽状态。组织审读书稿 73 部，对 21 部书稿提出了修改意见，要求 7 部书稿专报总局备案、1 部书稿暂缓出版、1 部书稿不同意出版，办理图书选题备案手续 6 种。组织对全省 59 种（报纸 17 种、期刊 42 种）出版物进行了 2012 年度核验。通过严格把握年度核验的审核重点，经过诫勉谈话、督促整改，最终通过年度核检的报刊 58 种（其中诫勉谈话 15 种），缓验 1 种。组织全省新闻记者证核验工作，1474 名新闻记者通过核验，全年注销新闻记者证 102 个，对 55 家驻琼记者站、分社进行年度核验，通过年度核验的记者站 45 家（其中诫勉谈话记者站 7 家），缓验 10 家，不予通过年度核验 2 家。

四是软件正版化工作循序渐进。印发了《海南省使用正版软件工作领导小组办公室关于开展 2013 年政府机关使用正版软件工作的通知》，对巩固省级机关软件正版化工作成果、建立并完善长效管理机制等方面做出了明确安排和要求。组织对各市县软件正版化检查整改情况进行了检查验收。与省旅游委、省住建厅、省证监局等单位联合，推进海南省高星级酒店、建筑设计企业、上市公司开展企业软件正版化工作。

三 文化产业全面推进

（一）文化创意产业园（区）建设扎实推进

2013 年，海南国际旅游岛先行试验区完成总体规划编制、搭建融资平台、推进征地拆迁，顺利启动文黎大道、黎安海风小镇等区内重点项目建设。根据规划，先行试验区将以文化产业为重点，探索旅游与文化的深度融合，建设规模大、开放度高、国际一流的国家级旅游文化产业集聚区，用 10 年左右的时间将先行试验区建设成体制机制创新的示范区、国际旅游岛建设先导区、中国文化产业集聚区、滨海城市示范区及世界一流的度假胜地。

2013年，海南航天主题公园项目已完成概念设计以及建设总体计划，即将进入正式实施阶段。其中，太空营将建设成为集科学性、教育性于一体的航天科普教育基地，成为游客了解中国航天事业发展、体验航天科技成果、学习航天精神的殿堂。航天主题公园建成后将填补我国乃至亚洲的航天旅游空白，成为海南旅游的一个新地标，促使海南旅游转型升级，同时成为海南文化产业的一部新代表作，推动海南文化产业的跨越式发展，从而助推海南国际旅游岛建设。

海口观澜湖华谊冯小刚电影公社由冯小刚导演、观澜湖集团、华谊兄弟传媒股份公司联合打造。项目坐落于观澜湖海口国际高尔夫度假区，规划控制面积1500亩，项目核心区于2012年10月开工建设，预计投资超过55亿元，其中，一期核心区投资超10亿元，建设内容包括：1942风情街、社会主义风情街、南洋风情街、园林景观区、影视摄影基地等，力争在2014年春节核心区实现运营，共同打造全球首个以导演个人命名的电影主题旅游项目，呈现一个"乌托邦"式的电影主题旅游胜地。

2013年3月，海南文山沉香文化产业园正式开工，该产业园建成后将成为海南省最大的沉香产业园，园区引进社会投资33亿元、占地7146.75亩，预计于2017年全面建成。作为海口市和龙华区的重点项目，它将融种植、贸易、科研、文化、旅游和养身于一体，打造成为沉香文化产业国际示范园及全国沉香交易中心。

（二）会展节庆广告文艺演出产业迅猛发展

2013年4月19～22日，第23届全国图书交易博览会（以下简称"书博会"）在海口成功举行。该届书博会特色鲜明，突出展示了新闻出版文化特点的各类活动 107 项，海岛文化、黎苗文化、生态文化等多元文化相互交融，同时著名作家王蒙、莫言、梁晓声、韩少功、九把刀，著名学者傅高义，著名诗人汪国真等一大批名家受邀出席。

该届书博会主展场面积 5 万平方米，2141 个国际标准展位，1500 家出版发行单位参展，展出各类出版物 35 万多种，参会代表约 1.5 万人，外地参展客商达 2 万人，展会期间主会场参观总人流达 16 万人次，出版物交易额（码洋）近 11 亿元，100 多位名人、作家、学者参加了突出展示新闻出版文化特点的各类活动。

2013 年 4 月 25 ~ 27 日，第二届中国（海南）国际沉香旅游交易博览会（以下简称"香博会"）在定安文笔峰奇香文化苑举行。香博会期间共接待近 3.5 万位客人前来参观和采购，售出价值 3.3 亿元沉香产品。该届香博会与往届相比，规模更大、特色更浓。

2013 年 7 月 10 ~ 12 日，中国（海南）国际海洋产业博览会在海口举行，来自海南省内外渔业、海洋旅游等领域约 200 家企业参展。海口、三亚、临高、三沙等多个市县设置了展台，全面展示当地海洋产业发展成果。同时，来自山东、江苏、广东、浙江、福建、广西等地的企业展示了水产养殖、渔业捕捞等方面的各色渔业装备。展会还设置了水产种苗及渔药、饲料展区，海洋旅游及休闲渔业展区，海洋生物制药及保健品展区等，展出了系列海洋工艺品、海洋休闲食品等。

2013 年 7 月 18 ~ 21 日，中国海南国际汽车博览会在海口举行。该届车展为期 4 天，近百个汽车品牌逾 800 款车型参展。

2013 年 9 月 14 ~ 15 日，海南国际旅游岛婚庆博览会暨钻石相亲会在海口举行，该届婚庆博览会以"阳光海岛·钻石之恋"为主题，展品类别涵盖婚庆服务、珠宝首饰、婚纱礼服、婚宴服务、新婚化妆、婚用汽车、婚庆用品、新婚家居、摄影器材、蜜月旅游等，展出面积约 2 万平方米，300 余家婚庆专业机构和企业参展。博览会全新打造的"钻石相亲会"也吸引了众多相亲者现场相亲。该届婚博会每天的观展人数达上万人次，创造了婚庆产业海南展会品牌新纪录。

2013 年 10 月 18～20 日，中国（海南）动漫游戏博览会在海口举行。该届博览会以"欢乐海南、动漫你我"为主题，吸引了 200 余家企业参展，经营范围覆盖动漫基地、动漫代理商、创意机构、电子竞技、网络游戏等产业环节。展览设立了原创动漫作品展、中国 Cosplay 超级盛典海南分赛区、名家签售和竞技赛事等活动。

2013 年 11 月 13～16 日，第四届基因产业大会在海口举行，包括 4 位诺贝尔奖获得者在内的 700 余位来宾参加了开幕式。会议议题重点聚焦在基因工程、工业生物技术、生物能源及生物多样性等前沿领域。该届大会旨在为基因产业领域的学术界、企业界、各相关机构组织和个人搭建集国际性与专业性于一体的信息交流、合作交易平台。将对我们基因产业板块引进高层次海外人才、国际项目合作以及加大创新力度产生促进作用。大会期间，还同步举行了第十一届新药发明科技年会、第四届药物化学大会、第三届分子医学大会及第三届药物设计研讨会、海外高层次创业人才及项目交流洽谈会等 20 余场平行会议，并有 150 个内容涵盖基因诊断试剂、基因检测、基因工程药物、基因治疗、转基因等主要热点领域涉及基因方面的专业报告发布。

2013 年 11 月 20～21 日中非合作圆桌会议第四次大会在万宁举行。全国人民代表大会常务委员会前副委员长顾秀莲、全国政协前副主席黄孟复、中国前外交官联谊会会长吉佩定等出席开幕式。该次大会的主题是"命运与共、合作共赢"。大会期间，还举行了中非企业家论坛，中非农业合作研讨会等活动，为拓展中非合作提供了一个重要平台，不少中国企业增加了对非洲的了解和开展合作的信心，一些企业实现了相当规模的合作。

2013 年 11 月 20 ~ 22 日，第十届中国国际物流节暨第十三届中国国际运输与物流博览会在海口举办，来自武汉、沈阳、长沙、南宁等国内 30 多个城市市政府代表，以及美、英、日等 13 个物流发达国家和地区的政府组织和企业精英约 3 万人参加大会，物流节期间签约各方达成意向成交 100 多亿元。

2013 年 12 月 20 ~ 22 日，中国（海南）国际高尔夫旅游文化博览会（以下简称"海高博"）在海口举行。该届"海高博"汇集了一批国内知名品牌、省内知名球会在博览会期间亮相。共有四大亮点：一是启动海南高尔夫旅游联合营销联盟，以整合高尔夫旅游资源，规范高尔夫旅游市场，提高管理和服务水平，推进旅游要素转型升级；二是举办 2013 中国（海南）国际高尔夫旅游商品暨海南首届体育用品展览会，增加了各种健身器材、康体、野营、旅游等体育设施装备的展览内容；三是举办国际商界峰层高尔夫邀请赛，以球赛为平台，以商务洽谈、促进经贸合作为目标，安排对口配对考察洽谈活动；四是举行金牌球童评选活动，提高海南球场服务水平，以高质量服务来吸引境内外客源。

2013 年 12 月 29 日，第十四届中国海南岛欢乐节在三亚开幕，该届欢乐节以"欢乐海南岛旅游嘉年华"为主题，举办欢乐节开幕式暨三亚千古情景区系列活动、"欢乐美味"三亚国际美食嘉年华、"欢乐之旅"旅游推广周、"欢乐购物"系列活动、ART·SANYA 艺术季等五项主体活动和"LUHO 三亚"新春嘉年华等七大系列配套活动。同时海口、儋州、琼海、万宁、琼中等市县也围绕该届欢乐节主题，结合当地旅游特色、民俗风情，举办海口观澜湖国际度假区华谊冯小刚电影公社"时光倒流与梦想成真"等一批有地方特色的活动，与主会场三亚的主体活动遥相呼应，在全省营造出欢乐共享的节日氛围。

（三）广电出版传媒产业发展蓬勃

2013 年，海南省有线电视收入达 3.1 亿元，广播电视播出机构收入达 6.25 亿元；全省新华书店系统图书销售码洋达 4.5 亿元。

2013 年 12 月 25 日，2013 年度海南省市重点项目——海南广播电视总台三亚新闻中心项目开工奠基仪式在三亚市迎宾大道北侧的工地举行。该项目建筑面积约 10 万平方米，计划总投资约 8 亿元，建成后将成为三亚迎宾路上的标志性建筑。

（四）动漫游戏产业快速发展

2013 年，海南动漫产业基地入驻企业已完成原创动画 3600 分钟，跻身国内一流动漫基地之列。根据规划，2015 年三期项目全部建成后，预计入驻企业、机构艺术家工作室等 300 家以上，提供就业岗位 5000 余个，将实现年产值 10 亿元。

目前，海南省动漫产业基地已诞生了海南动漫作品的多个"第一"：第一部动画电影《鹿回头传奇》、第一部动画连续剧《哈皮岛》（52 集）、第一部公益系列动画《长臂猿文明行动》、第一部参与制作的动画大片《麦兜当当伴我心》、第一部 3D 动画连续剧《彼得牛与蝇一多》等。此外，《海南神话传说·新鹿回头传奇》动画连续剧、《海岛精灵之海南长臂猿》3D 动画系列片、《天狼心》3D 动画电影、《红色蒲公英》《恐龙世界》动画连续剧等一大批原创动画作品已完成或正在创作中。影视制作方面，嘉溢传媒等公司为万科等企业及多家政府机构摄制了宣传片、形象片等，其义务制作的《三亚 style》视频上线一周就获得 10 多万的点击量。此外，在漫画作品方面，漫盟文化周智延工作室正在漫画月刊（《精灵契约》）、中国卡通（《天使在人间》）、漫客（《镜中城》）等数家国内最流行的漫画杂志上发表连载作品，并为教科书、宣传材料等提供漫画插图。

2013 年，海南游戏产业也获得长足发展。《商业大亨》《富人国》《三分天下》等 6 款动漫网页游戏出口欧美、东南亚及澳大利亚、中东北非等国家和地区的市场，目前已经覆盖了全球三分之二的地区。其中《三分天下》这款游戏是以三国为背景的策略类游戏，作为经典的三国题材，不仅把我们游戏产品拓展到了海外，更是成功地对海外输出和宣传了我国经典的历史及传统文化。目前，《商业大亨》《富人国》《三分天下》等 6 款动漫网页游戏的运营状况良好，且每天的活跃用户达到了 3 万人，而自主运营的海外英文平台 www. dovogame. com 的注册用户量则超过了 400 万。6 款游戏 2011 年、2012 年和 2013 年上半年度连续出口创汇，2011 年出口创汇 434 万美元，2012 年出口创汇 342 万美元，2013 年上半年出口创汇 170 万美元。

除了网页游戏外，海南省手机游戏开发同样火热。海南英立科技开发有限公司利用公司两大核心技术：游戏引擎技术和跨智能终端平台研发的技术，研究开发一批智能手机游戏产品。如手机游戏玩家所熟知的《松鼠向上》《伏龙神箭》《马路彪客》《愤怒的弼马温》《酷鼠军团》《归巢小鸟》《捕牛达人》等都是英利科技的产物。这些游戏在国内外市场受到欢迎，产生了良好的经济效益。

（五）新媒体产业加快升级改造

2013 年，海南天涯社区网络科技服务股份有限公司投入 1200 万元对现有的国家级文化产业示范基地进行升级，打造"社区游戏化"项目。通过建设"虚拟电子商务"平台，通过"社交游戏"开发出的新型服务产品，以及在 3D 社区场景中的运营，带动用户和销售的新增长。

（六）文化产业发展获得政策和金融的强力保障

2013 年 6 月，海南省专门出台《海南省文化产业示范园区、基地评选命名管理办法》（以下简称《办法》），为海南省文化产业示范园区和示范基地的有序发展，提供法律法规的保障。《办法》规定，海南省将开展首批文化产业示范园区、基地评选命名活动，入选的项目和企业将在资金、政策等方面享受优惠。凡是获得"海南省文化产业示范园区""海南省文化产业示范基地"称号的文化企业，将被推荐申报国家文化产业示范园区、国家文化产业示范基地，并根据省人民政府《关于支持文化产业加快发展的若干政策》，在土地、税收、人才引进、资金、政策等方面，享受省级重点工程的优惠待遇。

2013 年 12 月，海南首批文化产业示范园区、基地评选名单已确定。该次共评出 2 家示范园区和 7 家示范基地，并将名单向社会公示。首批入选的海南省文化产业示范园区包括海南灵狮创意产业投资有限公司和海南生态科技新城发展服务有限公司 2 家单位。产业基地包括三亚亚龙湾云天热带森林公园有限公司、甘什岭槟榔谷原生态黎苗文化旅游区、海南中野旅游产业发展有限公司、海南中视文化传播股份有限公司、海南英立科技开发有限公司、三亚大小洞天发展有限公司和海南天涯社区网络科技服务股份有限公司 7 家单位。

2013 年 7 月，2013 年海南省文化产业发展专项资金正式下达，根据《海南省文化产业发展专项资金管理暂行办法》及国家有关规定，共有文化体制改革项目费用补助（海南日报有限责任公司）、海南新闻历史数据库及工程（海南日报有限责任公司）、南海网新媒体卫星直播转播车项目（海南南海网传媒有限公司）、海南网络广播电视台（海南广播电视总台）等44 个项目获得专项资金支持。

四　问题及对策

（一）存在的问题

1. 政府主导责任需进一步加强

由于过去海南省经济发展总量较小，财政支出压力较大，因此，政府在文化改革发展方面的主导责任发挥不够，主要表现为政府在文化建设的投入上还不充分，尽管近年来不断加大对文化服务基础设施的投入，但文化服务基础设施仍然存在基础差、底子薄、场地缺少、设施陈旧等问题，文化建设仍然严重滞后于经济社会发展。文化服务经费大都被用来建设一些必需的文化服务基础设施，对公共文化服务的基本投入和文化产业的扶持投入则相对较少。

除此之外，海南省在文化建设过程中还存在比较严重的不平衡发展态势，特别是统筹城乡发展方面与发达地区相比还有较大差距，城乡间文化服务体系建设的力度差距还比较大，对偏远市县、经济不富裕市县的基础文化设施的建设还亟待加强。

2. 公共文化设施体系需进一步完善

目前，海南省公共文化服务设施设备仍然不完善，原有设施设备普遍简陋、陈旧，难以达到公共文化服务的基本要求。政府对公共文化服务设施建设还存在重建轻管的现象，有的文化场馆从建立之初就缺乏一些基本的设施设备，比如大多数文化场馆都缺乏基本的文化服务设施设备，还有些文化场馆虽然当初购置了一些必要的设施设备，但这些设施设备自配备以来，几乎没有更新，有些已经无法使用。

3. 基层文化队伍建设需进一步加强

全国机构改革后，乡镇综合文化站隶属于乡镇社会事务服务中心，不再是独立建制单位，虽然乡镇综合文化站有文化方面的编制和岗位，但负责文化站工作的人员不只是负责文化站一种工作，不少人连主要负责文化站的工作都做不到，很多时间都用来兼负乡镇社会事务服务中心和乡镇政府安排的其他工作，"在编不在岗，专职不专用"的现象普遍存在，造成很多文化站环境脏乱差，而且多数时间都是关门状态，文化站的功能作用未得到发挥。

4. 科学发展考评需进一步落实

海南省目前公共文化服务绩效评估主要包括文化部组织的公共图书馆、文化馆等级评估、达标率评估与各级政府开展的包括文化行政部门在内的政府绩效评估等，这些评估大多仍停留在传统计划式行政管理的考核模式，注重的是对文化事业单位的任务考核，采取的是自上而下的考察模式，侧重的是对上级下达任务的考核，对公共文化服务在工作开展中实际效果有所忽视，也缺乏对公共文化服务效率的考核，在日益强调公共文化服务和公民文化权利的今天，已经越来越难以适应现有的环境，因此，必须进一步落实文化科学发展的绩效考评机制。

（二）对策研究

1. 进一步强化政府推动文化改革发展的政治责任

文化改革发展要求各级政府必须确立政府的政治责任，要实现政府政治责任就必须落实政府的主体地位。政府的主体地位包括4个层面的内容：一是政府直接参与文化资源供给，即政府通过自身机构，直接提供与公共文化资源供给相关的各类行政服务，在特定的情况下，直接安排公共文化产品生产和服务供给；二是政府发挥宏观指导功能，即政府通过运用、规划、布局等体制性手段对社会文化资源的生产供给履行宏观指导职能，包括推动文化产业的全面发展；三是政府要发挥统筹协调功能，必须做到兼顾文化事业与文化产业协调发展，兼顾部门、系统、区域、城乡、民族之间的平衡发展，分别在国家、省市、县、乡等层面追求文化资源生产供给的均衡性，只有统筹才能更有效地提高文化资源供给效率，才能充分维护和促进文化的改革发展，才能更有针对性地满足人民群众的文化需求，保障人民群众的文化权益；四是政府履行运行管理职能，即政府有必要在微观层面采取资质认定、政府采购、订单管理、财税扶持等必要的组织运行机制，推动公益性文化单位与经营性文化单位在文化资源生产供给各项具体工作有条不紊地开展。地方政府作为文化建设的基础环节，承担着文化改革发展的规划、组织、实施、管理、监督等各项的重要功能，但在实践过程中，我们发现由于一些地方政府过去一直把主要精力放在经济建设上，而对文化改革发展的重视程度相对比较弱，从而使这些地方文化改革发展较大程度地落后于经济社会发展，从而影响了社会的全面发展，造成诸多社会不稳定因素。

因此，当前文化建设的关键环节是进一步强化政府在推进文化改革发展中的政治责任，真正落实政府的主体地位，具体来说，就是必须建立起一整套强有力的文化改革发展领导体制机制。领导体制机制是一切工作的核心，推进文化改革发展更是如此。从各地的实践可以看出，地方主要领导对文化建设的认识水平在文化改革发展过程中起到了关键性的作用，如果一个地方的主要领导不能认识到文化改革发展的重要性，那么这个地方的文化改革发展就会受到极大的限制，文化建设就会举步维艰，而如果一个地方的主要领导能够认识到文化改革发展的必要性，那么当地的文化建设工作就会取得事半功倍的效果。因此，文化改革发展的第一步是要切实提高各地方主要领导的思想认识水平，要让他们充分认识到文化改革发展的重要性，要将文化改革发展放在深入贯彻科学发展观的战略高度上来加以认识，放在构建和谐社会的高度上来加以认识，放在建设美丽中国的高度上来加以认识。为此，省级党委政府应该将文化改革发展纳入对市县工作的考核中来，同时要组织专门的市县领导培训班，组织多层次的研讨培训，提高他们的认识水平。因此，省级党委政府的主要领导要亲自挂帅，亲自部署，党委部门要按照中央要求，统筹协调好全省文化改革发展工作，党政部门要通力合作，齐抓共管，制定出相关规划任务，宣传部门要组织协调好各部门、各单位，统一开展文化改革发展工作，各职能部门要积极组织，全面落实，形成全社会共同参与、共同行动的良好格局，保证文化改革发展的全面推进，全面落实。

2. 进一步实施公共文化基础设施建设的提升工程

公共文化服务设施指的是一个地区为实施公共文化服务所建立起来的包括图书馆、博物馆、文化馆、电影院、乡镇文化站、图书室和乡村文化活动室及其中必备的图书资料、文博展品、灯光音响设施、文体娱乐设施、网络设备等设施，设施的健全完善是公共文化服务体系健康高效运转的基础。但就实际来看，海南省公共文化服务设施普遍存在匮乏、简陋、陈旧等问题，造成了公共文化服务效果的降低，有的甚至无法满足人民群众的基本文化需求，因此，各级政府必须不断加大投入，切实保障这些设施的到位与达标。

一是要加快推进行政村文化活动室建设工程。行政村文化活动室作为广大农民群众进行文化活动的场所和开展文化教育、文化宣传的阵地，是农村文化建设的主要依托，是建设农村公共文化服务体系的基础，也是农村文化事业发展水平的重要标志，为此，文化部公布的"公共文化体系建设'十二五'规划"中明确提出要在"十二五"期间实现行政村文化室建设全覆盖。海南省从2012年启动行政村文化室建设工作，至今还停留在初期阶段，因此，2014年，海南省应加快推进行政村文化活动室建设工程，要争取在2014年完成行政村文化活动室建设的50%，2015年完成80%，争取提前完成中央的要求。同时，还应根据自己的地域特色和文化特色，因地制宜设计建设行政村文化活动室，建立起以行政村文化活动室为基础，整合建设集图书室、阅览室、多媒体试听室和各类文化体育设施的农村基层文化活动中心。

二是尽快完成"三馆一站一室"设备配套工程。目前，海南省已经基本建立起覆盖"省—县—镇"的三级公共文化场馆，但这些场馆的设施从一开始配备时就比较简陋，目前大都存在陈旧、老化、损坏等现象，而在过去的公共文化服务经费中往往缺少维修维护的经费，因此就造成"重建轻管"的局面，很多服务设施都废弃闲置，从而大大降低了公共文化服务的成效。因此，海南省文体部门应尽快启动"三馆一站一室"设备配套工程，对所有场馆的设备器材都进行了重新登记，对设备器材不足的进行了补齐，对需要维修维护的全部进行维修维护，对陈旧、损坏不能维修的全部进行更新。

3. 进一步加强基层文化队伍的建设工作

基层文化队伍与基层群众又有天然的联系，是人民群众生活环境的有机组成部分，是基层文化生态不可分割的组成部分，虽然受一定的地域、习俗限制，但丰富生动、鲜活有趣，为当地群众所喜闻乐见，基层文化队伍数量庞大、创造力及其产品总量庞大，其中可以脱颖而出的优秀作品的数量也十分可观，基层文化队伍一般是草根状态、自发自创、自娱自乐，其中不乏潜质良好、有巨大提升空间的幼苗，如果加以适当的专业指导，可以不断孵化出优秀产品，所以，基层群众文化在某种意义上是公共文化服务规模巨大、富有活力、取之不尽且成本比较低廉的天然资源库。加强对各类基层文化队伍的鼓励和扶持，培育来自基层、服务群众的供给主体，大力支持人民群众自编自演、自娱自乐、自创自办，既有利于丰富基层群众的文化生活，也有利于减轻公共财政负担，提高公共文化资源供给效率。

目前，海南省基层文化队伍的建设问题已经成为一个严重制约基层公共文化服务开展的问题。一方面，全国机构改革后，乡镇综合文化站合并组成乡镇社会事务服务中心，不再是独立建制单位，文化站工作人员往往不只是负责文化站工作，不少人连主要负责文化站的工作都做不到，很多时间都用来兼负乡镇社会事务服务中心和乡镇政府安排的其他工作，"在编不在岗，专职不专用"的现象普遍存在，造成一些文化站环境脏乱差，多数时间都是关门状态，文化站的功能作用未得到发挥。另一方面，基层文化机构工作人员往往是聘用制，工资报酬往往不能落实，造成基层文化机构工作人员的大量流失。

因此，一方面，海南省应进一步规范文化站的人员编制和岗位问题，要落实乡镇综合文化站配置 3 名专职人员的编制问题，明确社会事务服务中心文化站工作人员的"在编在岗、专职专用"问题。另一方面，海南省应实施基层文化队伍财政补贴制度。针对基层文化工作人员薄弱的现状，海南省应从财政里拨出专款用于对行政村文化协管员、社区文化辅导员、农家书屋管理员进行必要的财政补贴。

4. 进一步推动建立文化发展基金会

海南省应尽快建立文化发展基金会，要按照"政府参与指导、专业组织负责建设、全社会共同监管"的运行模式开展工作，将全社会的力量汇聚在一起，形成全社会参与文化建设的良好局面。

5. 进一步完善公共文化服务绩效评估考核制度

公共文化服务的绩效评估对象，既包括作为公共文化服务责任主体的政府文化部门，也包括具体提供公共文化服务的公益性文化事业单位（如图书馆、博物馆、美术馆、文化馆、文化研究机构等），及其他社会办非营利公共文化服务机构。就目前发达国家和地区开展的绩效评估时间来看，公共文化行政部门的绩效评估与管理已经历了"财务导向""目标导向""战略导向"的不同发展阶段，呈现制度化、法制化、规范化、评估主体多元化、评估过程公民导向等特点。

绩效评估可分为内部评估与外部评估，内部评估就是政府内部、公共组织、机构内部，如政府财务审计、公共文化机构员工考核等，也可以是行业内部，如图书馆、文化馆行业内部的等级评估等；外部评估，主要是指公众评估、第三方独立评估机构的评估、行业外的社会评估、政府对行业的评估等。

科学规范的绩效评估一方面要求公共文化服务机构从对领导负责向对社会公众负责的转变，强调的是政府自身的公共责任。另一方面要求政府从管制功能向服务功能的转变，强调的是服务于社会，服务于公众。因此，公共文化服务绩效评估的目的就是要将政府公共文化服务的焦点集中于结果、服务质量以及公众满意度等方面，以此来改进政府的工作效率与公共责任。

科学规范的公共文化服务绩效评估体系应该包括四个方面的内容。一是效益评估。效益评估是看公共文化服务的方案是否达到了预期目标，是否获得了广大人民群众的满意，是否产生了良好的社会效益，是否通过公共文化服务推动了公共文化服务体系建设工作的发展。二是效率评估。效率评估是看公共文化服务机构提供的公共文化服务投入和产出之间是否取得了平衡。三是专业性考核。专业性考核是看公共文化服务是否科学规范，是否严格遵守国家标准，是否具有专业水准。四是公平公正度考核。公平公正考核是看公共文化服务是否为公众提供了均等化的服务，是否满足了不同人群的不同文化需求，是否为不同的人群提供了多样选择的机会。

海南国际旅游岛生态文明
建设发展情况[*]

一 2013 年海南生态文明建设取得的成绩

2012 年海南唱响生态文明之歌，海南国际旅游岛生态文明建设取得了可喜可贺的成绩，2013 年海南在生态文明建设方面又迎来了东风，明确了生态文明建设的方向，谱写了美丽中国海南篇章。这是 2013 年 4 月，习近平总书记在海南视察时，要求海南处理好发展和保护的关系，着力在"增绿""护蓝"上下功夫，为全国生态文明建设当表率，为子孙后代留下可持续发展的"绿色银行"。

（一）"增绿""护蓝"的决策

"一定坚持'保护第一'，金山银山不换绿水青山"，这既是近年来海南省委、省政府的重大决策，也是海南人民的心声。尤其是习总书记提出谱写美丽中国海南篇章这一命题，对海南寄予了殷切期望，也是海南梦想的新起航，为海南省委、省政府执政为民的决策确定了航向。2013 年 4 月 15 日下午，海南召开全省领导干部大会，传达学习习近平总书记视察海南的重要讲话精神，全面动员和部署学习贯彻工作。省委书记罗保铭在讲话中说，习总书记在视察

---

* 本报告负责人：杨小波；执笔人：杨小波、吴强。

海南工作时，提出了争创中国特色社会主义实践范例、谱写美丽中国海南篇章的明确要求，这是对全省 900 万各族人民的巨大关怀。我们一定要充分认识习总书记视察海南的重大而长远的意义，把思想和行动统一到习总书记的重要讲话精神上来，以实际行动不负习总书记的厚爱，不负党中央的重托，解放思想，坚定不移地走绿色崛起的道路，成就国际旅游岛伟业，成就海南人民的福祉。

（二）"增绿""护蓝"的法律建设

法律建设与完善是当今社会主义建设的基本保障。为了能实现和谱写出美丽中国海南篇章，相关的法律建设与完善最为重要。2012 年起草的《海南省饮用水水源保护条例》，于 2013 年 8 月 1 日起实施，严控饮用水源保护区的项目建设，对饮用水水源一级保护区实施最严格的管理措施，禁止新建、改建、扩建与供水设施和保护水源无关的建设项目。二级保护区禁止新建、改建、扩建高尔夫球场、制胶、制糖、化工及其他排放污染物的建设项目或者设施，意味着海南省饮用水水源保护有法可依。2013 年海南省还出台了《土地利用总体规划管理办法》《土地资源利用管理突出问题专项治理实施方案》《海南省集体建设用地管理办法（试行）》《海南省农村环境综合整治规划（2013～2015 年）》《海南经济特区海岸带保护与开发管理规定》，这里特别要提出的是，酝酿 3 年之久的《海南经济特区海岸带保护与开发管理规定》（下面简称《规定》）于 2013 年 5 月 1 日起施行，比较科学的海岸带区域正在划定中。

该《规定》是目前我国由省级地方人大制定、唯一现行有效的有关海岸带管理的地方性法规。《规定》要求海南省人民政府城乡规划行政主管部门负责会同本级人民政府相关行政主管部门编制本经济特区海岸带总体规划，报省人民政府批准实施；要求沿海市、县、自治县人民政府城乡规划行政主管部门会同本级人民政府相关行政主管部门和沿海乡镇人民政府、沿海国有农（林）场，依据海岸带总体规划编制本行政区域的海岸带规划，经市、县、自治县人民政府审批后，报省城乡规划行政主管部门备案；要求海岸带总体规划及市、县、自治县海岸带规划应当符合城乡总体规划、土地利用总体规划、海洋功能区划，并与旅游规划、环境保护规划、沿海防护林规划、综合交通规划等相关专项规划相衔接。其中，退缩线问题是，关系海岸带保护成败的核心问题，过于近海建设各种建筑物必然导致岸线资源的严重破坏和污染，同时也会使建筑物遭受海浪、风暴潮的侵蚀，在这个问题上就必须进一步从严科学规范，从而保护好净土。法规为此明确：沿海区域自平均大潮高潮线起向陆地延伸最少 200 米范围内、特殊岸段 100 米范围内，不得新建、扩建、改建建筑物，改变了先前本省同位法中"沿海区域自平均大潮高潮线起向陆地延伸最少 100 米至 200 米的范围内，不得新建、扩建、改建建筑物"的现象。这为解决困扰海南多年的海岸带开发与保护的矛盾，为海岸陆域"增绿"，海域"护蓝"，保护与合理开发海岸及近海海域提供了有力的法律保障。

（三）"增绿""护蓝"的规划与行动

1. 基于生态环境保护的科学规划，大力开展国家生态示范区创建工作

2013 年，海南省白沙县、保亭县被列为全国生态文明示范工程试点市县，澄迈县也被列为国家级可持续发展试验区。这是海南多年的生态环境建设取得的成绩得到了国家的认可，为进一步谱写好美丽中国海南篇章打下基础。2013 年省委、省政府印发了《2013 年海南省科学规划年总体实施方案》，要求各市县、各部门要认真总结 2012 年实施"科学规划年"取得的经验和存在的不

足，以学习贯彻习近平总书记视察海南重要讲话为契机，深入贯彻
落实中国共产党第十八次全国代表大会和海南省第六次中国共产党
代表大会精神，继续实施"科学规划年"，努力做好科学规划工
作。在坚持"保护第一"的发展理念同时结合海南省经济社会的
快速发展，尤其是结合国际旅游岛建设上升为国家战略和习总书记
在海南的讲话精神，先后完成《海南生态省建设规划纲要》的修
编工作和《海南生态文明示范区建设规划纲要》，这是海南省其他
规划的重要参考依据，是积极推进海南生态文明示范区建设前提基
础。增强了海南省在2013年编制《海南省规划体系》《主体功能
区规划》《海南省新型城镇化规划纲要》《重点园区产业发展规划》
《省会经济圈产业和生态规划》等的生态环境保护理念。

2. 实际行动，"增绿""护蓝"

2013年也是前一年规划的重要实施年，尤其是《省土地整治
规划》《"绿化宝岛"大行动工程建设总体规划》以及海口、昌江、
文昌等市县《总体规划》批准实施，使海南的可持续发展，生态
环境保护建设呈现良好的效果。

（1）加强高标准基本农田的建设，确保食物安全

2013年全省耕地保有量为1091.01万亩、基本农田有941.17
万亩，并在保护好基本农田数量的同时，积极推进和完成"海南
省土地整治规划""海南省2013～2015年高标准基本农田实施方
案"的编制工作，高标准基本农田建设2013年度的任务已于年底
全面完成，共计建成高标准基本农田57.22万亩，超额完成国家下
达的计划任务。其中，国土部门土地整治完成高标准基本农田建设
21.96万亩，完成投资92451.95万元，农业部门菜地改造完成高
标准基本农田建设5.88万亩，完成投资9209万元，水务部门小型
农田水利完成高标准基本农田建设10.74万亩，完成投资
38952.28万元，农综部门中低产田改造完成高标准基本农田建设

18.64 万亩，完成投资 41245.8 万元。

（2）加强林地保护，确保生态安全

海南是岛屿生态系统，山地占的比例大，且呈中高周低的地形，平原、台地，无论发展农业还是其他产业，都要靠山地森林涵养的水源来滋润生存，岛屿海岸，要靠红树林和海岸防护林来保护。所以，保护林地，尤其是保护中部山区自然森林、灌木林分布的林地就是保护海南的生态安全，林地可以喻为海南岛屿生态安全的根基，我们要像保护农田、耕地一样保护林地。经过约 2 年的努力，海南全省在 2013 年基本完成了全省各市县的林地保护利用规划，规划林地有 210 万公顷，占海南陆域面积的 61.76%。把全省林地划分为"沿海防护林及红树林带""环岛中间商品林圈""中部南部山区生态保护核心区"，并从用途管制、分级管理、森林保有量等方面明确了海南省林地保护利用的方向、政策和措施。

（3）积极推进"绿化宝岛"行动，保护水源保护生物多样性

海南省政府继续推进"绿化宝岛"工程建设，于 2013 年 6 月印发的《海南省绿化宝岛大行动工程建设总体规划》提出，"绿化宝岛"大行动工程建设总投资 32.23 亿元，至 2015 年全省规划造林绿化总任务为 150 万亩，森林覆盖率达到 62%，各市县城区绿地率达到 35%，道路绿化达标率达到 95%。在 2013 年里，全省人民在省林业部门、住房建设部门等的领导下，扎实推进"绿化宝岛"大行动，完成造林绿化 45.3 万亩，森林覆盖率达 61.9%，提高 0.4 个百分点。同时完成了小河流生态修复和水土流失治理，完成治理 273.6 万亩（1824 平方公里）。完成公路绿化 8489 亩，矿山治理面积 453.3 亩，启动 2 个地质灾害治理项目。

近几年，尤其是 2013 年海南各市县在政府的正确领导下，充分利用林地资源，结合《绿化宝岛行动计划》通过大力发展林下经济，在促进造林育林护林、促进森林资源增长方面做出表率，在

带动农民（职工）就业增收、脱贫致富、优化山区、林区或胶区经济结构方面，取得比较显著的成绩。例如，2013年海南省儋州市所取得的成绩得到了国家林业局的充分肯定，被列入我国首批国家林下经济示范基地。

另外，组织编制《海南省生物多样性保护战略与行动计划》，推进自然保护区建设和生物多样性保护。截至2013年年底，全省已有自然保护区49个，陆地自然保护区面积占全省陆地面积的6.96%，全省生态保护区（自然保护区和水源保护区）面积占全省陆地面积的10.8%。森林质量在广大护林员的精心保护与养护下也得了很大的提高，生物多样性得到了有效的保护，截至2013年年底，据统计，海南目前记录并能考证实物或标本的维管植物共有6036种，其中海南岛本地野生种4622种，海南特有植物491种，被《国家重点保护野生植物名录（第一批）》及《IUCN濒危物种红色名录》收录的植物分别有48种和85种、逸生及归化植物170种（含外来入侵种63种）、引种的栽培植物1244种。这为未来几年实施《海南省生物多样性保护战略与行动计划》打下了良好的基础。

（4）加强农村饮水安全工程建设，生活污水、垃圾等的处理能力建设，改善人民生活环境

截至2013年年底，海南省已完成29个城镇以及194个典型乡镇和农村集中式饮用水水源保护区划定工作。目前，全省已累计划定城镇和乡村集中式饮用水水源保护区223个，保护面积为130508.72公顷，约占全省陆地面积的3.8%。全年投资33151万元，新建了339处农村饮水安全工程。2013年全省城市和县城集中式饮用水源地水质达标率为99.2%。

海南省委、省政府将农村饮水安全工程列为2013年为民办实事十大事项之一，提出"新建农村饮水安全工程230处，投资

22500 万元，解决 30 万农村人口的饮水安全问题"的工作目标任务。第一期工程于 2012 年年底下达投资计划，总投资 16758 万元，解决 22 万农村人口饮水安全问题。第二期工程于 2013 年 5 月下达投资计划，总投资 22613 万元，解决 30.14 万农村人口饮水安全问题。

2013 年海南城镇污水处理规划大幅度提高，建成投入运营的 36 座城镇污水处理厂，设计日处理污水规模 108.4 吨，平均运行负荷率为 72%，覆盖城镇人口 380 万人，城镇污水集中处理率达到 76% 以上。"十二五"以来，海南省开工建设污水配套管网项目有 19 个，总投资 19.8 亿元，计划铺设污水管网 686 公里。19 个项目已累计完成铺设管网 441.9 公里，累计完成投资 13.5 亿元，工程进度为 63.6%。

但农村污水仍然是一项较难解决的问题，目前全省农村生活污水年产生量约为 1.6 亿吨，生活垃圾年产生量约 102 万吨。由于污水垃圾处理设施严重缺乏，农村生活污水绝大部分未经处理直接排放，农村生活垃圾随意堆放在河道边、房前屋后、山坳中，污染了环境，饮用水水源地遭污染等问题突出，海南省国土环境资源厅有针对性地在 2013 年 7 月编制了《海南省农村环境综合整治规划（2013～2015 年）》，《规划》明确提出，2013～2015 年，全省计划完成 500 个以上建制村环境综合整治。到 2015 年，优先整治片区（村庄）实现以下目标：饮用水水源地水质符合国家标准；生活垃圾定点存放清运率为 100%，生活垃圾无害化处理率≥70%；生活污水处理率≥65%。未来 3 年，海南省将因地制宜建设污水处理工程，对位于城镇污水处理厂周边范围内的村庄，考虑通过管网改造，将村庄的污水纳入城镇污水处理系统。

2013 年完成建成垃圾转运站 36 座。生活垃圾处置努力按照"分类收集"、"就地消纳"与"集中处理"的原则进行处置。根据海南省农村的实际情况，重点推广"户分类、村收集、乡镇（区）中转、县（市）区处置"的垃圾收运处理模式。继 2012 年省财政下拨 2000 万元，2013 年省财政又下拨 2000 万元，专项用于支持海口、文昌、琼中等 13 个市县实施农村垃圾处理工程，对农村垃圾进行无害化处理，目前已覆盖全省 319 个行政村，农村受益人口达 59.4 万人。

强化重金属污染防治，加强危险废物跨省转移处置管理，跨省转移危险废物 6 批，共计 1803 吨。

（5）制定空气污染防治行动计划实施细则，防"雾霾"海南未雨绸缪

积极推进低碳试点省建设，2013 年，海南省紧紧围绕国家低碳试点任务要求，印发实施《海南省低碳试点工作实施方案》，基本摸清了海南省温室气体排放现状，识别温室气体主要排放源。2013 年，国家对海南省控制温室气体排放进行考核的结果为"良好"。海南空气质量一直为优，但 2013 年 10 月以来，海口、三亚、琼海、万宁、澄迈等多个城市连续同步出现轻度污染现象。海南省环境监测中心站环境空气质量监测数据显示，9 月 30 日~10 月 6 日，海南海口市仅 2 天空气质量为优，有 3 天出现轻度污染，臭氧和 PM2.5 是首要污染物。澄迈县有 1 天出现轻度污染，PM10 是首要污染物。10 月 7~13 日，海口市仅 1 天空气质量为优，有 1 天出现轻度污染，万宁市同样有 1 天出现轻度污染。10 月 14~20 日，海口市再次出现 1 天轻度污染。尽管是轻度污染，尚未对人体产生危害，但省政府高度重视这一问题，要求相关部门尽快完成《海南省大气污染防治行动计划实施细则》，在 2014 年 1 月 22 日下午，第六届海南省政府的第十六次常务会议审议通过了，并根据国家的总体部署及控制目标，确定了海南防治大气污染行动计划的 8 个方面 41 项任务。会议要求，自加压力、不留退路，不断加大对本地

污染源的控制与管理，有效治理大气污染，尤其是每年进入 10 月份以后，海南进入旅游旺季，人流车流逐渐增多，机动车尾气、道路灰尘、建筑工地扬尘等情况增多，加之琼海、万宁等地烤制槟榔、焚烧秸秆，进一步加重了空气污染程度，我们更要提高管理与治理的力度，确保海南大气环境持续优良。

（6）节能减排，充分利用资源

2013 年，大力发展生态产业，推进"节能减排"和产业结构调整。大力发展循环经济，降低污染物排放强度。继续推进昌江国家循环工业园区项目建设。推进资源综合利用，积极支持清洁能源发展。2013 年，全省回收各种再生资源 68 万吨。新增光伏集中发电项目 8 个，推广节能灯 100 万只，实施节能技术改造和资源综合利用项目 26 个，淘汰造纸生产线 5 条。截至 2013 年 11 月底，海南省清洁能源发电装机容量共计 197.92 万千瓦，占全省发电装机的 38.64%。清洁能源发电机组发电量为 39.11 亿千瓦时，占全部发电量的 21.6%。折合节约 118.1 万吨标准煤。高标准发展生态工业，严格控制工业污染。严格新建项目环保审批，实施最严格的环境保护措施，进一步优化了产业结构。全年不予受理、审批或暂缓审批不符合规划或产业政策的建设项目 22 个。积极推进企业实施清洁生产。2013 年全省共完成 13 家企业的清洁生产审核评估验收工作。大力发展生态农业，改善农业生产环境。全省新增认定 19 个无公害种植业生产基地，面积 3.56 万亩，新增认定无公害畜禽生产基地 5 个。积极组织推进测土配方施肥。全省累计完成测土配方施肥面积 1250 万亩。继续实施农村沼气工程建设项目。截至 2013 年 12 月底，全省已完成户用沼气 8550 户（完成率 100%），养殖小区沼气工程 100 处（完成率 100%），累计建成农村沼气用户 40.9466 万户。加快发展水产健康养殖。2013 年，组织 9 家符合条件的养殖单位申报农业部水产养殖示范场，累计建成 37 家水

产养殖示范场，有深水网箱 4030 口。推进土地生态化整治。截至
2013 年年底，海南省省级在建土地整治项目 90 个，建设总规模
74.98 万亩。进一步加强城市和乡村污染防治工作，确保国家下达
的"节能减排"工作任务按时完成。扎实推进 19 个污水配套管网
项目和 9 个城镇污水处理设施新建项目建设。机动车尾气治理也取
得突破性进展。截至 2013 年 10 月，全省已发放环保标志达 37.65
万个（占 62.0%）。科学推进可再生能源建筑应用。2013 年海南
省共有国家太阳能光伏建筑应用示范项目 7 个，总装机容量 13.25
兆瓦，装机容量 10.85 兆瓦。节能减排任务成效明显。2013 年全
省 GDP 能耗比 2012 年下降 3.5% 左右，基本完成节能目标任务。
经海南省自行核查核算，2013 年全省 4 项指标全部控制在海南省
年度计划以内。

（四）"增绿""护蓝"，建设美丽乡村

谱写美丽中国海南篇章，既是时代的要求，也是广大农村人民
的需要。目前海南仍然是农业省，农村人口约 5 成，只有实现广大
的农村人民整体素质的提高，生活质量的提高，生活环境的美丽，
才是真正的美丽乡村。2013 年海南积极推进省级生态文明示范系
列建设。积极推进生态市（县）、生态文明乡镇、小康环保示范村
和文明生态村等美丽乡村建设。全部完成 18 个市县（不含三沙
市）的生态市（县）建设规划编制和评审工作，截至 2013 年年
底，累计 11 个市县的生态市（县）建设规划由市县人大通过实
施。2013 年海南省新建成 4 个省级生态文明乡镇、36 个省级小康
环保示范村和文明生态村 988 个，巩固提高文明生态村 703 个。截
至 2013 年 12 月，海南省已累计建成 3 个国家级生态乡镇、1 个国
家级生态村、23 个省级生态文明乡镇、186 个省级小康环保示范村
和 14648 个文明生态村，全省文明生态村占自然村总数（23310

个）的 62.8%。

尤其是，自 2012 年年底开始，海南省委、省政府把统筹城乡发展作为工作的重中之重，为了实现海南省的全面协调可持续发展，海南省委、省政府将农村的发展建设纳入国际旅游岛的格局中来，精心谋划、科学布局。在此基础上海南充分利用得天独厚的区位优势和自然生态环境资源积极谋划美丽乡村建设，自 2012 年年底起，海南各市县兴起建设美丽乡村，并于 2013 年以基础较好的琼海市、澄迈县、白沙县以镇为单位，制定出美丽乡村的标准体系，为 2014 年以后全面实施"美丽乡村"计划，建设示范。

例如，从 2013 年开始，琼海市加大对农村的基础设施进行改造，琼海市在农村城镇化的过程中，奉行坚持"不砍树、不拆房、不占田，就地城镇化"的原则，除重大基础设施和公共服务产品根据规划需要拆迁农村之外，原则上不再异地搬迁老百姓。努力在把城市的公共服务引入农村，让农村基础设施配套水平和社会服务水平向城市看齐，把镇的建设作为琼海特色城镇化的支点和平台，使各镇成为城镇化的主要纽带联结城乡。"不需要大拆大建，做到不砍树、不拆房、不占田，让村民不出村就能享受到城镇居民的待遇"的琼海模式取得各市县高度认同。2013 年，仅潭门镇琼海市政府投入资金 1.2 亿元进行城镇化改造，通过建设墟镇道路、进行立面改造等，完成供水、供电、绿化、码头等基础设施，使潭门镇在短短的几个月时间里，成为真正意义的美丽乡村。

（五）加强生态文化建设，营造生态文明建设良好氛围

加强生态文化建设，提高全民生态文明意识。2013 年，海南省结合国际旅游岛建设和海南建省 25 周年活动，推进生态文明建设宣传工作。利用"4·22 世界地球日""6·5 世界环境日"等主

题纪念日活动，组织开展了一系列生态保护和节能减排宣传活动，营造生态文明建设的良好氛围。加强生态省建设科学研究，科学规划生态文明示范区建设。组织开展推进海南生态文明示范区建设研究项目工作，启动《海南生态省建设规划纲要》修编工作，推进《海南省绿色低碳示范城镇与建设》等一批生态环保、低碳技术研究开发及成果转化应用，为建设全国生态文明示范区提供科学技术保障。

（六）推进生态省建设机制创新，建立健全生态文明建设长效机制

建立健全生态文明建设考核制度和生态文明建设推进机制。2013年海南省政府对2012年生态省建设考核中获得优秀的三亚、万宁、海口、昌江等市县进行了通报表扬。加强生态文明建设调研，推进完善生态省和生态文明建设考核评估机制。同时，海南省国土环境资源厅组织代拟的《省委、省政府关于加强生态文明建设谱写美丽中国海南篇章的决定》，加强了生态文明建设的顶层设计。此外，海南省统计局等有关部门继续推进绿色GDP核算研究工作，探索将生态保护与建设成效、资源损耗和环境污染损失等纳入考核范围。

二　2014年海南生态文明建设
面临的主要问题及建议

1. 管理与决策层面的建议

2013年海南在生态文明建设方面所取得的业绩是广大民众有目共睹的，是得到广大民众赞颂的，但保护海南美丽的生态环境、保持美丽的乡村任重而道远。2014年将通过体制机制改革，将市

县森林公安局由属地管理调整为省森林公安局垂直管理，将更有效地保护与恢复全省生态环境，更有效地管理与保护森林资源。但存在土地资源的规划与利用有可能与生态环境保护脱节，基于生态环境保护的土地规划理念与示范刚刚开始，如果土地资源的规划、保护利用与生态环境保护脱节对生态环境保护是极为不利的。因为国际上大多数相关的学者已经意识到，土地利用性质决定生态环境保护的成效。在此，呼吁国土部门与生态环境保护部门一定要协作，在海南本着省政府提出的"保护第一，金山银山不换绿水青山"决策理念，在土地规划或修编时，基于生态环境保护。同时呼吁党政干部参加生态文明培训要有计划安排，而且要规定一定量的参加次数，也只有这样才有可能谱写好美丽中国海南篇章。

希望进一步完善相关的法律法规与规划，如能否出台《海南省大气污染防治条例》等，能否完成《海南生态文明示范区建设规划》《海南省总体规划》等，进一步推进《绿化宝岛行动计划》，并希望在完成"绿化宝岛"行动计划的同时结合美丽乡村建设与发展林下经济，为宝岛绿化实现高水平的、高质量的经济、生态与社会效益。为了生态安全，建议省重点项目、市县重点项目立项前都应通过生态环境保护论证。

2. 海岸开发与保护海岸矛盾应引起高度重视

海岸保护问题一直是海南人民最关心的问题。尽管 2013 年海南出台了《海南经济特区海岸带保护与开发管理规定》，但仍然需要相关部门继续努力工作，才能管理好海岸的保护与开发。2014年应尽快完成海岸带的划线，完成退缩线的划线，尤其对一些极敏感的区域一定要坚持保护第一。只有这样才能基本解决海岸带保护与开发的矛盾。海南海岸线有较多的生态敏感区段，分布有一些面积相对小，而又特殊的生态系统，如红树林生态系统、草海床生态系统、珊瑚礁生态系统，有多个国家级或省级自然保护区，又如河口海岸，地质条件不稳定，岬角或沙坝不坚硬，沙岸退化严重等都需要海防林保护，因为谁都不可预测什么时候会发生超强台风，如果不保护海防林，强风带来的灾难不可估量。

3. 农田保护不能忽视

城市化是国际社会发展的总趋势，海南省委、省政府非常重视，希望走出一条具有海南特色的城乡一体化道路，谱写出美丽中国的海南篇章。但我们也必须意识到，海南地处热带多雨地区，是典型的中高周低的岛屿生态系统，一般在目前的市县或乡镇的周边都是较好的农田用地，而且在海南所指的农田也就是水田，山区丘陵地造梯田是不现实的，在海南农田不能上山。因此，城市化与保护水田必然产生矛盾。这一问题的提出，仅是提醒各市县政府在调整土地利用性质时，或土地规划修编时要高度重视，在此，本报告只指出，农民不走出村的城市化——琼海模式在海南是最理想的选择（第二次提出），千万不要大拆大建，占有海南岛本来就不多的农田。

4. 高度警惕"雾霾"现象

尽管海南绝大多数时候的天空都是蔚蓝的，阳光、沙滩与海风一直是海南人的骄傲。但2013年出现的大气轻度污染："雾霾"现象不得不引起我们的高度重视。相关学者或社会人士也非常关注这一问题，有的还提出制定《海南省大气污染防治条例》防"雾霾"。目前摆在我们面前的问题是，为什么2013年开始出现这一现象，除了被认为这种现象主要是由于外来污染物的远距离输送"迁移污染"外，海南自己的建筑、汽车尾气等污染影响大气质量的贡献值是多少？自己的问题出在哪？本报告认为除了制定相关的管理细则外，一定要成立相关的研究队伍，把问题搞清楚才能有效解决问题。

5. 自然保护区应是为未来人类留下的净土

坚持人群应远离自然保护区，特别是国家级保护区，反对自然保护区周边开发旅游开发景点或成为人群聚集区。目前海南国家级保护区主要有：海南尖峰岭国家级自然保护区、霸王岭国家级自然保护区、五指山国家级自然保护区、吊罗山国家级自然保护区、大田国家级自然保护区、铜鼓岭国家级自然保护区、东寨港国家级自然保护区、三亚珊瑚礁国家级自然保护区和大洲岛海洋生态国家级自然保护区等，国家级保护区类型较齐全，有海南中部、东南部、西南部森林生态系统保护区，有以动物为主要保护对象的保护区，有海陆域生态系统保护区，有红树林保护区，有珊瑚礁生态系统保护区，也有岛屿（保护鸟类）保护区。在它们当中，东寨港国家级自然保护区于 1992 年被列入《关于特别是作为水禽栖息地的国际重要湿地公约》组织中的国际重要湿地名录，是中国七个被列入国际重要湿地名录的保护区之一，为中国红树林之最。霸王岭国家级自然保护区保护的对象——海南长臂猿——是海南及我国最珍稀动物之一，是海南猿的旗舰种。但在这些保护区中，仅有大洲岛海洋生态国家级自然保护区因海洋的阻碍，人类活动相对少一些。自然保护区，尤其是国家自然保护区是未来人类了解自然的样地，是人类可持续生存的希望，加强保护不是为了当代，而是为了未来。建议人们远离自然保护区，尤其是国家级自然保护区。保护区的周边尤其是影响保护区的上游周边区域尽可能不聚集人群，尽可能减少开发强度，或不开发。

6. 坚持绿色 GDP 新理念

绿色 GDP 已经讲了多年了，但到目前为止，还是处在说一说的状态。生态环境保护一票否决也有一些历史了，但也同绿色GDP 一样，处在说一说的状态。这种状态，应得到改变。

本报告提出以下建议。①为了降低单位 GDP 占用的土地资源、人力资源、污染物排放强度和生物多样性被破坏的速度，加强高知识专业人才的引进，在知识与技术方面的创新是唯一的出路，如使全电动汽车在海南大放光彩，使中水回用不是用于浇灌而是被循环利用，培育更多的品种，依靠提高技术农用地产值等。②建议考核领导不能只看 GDP 的增长，而要考核他在增长 GDP 的同时，消耗或破坏了多少资源！

海南国际旅游岛农业发展情况*

一 农业发展篇

（一）农业生产平稳发展

2013 年全年农业完成增加值 756.47 亿元，比 2012 年增长 6.3%。分行业看，种植业增加值为 315.47 亿元，增长 6.4%。全年粮食产量为 190.90 万吨，下降 4.3%；蔬菜产量为 524.67 万吨，增长 5.1%；水果产量为 441.90 万吨，增长 3.1%。渔业完成增加值为 205.34 亿元，比 2012 年增长 7.1%。加大对大中型外海捕捞渔船补贴力度，扶持发展海洋捕捞；大力发展深水网箱养殖，投放深水网箱继续增加，新增深水网箱 531 口，进一步扩大了养殖空间，提高了集约化水平。全年水产品产量为 183.10 万吨，比 2012 年增长 6.0%。林业完成增加值 82.15 亿元，比 2012 年增长 7.5%。干胶产量为 42.70 万吨，增长 8.1%。畜牧业完成增加值 133.22 亿元，增长 3.5%。肉类总产量为 82.86 万吨，增长 4.2%。外向型农业平稳发展，全年农产品出口总值为 5.98 亿美元（见表 1）。

（二）特色优势产业

积极建设冬季瓜菜、热带水果、南繁育种、热带作物、无疫区

---

* 本报告负责人：夏鲁平；执笔人：李俊、慕立忠、侯晋封、李磊。

表1　2013年全省主要农产品产量

产品名称	单位	绝对数	比2012年增长（%）
粮食	万吨	190.90	-4.3
糖蔗	万吨	421.82	1.4
油料	万吨	10.68	3.0
蔬菜	万吨	524.67	5.1
水果	万吨	441.90	3.1
其中:香蕉	万吨	201.33	-3.7
菠萝	万吨	38.86	13.4
芒果	万吨	44.69	8.7
荔枝	万吨	16.94	15.3
橡胶干胶	万吨	42.70	8.1
椰子	亿个	2.52	4.5
胡椒	万吨	4.00	9.3
槟榔	万吨	22.38	12.9
肉类总产量	万吨	82.86	4.2
其中:猪牛羊肉	万吨	54.16	4.8
禽肉	万吨	25.96	2.6
禽蛋产量	万吨	3.81	6.4
水产品总产量	万吨	183.10	6.0
其中:海水	万吨	136.90	3.3
淡水	万吨	46.20	15.0

下的畜牧业等国家基地。冬季瓜菜种植面积为300万亩，产量为450.4万吨，出岛325.6万吨，出岛量同比增长1.8%。热带水果收获面积为225.8万亩，产量为327万吨，产值为135.5亿元，产值同比增长30%。热带作物收获面积为750万亩，产量为68.5万吨，产值为172亿元，产值同比增长16%。

（三）农产品出岛出口

生猪出栏965万头，出岛225万头，出岛量同比增长2.2%；家禽出栏2.41亿只，出岛3200万只。

（四）农产品质量安全

出台了《海南省农产品质量安全条例》，将农产品质量安全监管纳入规范化、法制化的轨道。建立了批发专营、零售许可的农药管理新体制，批发企业从 2123 家缩减到 3 家，零售企业每个乡镇不超过 4 家，建成全省农药信息化管理平台，实现了农药全程追溯。初步建成省、市县、乡镇、田洋四级农产品质量检测体系，把质量检测提前到生产环节，2013 年检测农产品样品 3.7 万个，瓜果菜检测合格率为 98.18%，畜产品检测合格率为 99.9%。严格执行冬季瓜菜持证出岛和畜产品"一证一标两单"制度，与全国重点农产品批发市场建立协调机制，对海南农产品严格市场准入，成立海南供京、供辽品牌瓜果菜产销联盟，用市场倒逼安全生产、绿色消费。

（五）农业产业化发展

出台《关于加快推进品牌农业发展的意见》，每年安排 1 亿元品牌农业发展专项资金，并配套出台奖励扶持政策。编印了《海南省农业行业地方标准》，出台农业地方标准 202 项，集中连片开展标准化示范园创建行动，建设标准化示范园 866 个。强化"三品一标"认证管理，全省"三品一标"产品达到 589 个。建成省植物医院，辐射带动 55 万亩基地开展农作物病虫害统防统治、绿色防控。在北京、上海及主产地建立海南品牌农产品直销配送中心，与阿里巴巴集团合作打造了网上交易平台，上线企业达到 160 家，逐步形成线上线下相结合的海南品牌农产品营销体系。农业产业化经营进一步发展。全年新增省级农业龙头企业 28 家，累计达到 203 家；创建省级农民合作示范社 190 家、国家级 68 家，累计达到 9977 家。品牌农业发展成效初显，全省涉农商标达到 3695 件，其中著名商标 80 件，中国驰名商标 8 件。

（六）农村经营管理

在东方市、三亚市开展农村土地确权试点，积累了宝贵的经验，为2013年全省试点奠定了扎实的基础。有序引导工商资本进入农业领域，举办农业企业上市培训班，成功推动五指山黎乡天然有机野山鸡股份有限公司等在天交所挂牌交易。推广"企业＋合作社＋农户"等模式，带动农民参与产业化经营。2013年全省新增省级农业龙头企业23家，达到203家。推进农民合作社规范化管理，创建了258家国家级、省级农民合作社示范社，支持400家合作社注册了商标，9家合作社获得省著名商标，全省农民合作社累计突破1万家。建立了植物医院、橡胶专业割胶服务队、农机作业服务队、农村沼气维修服务公司等经营性服务组织，为构建全省农业专业化服务体系奠定了基础。

（七）农民收入持续快速增长

通过实施"我为农民增收办实事"主题活动，出台了一系列扶持政策，为农民增收办了28件实事，推动全省农民人均纯收入达到8943元，同比增长12.6%，超额完成年初目标。在认真总结第一轮中部农民增收经验的基础上，启动了2013～2016年中部农民增收行动计划，省财政安排1亿元实施十大增收项目，中部市县农民人均纯收入增幅达到15.6%，高出全省平均增幅3个百分点。

二 海洋经济与渔业发展篇

（一）海洋与渔业运行基本情况

1. 海洋公共服务体系建设取得重大突破

"南中国海船舶安全智能位置服务应用工程二期项目"，已完成前期准备工作；海南省海洋与渔业服务中心办公楼主体已完成，正开展二期工程施工。两艘 1000 吨级海监船建造完工并交付使用，1000 吨级渔政船建设项目已经开始启动，海口、琼海基地建设正在积极推进。

不断推进渔业管理信息化和渔船更新改造项目。继续推进渔船数据库、养殖数据库建设和渔业资源调查工作，提高渔业现代化管理水平。稳步推进 170 艘大型捕捞渔船的更新改造工程。133 艘签订了建造合同，106 艘动工建造，东方 8 艘已建成下水。

推进渔港项目建设，督促完成儋州白马井中心渔港、临高新盈中心渔港、乐东岭头一级渔港、昌江海尾一级渔港、万宁港北一级渔港和临高武莲一级渔港的建设，提供海洋渔业发展基本保障；推进执法基地和设备建设，海口基地已进入施工阶段，琼海基地已完成前期准备工作；西部渔港建设项目已经国务院批准，列入世界银行贷款 2014～2016 财年备选项目规划，贷款额度为 1.4 亿美元，建设资金得到保障。

2. 渔业发展方式取得新突破

一是扩大水产品设施化养殖规模。扎实推进低产养殖池塘标准化改造工程，充分利用 1000 万预算资金实施全省 1.67 万亩的养殖池塘标准化改造，目前累计完成池塘改造面积 3.71 万亩。大力发展深水抗风浪网箱养殖，全省深水网箱养殖规模达到 4030 口，超额完成省政府 4000 口的目标。

二是大力发展热带水产苗种产业。通过扶持补贴，落实免税政策等措施，推动国家级和省级水产原良种场创建，创新研发新品种，引进繁育国内外优势养殖品种，带动水产苗种产业快速发展。

三是积极开拓国内水产品市场。加强水产品的宣传和推介，积极开拓国内市场，组织参加 5 次国内知名水产品展销会；完成了 18 家产地认定和 24 个产品认证，培育形成了 5 家龙头企业。

3. 海洋与渔业民生工程推进顺利

积极做好项目的申报和资金落实，申报了2012年国家海洋局中央分成海域使用金项目、农业部养殖业良种工程储备项目、农业财政项目等49个项目，项目总投资达11.26亿元，其中已批复项目25个，这25个项目共获得中央投资1.24亿元；申报了2013年农业部、财政部、国家海洋局和省政府项目7类43项，共申请中央投资29.0亿元；加强渔港建设项目的监督检查，推进渔港建设进度，通过自查、检查、总结、整改四个阶段督促渔港建设项目的落实，累计完成投资2.3亿元，平均完成总进度的85%。落实好渔民补贴政策，助推海洋渔业产业发展；落实好渔船柴油补贴、中部扶持资金、池塘改造补贴、深水网箱补贴及各类支渔惠渔政策，保障渔民的基本生产，促进产业发展。

4. 海洋与渔业管理能力和水平不断提高

一是严格执行海洋功能区划，科学使用围填海指标，确保国家和省政府涉海重点项目建设的用海需求。2013年，全省确权海域使用项目150宗，确权面积约3187.47公顷；全省共征缴海域使用金70649.73万元，其中省本级14329.74万元，超额完成省本级海域使用金征收计划任务。安排填海指标967.26公顷，有力地支持了工业、旅游、交通、渔业等30多个重点项目的建设工作。

二是完成了乐东莺歌嘴领海基点保护范围选划工作，成为全国首例通过省政府审批的领海基点。积极推动《海岛保护法》出台前用岛活动确权登记发证工作，完成三亚东锣岛无居民海岛确权发证工作。开展了省内海岛地名普查和海岛名称标志设置工作。完成了《中国海域海岛标准名录（海南分册）》和《全国海域海岛地名普查数据集（海南卷）》。

三是建立海洋灾害预警报机制，完善渔业安全通信网建设，提供给渔民及时的生产资讯，提高渔业防灾减灾能力。强化培训、宣传、演练和检查工作。实施《海洋渔船跟帮编队生产管理暂行办法》，建立责任考核制度，严格落实渔船跟帮、进出港签证、值班报告等制度。充分利用北斗渔船监控终端对出海渔船进行管控。推行渔业互助保险政策，研究养殖保险基本制度，完善渔业市场化保障体系建设，保护渔民渔业生产。

四是加强人才队伍建设和培养，组建省海洋渔业科学院，整合人才力量，形成合力，提供科技支撑；加强干部队伍的培训，提高干部对海洋渔业的行政管理能力和执法能力。加强渔民技术宣传培训，开展技术下乡和船员培训活动，提高渔民的养殖技术水平和捕捞生产技能，全年印发各类技术、培训、宣传材料万余册。

五是加强海监渔政巡航维权。海监渔政巡航 689 艘次，共计 1226 天，航程达 41800 海里；驱赶国外（越南）渔船 288 艘次，登临国内渔船 1655 多艘次；解救和救助本省渔船 3 艘次，多次解救被非法武装、不明来历船舶抢劫的本省作业渔船。

六是严厉打击海上违法行为。利用北斗监控系统推动护渔行动的开展，加强对伏休渔船和越界生产渔船的管控，减少了越界生产和违规出海事件的发生。共投入执法人员 4290 人次，执法车辆 984 辆次，执法船艇 438 艘次，立案 105 宗，办结 64 宗，做出处罚 406.7658 万元，执收罚款 406.7658 万元，有力打击了违法用海、填海、破坏海洋环境、非法捕鱼生产等违法违规行为。

5. 规划和政策法规的引领作用日益明显

在全国率先启动了海域使用规划编制工作，已经形成了初步成果。组织编制了《海南省海岛保护规划》，已经报省政府审批。启动了沿海市县的海洋功能区划编制工作，有 8 个市县提交海洋功能区划的初步成果。

推进出台和大力宣传《中共海南省委海南省人民政府关于加快建设海洋强省的决定》，制定海洋与渔业厅贯彻落实《决定》的实施意见和市县责任分解方案，全面落实省委、省政府工作部署。积极做好法律法规体系建设工作。配合省人大出台了《海南经济特区海岸带保护与开发管理规定》，重点做好《海南省实施〈中华人民共和国渔业法〉办法》《海南省水产苗种管理办法》《海南省海洋与渔业厅招标拍卖挂牌出让海域使用权暂行规定》《海南省无居民海岛使用申请审批试行办法》《海南省无居民海岛使用金征收使用管理办法》的修订和立法工作。加强政策研究，为海洋强省建设献谋献策，全力做好海域管理、海洋生态、渔业养殖、捕捞、水产品市场等方面的研究工作，形成40多个专题调研报告。

（二）存在问题

总体而言，海洋与渔业经济总量偏小，产业结构不尽合理；执法装备总体落后，执法能力有待提高；海洋渔业科研机构少，科研能力不足；海洋与渔业资金投入不足，投入体制机制急需创新；安全生产形势不容乐观，安全生产监管能力亟待加强。

三 林业发展篇

2013年，全省林业完成增加值82.15亿元，比2012年增长7.5%。干胶产量为42.70万吨，增长8.1%。以"绿化宝岛"大行动为依托，以森林资源保护为重点，大力推进增绿护绿，全年全省各市县完成造林绿化面积45.3万亩（2011~2013年全省累计完成造林136万亩，占"绿化宝岛"建设工程5年计划任务的90.7%），全省现有森林面积3193万亩，森林覆盖率达61.9%，比2012年提高0.4个百分点，全省林业总产值达403亿元。启动建设城镇公园12个、森林公园7个、水上公园3个、观光果园20个。

（一）林业运行基本情况

1. 林业改革不断深入

一是省政府办公厅下发了《关于大力发展林下经济促进农民增收的实施意见》，积极推进省、市县林权管理服务中心（林业产权交易所）建设，首次建立了75人的全省森林资源资产评估队伍。全省共建立农民林业专业合作社826个，13740户农民用林权证抵押贷款达8.1376亿元，抵押林地面积37.23万亩。开展森林保险面积1500万亩。全省林业经济面积达到102.4万亩，产值为61.51亿元。

二是省林业厅制定下发了《海南省林业厅国有林场改革实施方案》，各林区林场按照"完成六大改革任务，解决八大历史遗留问题"的改革思路，制定了各自改革方案。目前，全省26个林区林场建立了领导机构和林改办公室，基本完成了划分经营类型、公益林管理保护、职工承包林地经营、项目经营机制改革、人事制度改革、分配制度改革等六项改革任务。

三是369.77万亩的林区林场经营总面积已全面勘测完成，收回被占林地6.2万亩，解决外包林地"三过"问题4.2万亩。

2. 造林绿化工作成效显著

一是省林业厅组织310个单位和企业向"绿化宝岛"大行动认捐6100万元（已到位4277万元），举办了第三届"绿化祖国·低碳行动"植树节的海口分会场活动，现场收到碳汇造林捐款20.4万元，有效解决了资金不足、土地不足、种苗不足的三大难题。

二是成立了陵水、澄迈碳汇专项基金，融资2400万元。

三是省林业厅会同省交通厅开展公路绿化调研，出台了《海南省公路绿化工作指导意见》，以协调解决公路绿化用地问题。

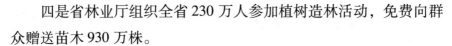

四是省林业厅组织全省 230 万人参加植树造林活动，免费向群众赠送苗木 930 万株。

3. 资源保护管理全面加强

一是在全省连续开展了打击破坏森林资源"五个专项"行动、森林资源领域开发利用领域突出问题专项治理和打击破坏森林资源犯罪保护海南生态环境专项行动。截至 2013 年年底，全省共查处森林和野生动物案件 1426 起（其中：侦破刑事案件 377 起，查处行政案件 1049 起），抓获犯罪嫌疑人 475 名，林政处罚 1041 名，罚款 329.9 万元。查扣非法运输车辆 113 车次，收缴各类风景树 3138 株。

二是严格执行林地征占用审批和林木采伐管理规定，加强森林资源管护。全省共受理办结林业行政许可事项 23371 件，按时办结率和提前办结率均达到 100%，实现了零投诉。森林火灾和林业有害生物得到有效控制。

三是加强森林资源管理。11 个天保工程实施单位按要求落实森林管护责任状，中央和省级财政资金已下达到位。完成 18 个新建管护站点选址工作，天保工程区内新增 129 万亩国家公益林界线规划。开展了全省 43 个公益林实施单位 2012 年度公益林检查验收工作。完成了海南省第二次湿地资源调查和海南长臂猿野外专项调查，启动了海南省第二次陆生野生动物资源调查和第二次重点野生植物资源调查工作。针对 2012 年年初全国 H7N9 禽流感疫情，果断叫停全省野生禽类产品的经营流通，加强疫情监测和管理，有效杜绝了省内 H7N9 禽流感的发生。

4. 林业产业快速推进

积极推进"中国森林旅游实验示范区"建设。报请省政府批准印发了《海南省热带森林旅游发展总体规划》，兴隆侨乡国家级森林公园已获批准，鹦哥岭自然保护区晋升国家级保护区已通过了国家自然保护区评审委员会评审。全省省级以上森林公园已增加到25处。至2013年为止，全省花卉种植面积已达11.7万亩，同比增长14.7%；年销售额达16.3亿元，同比增长44.2%；出口额达4181万美元；花卉企业达595家。2013年全省苗圃新增139个，新增育苗面积20580亩，同比分别增加40%和61.5%。全省苗圃数量已达到484个，总面积为54060亩。全省育苗总量为13800万株，比2012年增加33.64%。全省林木种苗产值达140亿元，比2012年增加40%。经省林业厅审批的野生动物驯养繁殖场有175家，比2012年增加63家。

5. 林业危旧房改造工作成效显著

一是做好危旧房改造工程建设收尾工作。全省林业系统2012年危旧房改造已开工建设1023户，开工率达100%，竣工率达88%。

二是抓好危旧房改造基础配套设施建设。林业系统危旧房改造基础配套建设国家投资1.3亿元已全部拨付到33个国有林区林场、自然保护区。2013年林业大中型水库移民危房改造120户全部竣工。

三是加强对危旧房改造存在问题的跟踪整改。积极配合省委巡视四组对林业危旧房改造进行专项巡视检查；对省保障性住房审计报告中发现的问题，已责成项目实施单位进行了全面整改。

6. 林业保障体系得到加强

省林业厅协助省财政厅、审计厅开展"绿化宝岛"专项资金检查和厅本级部门决算审计、生态建设、"三公"经费等专项审计活动。

编制《海南省碳汇造林技术规定》《海南碳汇基金管理办法》，建立林业科技推广项目成果储备库，储备科技成果116项。

完成省森林防火信息指挥中心建设，启动公益林信息管理系统。《海南省古树名木保护管理规定》和《海南经济特区森林旅游资源保护和开发规定》已由省人大颁布实施。

（二）存在的问题

一是"绿化宝岛"大行动的部门协调机制不健全，还没有形成强大的工作合力，造林绿化进展不平衡，部分市县监管不到位；工程建设资金紧缺，2011～2013 年，中央、省两级财政计划投资10.02 亿元，目前仅到位 5.5 亿元；造林地块落实难度较大，全省宜林荒山荒地较少，造林收效慢，群众往往不愿意拿地造林。

二是森林资源管护和开发建设的矛盾突出，违法侵占林地、毁林开垦等行为和建设项目不履行林业审批手续的现象时有发生，林地保护压力仍然很大。

三是国有林区林场基础设施薄弱，历史债务重，林地被占多，加之《海南省集体林权制度配套改革方案》还未通过省政府审批，林业改革还面临一定困难。

四是林业部门监管力量薄弱，执法任务与执法力量的配置不协调，森林公安的警力严重不足。绝大多数森林公安尚无独立办案执法权。

四　分析与展望

农业是海南经济社会发展的支柱产业，也是最大的优势产业和特色产业，在发展冬季瓜菜、天然橡胶、南繁育种等方面独占优势。然而，现阶段海南现代农业发展和农民增收情况与独特的资源禀赋仍不相匹配。值得期待的是，省委、省政府将一如既往地重视、支持"三农"工作，因此，2014 年海南农业会有更大的活力。

通过转变政府职能、加快农业科技成果转化等，进一步加快农业现代化，激发农村活力，提高农业的现代化服务水平，发展海南农村经济；立足海南自然资源优势，把风情小镇和美丽乡村打造成海南乡村旅游的新亮点。同时，海南要结合中央创新改革措施，在继续夯实农业发展基础上，进一步推动农业经营制度和农垦改革；要加大政府政策、资金扶持力度，研究农民增收计划，实施支农惠农举措；第二、第三产业也要反哺农业。

具体而言，2014 年海南农业主要会从几个方面来得到加强和改善：

一是着力促进农业增效。大力发展热带特色现代农业，稳定瓜菜种植面积，推进南繁育种科研核心区建设。创建标准农业示范园200 个、休闲农业示范基地 50 家、省级林下经济示范基地 29 个。以畜禽良种繁育、标准化健康养殖和无害化处理系统建设为重点，推动畜牧业转型升级。加强农产品质量监管和动植物疫病防控，巩固无疫区建设成果。推广农业新品种 80 个、新技术 50 项，培育中国驰名商标、省著名商标、省名牌产品和农产品地理标志产品 30多件。支持设立农联会，组建种业、瓜菜、畜牧等科技产业联盟，培育省级农民合作社 100 多家。

二是着力促进农民增收。落实"强农、惠农、富农"政策，确保各项补贴超过 15 亿元。深入开展"我为农民增收办实事"活动，继续实施中部市县农民的增收计划。发展农村第二、第三产业，鼓励农民创业增收。加快农产品电子商务平台建设，实施"电子商务进百村"工程。加大农民教育培训力度，培育新型职业农民，全年培训农民 50 万人次以上。

三是着力促进农村繁荣稳定。完善农村基础设施，确保红岭水利枢纽和所有小Ⅱ型水库除险加固工程的完工，做好迈湾水库和大隆灌区乐东段的前期工作，对小Ⅰ、小Ⅱ型水库实行市县统一管理。统筹推进南渡江流域的综合治理。规划建设一批防洪楼。重视农村小沟渠、小池塘、小堰闸、小泵站的建设，解决农田水利"最后一公里"问题。抓好 36 座农村水电扩容增效，推进农村电网升级改造。硬化乡村及垦区公路 450 公里。实施地力保护和提升工程，坚守基本农田数量和质量红线。加大对民族地区、革命老区、贫困地区的支持和对口扶贫力度，确保 6 万贫困人口脱贫。加强农机装备能力建设。完善农业保险制度。推广"一小通"农民小额信贷新模式，完善农民小额贷款贴息政策，支持农信社自助银行实现乡镇和农场的全覆盖。

通过以上举措，将使海南农业的优势进一步得到发挥，资源红利得到释放，农业结构不断优化，农民收入不断提升，以及使农村发展迎来一个新的格局，新一年海南农业整体发展水平将会有一个较大的提升。

海南国际旅游岛社会事业发展情况*

2013 年，海南以党的十八大精神为指引，扎实推进国际旅游岛建设，以习近平总书记视察海南重要讲话精神和中国共产党十八届三中全会精神为指导，进一步丰富和明确工作重点、工作思路，取得了新的成就。

一 2013 年社会事业发展概述

2013 年，在党中央、国务院和省委、省政府的正确领导下，海南紧紧围绕国际旅游岛建设战略定位，牢牢把握主题主线，协同推进社会主义经济、政治、文化、社会和生态文明建设，全省地区生产总值共完成 3146.46 亿元，比 2012 年增长 9.9%；地方公共财政收入 480.52 亿元，比 2012 年增长 17.4%；全社会固定资产投资 2725.40 亿元，比 2012 年增长 27.0%。海南的经济实力有了新的增长，为海南社会事业的发展准备了物质基础。

（一）扎实稳步推进民生工程

2013 年年初，根据向全社会公开征集的情况，海南省政府向社会承诺，2013 年重点办好十件民生实事。一年之后，十件民生实事全面完成。减少贫困人口 6.4 万人。开工建设保障性住房 4.74 万套，建成 5.32 万套，分配入住 5.84 万套；改造农村危房

---

* 本报告负责人：包亚宁；执笔：包亚宁。

2.56 万套，改造库区移民危房 3200 套。住房公积金覆盖面比 2012 年提高了 6.7 个百分点。城镇新增就业 9.9 万人，农村劳动力转移就业 9.5 万人。按计划提高了新农保、城市低保、农村五保保障标准和医保财政补助标准。建成省托老院和 7 个市县敬老院，新增床位 1618 张。新增常年蔬菜基地 2.96 万亩，建成平价商店 21 家、平价专区 12 个，改造城镇菜市场 50 家（占地 13.6 万平方米）。新建和改扩建公办乡镇中心幼儿园 51 所、增加学位 1.86 万个，免除了 16.6 万名中职在校学生的学费。农村安全饮水工程和"膜法"饮水示范工程按计划全部完成。农信社等涉农金融机构累计发放农民小额贷款 41.1 亿元，为 5 万户农民提供了小额贷款财政贴息，为 5.68 万对计划怀孕农村夫妇开展了地中海贫血筛查，完成 60 例患儿免费人工耳蜗植入手术。开工建设县道砂土路工程 813.5 公里，建成通车 418 公里。2012 年，全省民生支出 715.5 亿元，继续坚持民生支出占地方财政支出超过 70% 的方针，达到 70.9%，兑现了承诺。

（二）稳步提高居民生活水平

持续提高居民收入水平是社会事业的基本主题。2013 年，在 2012 年快速增长的基础上，居民收入水平又有了较快增长。

1. 城乡居民收入继续提高

城乡居民生活水平继续提高。城乡居民收入实现较快增长。全年城镇居民人均可支配收入达 22929 元，比 2012 年增长 9.6%，扣除价格因素，实际增长 6.6%；农村居民人均纯收入达 8343 元，比 2012 年增长 12.6%，扣除价格因素，实际增长 9.7%。其中，农村居民人均工资性纯收入达 2979 元，增长 20.3%，成为农民增收的重要来源。

城镇非私营单位在岗职工年平均工资达 44377 元，比 2012 年增长 10.8%。城乡居民个人储蓄存款达 2480.36 亿元，增长 13.4%。居民消费支出继续增加，生活质量不断提高。全年城镇居民人均消费支出达 15593 元，比 2012 年增长 7.9%；农民人均生活消费支出达 5467 元，增长 15.4%。住房条件不断改善，医疗保健、交通和通信、教育文化娱乐、衣着、网络消费等支出出现较快增长，居民消费结构趋于合理。城镇和农村居民的恩格尔系数分别比 2012 年下降了 0.5 个和 1.4 个百分点。

2. 物价涨幅得到有效控制

2013 年居民消费价格与 2012 年相比的涨跌幅度见表 1。从表中可见，2013 年物价涨幅得到有效控制，处于比较温和的水平。全年居民消费价格总水平（CPI）比 2012 年上涨 2.8%，低于年初预期调控目标 2.2 个百分点。其中，蔬菜类涨幅最为突出，达到 10.8%；食品价格上涨 3.9%。物价依然保持上涨趋势，但与 2012 年相比涨幅有明显回落。物价的结构性特征依然存在。

表 1 2013 年居民消费价格与 2012 年相比的涨跌幅度

单位：%

居民消费价格	2.8
食品	3.9
粮食	2.5
蔬菜	10.8
烟酒及用品类	0.6
衣着	0.5
家庭设备用品及维修服务	1.6
医疗保健与个人用品	2.8
交通和通信	1.3
娱乐教育文化用品及服务	1.6
居住	3.4

（三）就业继续保持良好态势

就业状况保持良好态势。2013年全年城镇新增就业人数9.94万人，比2012年增长2.5%；年末城镇登记失业率为2.17%，保持在较低水平。农村劳动力转移9.50万人，增长2.2%。就业规模继续扩大。年末从业人员504.87万人，比2012年年末增长4.3%。其中，城镇从业人员有198.20万人，增长8.2%。城镇非私营单位在岗职工人数有91.13万人，比2012年增长4.4%。

1. 通过多项举措促进高校毕业生就业

2013年全国高校毕业生达699万人，比2012年增加19万人，再次创下历史新高，被人们称为"史上最难就业季"。海南高校毕业生有4.4万人，亦为历史新高。

海南将高校毕业生就业工作列入就业工作的重中之重，通过多项举措促进高校毕业生的就业。

海南省人社厅2013年会同教育、财政部门出台了促进高校毕业生就业的工作方案和为困难毕业生发放求职补贴的通知，下发了开展高校毕业生实名登记工作的通知。同时，实施就业见习计划和创业引领计划。

一方面，海南鼓励离校未就业高校毕业生参加就业见习，落实就业见习补贴615万元，扶持创建一批高校毕业生就业见习基地，并扩大就业见习对象范围。另一方面，为海口经济学院等3所院校各拨付50万元，扶持创建高校毕业生创业示范点。

同时，还加大毕业生的就业援助力度，将就业困难的毕业生纳入就业援助体系，为就业困难的毕业生落实公益性岗位补贴、社会保险补贴等就业扶持政策。

海南在2013年加快推进省级创业孵化基地建设，落实了扶持资金295.92万元和租金补贴87.6万元，目前基地项目建设进展顺利。同时，在全省统一开展了创业大赛，营造了全社会鼓励和支持创业的良好氛围。

此外，海南省人社厅还组织人员开展评估活动，选定文昌市、儋州市、澄迈县为创业示范点，并拨付专项扶持资金；起草了创业孵化基地管理办法，加大对创业孵化基地的扶持力度；协调财政、银行等部门，通过增拨担保基金、做好催促还贷工作等方式重启省级小额担保贷款业务。

这些举措帮助了不少城乡低保家庭毕业生求职，促进了高校毕业生就业。海南省人社厅的资料显示，2013 年前 11 个月，海南省累计为 1950 名高校毕业生提供了就业见习的机会；高校毕业生初次就业率达到 90.63%；为 5940 名创业人员开展了创业培训。

2. 创新就业帮扶模式，组织农村富余劳动力转移就业

2013 年海南十件为民办实事清单承诺：2013 年将实施更积极的就业政策，新增农村劳动力转移就业 8.5 万人。

2013 年以来，海南省采取多项措施组织农村富余劳动力的转移就业。海口云龙镇在 2012 年被列为计划单列镇，产业园区内许多企业有用人需求，周边也有许多富余劳动力需要就业机会。过去，海口多输出务工人员至珠三角等地就业，现在政府鼓励劳动力就地转移，把招聘会开到乡镇，发动辖区内企业就地消化解决用人问题，主张大家在本地就业，促进劳动力在城乡间的合理有序流动。2013 年年初，海口市人力资源局帮扶屯昌县富余劳动力实现转移就业，筛选出适合屯昌县富余劳动力转移就业的 3000 个岗位。

在各方努力之下，海南 2013 年超额完成全年目标任务。海南省人社厅提供的数据显示，2013 年前 11 个月，全省城镇新增就业人数 9.11 万人，农村劳动力转移就业 9.1 万人（至年底，城镇新增就业 9.9 万人，农村劳动力转移就业 9.5 万人），均高出了年初承诺的目标。

3. 创新培训模式，拓宽培训受惠面

2013 年海南省创新培训模式，拓宽培训受惠面。充分发挥省职业培训协会的作用，组织了培训机构负责人培训、技能人才师资培训和酒店行业礼仪培训；拨付 251 万元的失地农民专项培训经费，营造了发展经济和扩大就业的良好格局。

在就业专项资金分配中，建立了就业工作成效和就业资金分配紧密结合的良性机制。2012 年，海南省制定和落实就业创业政策，大力促进就业，出台了定点培训机构认定、就业资金管理等政策性文件。

统筹推进高校毕业生等重点群体的就业工作。一是为 1212 名困难毕业生发放求职补贴 181.8 万元；二是实施就业见习计划和创业引领计划。为 2100 名毕业生提供就业见习机会，扶持海口经济学院等 3 所院校创建示范点；为毕业生提供职业培训。

扎实做好职业培训和技工教育工作。一是出台了就业专项资金定点培训机构和创业培训机构认定办法，逐步规范各类定点培训机构的管理；二是会同省财政厅下发了就业专项资金管理办法的补充通知，调整培训课时、增加补贴工种。

4. 以创业带动就业

加快推动以创业带动就业的工作。一是加快推进省青年创业孵化基地建设，目前入驻基地的企业有 29 家；二是在全省统一开展创业大赛；三是拨付 150 万元帮三所院校创建创业示范点；四是加大对创业孵化基地的扶持力度。

（四）有序规范改善住房条件

2013 年城镇居民人均住房建筑总面积为 29.34 平方米，农村居民人均住房面积为 26.12 平方米，与 2012 年基本持平。

1. 积极推进保障房建设

住房保障方面，开工 4.7 万套，建成 5.3 万套，分配入住 5.8

万套。各类保障性住房建设超额完成全年任务。拨付 6.8 亿元支持城镇保障性住房建设，全年城镇保障性住房新开工 4.74 万套，占计划的 134.7%；竣工 5.32 万套（分配入住 5.84 万套），占计划的 126.0%。新开工建设面积 393.91 万平方米；竣工面积 467.31 万平方米。

2. 稳步进行农村危房改造

农村危房改造开工 2.69 万套，占计划的 107.0%。其中竣工 2.56 万套，占计划的 102.0%，拨付农村危房改造补助资金 4 亿元，改造面积 215 万平方米，其中竣工面积 201 万平方米。全年完成 2.56 万户农村危房改造任务。拨付大中型水库移民危房改造资金 3.4 亿元，开工建设 0.3 万户，竣工 0.2 万户。

3. 规范处理住房问题

在改善居民住房的过程中和在商品房的建设和销售过程中，出现了许多问题。2013 年海南加大了解决违章建设和历史遗留问题的力度，共拆除违法建筑 400 多万平方米，解决了 5 万户 600 多万平方米商品房的历史遗留办证等问题。

（五）教育事业取得新发展

2013 年省财政拨付义务教育资金 14.7 亿元，用于免除 112 万名在义务教育阶段的学生的杂费，对 16 万名贫困寄宿生和民族寄宿班学生提供生活费补助，开展农村义务教育学生的营养计划试点以及农村义务教育薄弱学校的扩容改造和寄宿制学校建设等活动。拨付 0.1 亿元，给贫困市县及其他市县民族乡镇的农村小学教师，每人每月发放 300 元生活补助。拨付中小学校舍安全工程专项资金 3.3 亿元，用于 12 个市县和 7 所省属学校校舍加固和重建。拨付 1.2 亿元，支持中等职业学校基础能力建设和国家中等职业教育改革发展。拨付教育扶贫（移民）工程专项资金 0.6

亿元，支持东方市等 10 个市县开展思源实验学校优质资源拓展项目。拨付高校化债资金 5.1 亿元。拨付 13.0 亿元用于提升高校的办学能力。

全年新建、加固改造中小学校舍 62.81 万平方米；改扩建中学 5 所，建成思源学校 2 所，新增高中学位 6800 个；新建和改扩建 51 所公办乡镇中心幼儿园，增长 8.5%，新增学位 1.86 万个。16.6 万名中职教育学生全部免除学费。海南大学被列入国家"中西部高校综合实力提升工程"。全年普通高校招生 5.07 万人，在校学生 19.98 万人，比 2012 年增长 2.7%；中职学校招生 5.18 万人，在校学生 14.39 万人，增长 1.4%；普通高中招生 6.02 万人，在校学生 17.90 万人，增长 2.0%。高中毛入学率为 86.9%，提高了 2.0 个百分点；初中招生 11.70 万人，在校学生 34.68 万人；普通小学招生 12.43 万人，在校学生达 74.02 万人，小学净入学率为 99.4%。

1. 学前教育快速发展

2011 年 3 月海南省人民政府印发了《关于海南省学前教育改革和发展三年行动计划（2011～2013 年）的通知》。《通知》确立 2013 年目标为，新建、改扩建一批公办幼儿园，至少新建 30 所公办乡镇中心幼儿园，改扩建 20 所公办乡镇中心幼儿园，全省 75% 以上的乡镇建成公办乡镇中心幼儿园；进一步扶持一批民办幼儿园改善办园条件、增加学位数量。学前一年毛入园率达 80%，学前三年毛入园率达到 55%，有 20% 以上的幼儿园达到省、市县示范性幼儿园办园标准，办园条件和保教质量明显提升。

据统计，2013 年全省共有幼儿园 1596 所，比 2010 年增加 591 所；在园幼儿 29.9 万人，比 2010 年增加 11.7 万人；学前教育三年毛入园率达到 69.8%，比 2010 年的 47.8% 提高了 22 个百分点。2013 年全省共有公办幼儿园 171 所，比 2010 年的 93 所增加了 78

所，在园幼儿 6.4 万人，占全省在园幼儿数的 21%；民办幼儿园达 1425 所，在园幼儿达 23.5 万人。

2. 推进义务教育均衡发展，继续实施教育扶贫移民工程

2013 年，海南加快推进义务教育均衡发展。为促进县域义务教育均衡发展，省政府出台了《关于深入推进义务教育均衡发展的实施意见》和《关于"十二五"期间我省农村义务教育学校布局调整的实施意见》；落实了省财政 1000 万元的省级规范化学校奖补专项经费，推进了义务教育规范化学校创建工作，全省已创建的省级规范化学校增加到 73 所；继续实施教育扶贫移民工程拓展项目，组织开展首批 10 所、第二批 6 所思源实验学校对口帮扶薄弱学校，拓展优质教育资源；进一步加强控辍保学工作，规范中小学学籍管理，推动全国中小学学籍信息管理系统在海南省的建设，完成了 130 多万中小学生的学籍信息录入工作；规范了中小学办学行为，规范了中小学教材教辅选用和管理工作，组织开展了中小学课程设置与实施专项检查，首次开展了全省教学教研视导工作；加快了青少年校外活动中心建设；全面保障特殊群体平等接受义务教育，进一步促进了教育公平。

3. 正式启动农村学生营养餐改善计划

2013 年，海南省农村义务教育学生营养改善计划省级试点秋季开学正式启动，五指山市、保亭黎族苗族自治县、琼中黎族苗族自治县 3 个试点市县的 5 万余名学生享受到营养膳食补助。

按照每人每天 4 元的标准，按学生在校时间 200 天计算，每人每年可达到 800 元。所需的资金由省与试点市县按照 7:3 的比例分担。经测算，一年 3 个试点市县共需补助资金 4136 万元，其中省财政承担 2895 万元。

在各试点市县中，三亚市率先开展"学生营养餐"工程，2012 年 6 月开始实施"营养改善计划"，先在育才、凤凰、天涯等部分片区的 46 所学校，进行了农村贫困中小学生营养工程试点工作。2013 年，"学生营养餐"工程被列为三亚市"十大为民办实事"重点项目之一。秋季新学期开始，三亚在全市 6 个镇的中小学校和河东、河西区城乡接合部的红沙中学、红沙小学等 8 所公办中小学校，为中小学生免费配送学生奶和熟鸡蛋。所配送的学生奶和熟鸡蛋在上课日（周一至周五）每日上午课间时间进行定量配送，以补充学生在学习生活中所需的蛋白质等营养成分。

4. 加强校车安全管理

2013 年，由省政府印发的《海南省校车安全管理试行办法》（以下简称《试行办法》）从 10 月 1 日起正式实施。《试行办法》共计七章五十条，对校车的使用许可、校车驾驶人的资格、校车的通行安全、校车的乘车安全等内容做出了相关规定。

《试行办法》规定，学校或者校车服务提供者需要申请取得校车使用许可。载有学生的校车在高速公路上行驶的最高时速不得超过 80 公里，在其他道路上行驶的最高时速不得超过 60 公里。载有学生的校车在急弯、陡坡、窄路、窄桥以及泥泞的道路上行驶，或者遇有雾、雨、沙尘等低能见度气象条件时，最高时速不得超过 20 公里。低年级学生乘坐的校车，应当配备不少于 1 人的随车照管人员。随车照管人员必须全程随车照看乘车学生。校车的副驾驶座位不得安排学生乘坐。校车运载学生过程中，禁止除驾驶人、随车照管人员以外的人员乘坐。

5. 出台"异地高考"方案

2013 年 1 月 9 日，省政府办公厅转发省教育厅、省发展改革委、省人力资源和社会保障厅、省公安厅《关于做好外省籍务工人员随迁子女在我省接受义务教育后参加我省普通高考工作的实施方案（试行）》的通知，明确随迁子女本人及其法定监护人符合以下三种情况可以在海南省报名参加高考：符合"3 个 6"（即 6 年学籍、6

年居住、6年社保）条件的，不受报考批次的限制；符合"3个3"
（即3年学籍、3年居住、3年社保）条件的，只能报考本科第三批
及高职专科学校；符合"3个有"即有就读经历、有合法稳定住所、
有合法稳定职业）条件的，只能报考本省高职专科学校。

从此，真正长期在海南居住、生活、从业的务工人员的随迁子
女可以在海南省接受平等的义务教育和普通高中教育，享受与海南
户籍考生同等升读大学的权益，让"异地高考"的政策惠及那些
为海南经济建设做出贡献的外省籍务工人员的子女。

（六）医疗卫生事业稳步发展

三沙市人民医院正式竣工投入使用，海口、三亚、琼海、儋州
和五指山五大区域医疗中心重点项目建设进展顺利。全年改造乡镇
卫生院40个。2013年年末共有各类卫生机构5332个，比2012年
增长3.7%。其中，新建疾病预防控制中心（卫生防疫站）27个，
妇幼保健院（所、站）24个，专科疾病防治机构23个。全省共有
社区卫生服务中心（站）140个；农村乡（镇）卫生院300个。全
省医院病床位共有3.10万张，增长3.2%。各类卫生技术人员共
有4.76万人，比2012年增长6.4%。其中执业医师共有1.26万
人，增长4.0%；执业助理医师共有0.33万人，增长2.7%；注册
护士共有2.10万人，增长9.0%；药剂人员共有0.25万人，增长
5.6%；检验人员共有0.17万人，增长2.3%。报告甲、乙类传染
病发病人数2.97万人，比2012年增长13.7%；报告死亡99人，
下降8.3%；报告传染病发病率为334.63人/10万人，增长
12.5%；死亡率为1.12人/10万人，下降8.9%。全年新型农村合
作医疗参合人数达490.42万，参合率为99.2%。

1. 提高新型农村合作医疗参合人员的财政补助标准

2013年全省新农合参合人数达490.41万，参合率为99.19%

（计划目标为95%）。人均筹资340元，补偿标准由240元提高到280元。其中：中央财政人均补助156元，地方财政人均补助124元，个人缴费人均60元。当年筹资总额为16.86亿元，比2012年筹资增加2.41亿元，加上2012年结转的8.02亿元，资金总额达24.88亿元。

2. 建立重大疾病保障机制，提高保障水平

一是提高22种重大疾病住院的保障水平。在2010年开展提高0～14岁儿童2类（共6种）重大疾病保障水平工作基础上，2012年扩大重大疾病范围到22种（其中20种为国家医改要求）。2013年海南共有3536人获得2575.55万元重大疾病住院补偿，人均补偿7284元，住院实际补偿比达71.53%。二是免费救治先天性耳聋患者。将儿童先天性耳聋人工耳蜗植入术纳入2013年政府为民办实事项目，实行免费救治，其中新农合基金支付了34例困难人工耳蜗植入手术60%的医药费用。三是将25种特殊病种大额门诊补偿标准提高到60%。特殊病种大额门诊补偿4.84万人次，同比增长44.48%；次均补偿487.64元，同比增加125.54元；实际补偿比为64.98%，同比提高5.08个百分点。四是实施重大疾病的二次补偿。从2008年开始，海南省新农合就建立了重大疾病二次补偿机制，至2012年年底全省累计有18.54万参合农民得到2.59亿元的大病二次补偿，人均获得二次补偿金额1400元。

3. 建立海南省新农合反欺诈信息系统

完善升级信息化监管功能，加强对定点医疗机构监管，完成项目软硬件和监理的招标采购工作，目前该软件正在开发中。

4. 建立海南省新农合定点医疗机构稽查制度

成立省级新农合稽查领导小组，由医保经办人员、卫生监督人员、财务人员及医学专家组成，定期对新农合定点医疗机构进行稽查。海南省已组织新农合省级定点医疗机构稽查工作领导小组成员及审核专家，对12家省级定点医疗机构从是否存在虚假挂床住院、抽查病历查其是否合理检查用药、是否落实新农合相关政策及重点监测指标等方面进行突击稽查，及时发现问题，责令有问题的医疗机构限期整改，并在全省通报2次。

（七）社会保障、社会救助和社会福利水平不断提高

社会保障水平不断提高。全省62万新农保领取待遇人员基础养老金由每月85元提高到100元，487万新型农村合作医疗参合人员和171万城镇居民医疗保险参保人员财政补助标准由每年240元提高到280元。企业退休人员基本养老金提高10%，月人均增加153元。2013年年末全省城镇有258.14万人（含离退休人员）参加基本养老保险，比2012年年末增长7.0%；有406.53万人参加医疗保险，增长7.4%；有123.10万人参加工伤保险，增长3.0%；有120.31万人参加生育保险，增长3.7%；有150.82万人参加失业保险，增长6.4%。

社会救助与社会福利进一步得到加强。2013年年末城镇各种社区服务设施有77个，比2012年增长10.0%；抚恤、补助各类优抚对象3.32万人。2013年年末城镇居民最低生活保障人数达14.53万人，农村居民最低生活保障人数达24.72万人，农村五保户供养对象达3.28万人。城市低保标准由每月不低于280元提高到365元，农村低保标准提高到247元；农村五保户集中供养标准由每月306元提高到459元，分散供养标准由每月288元提高到380元。积极开展重特大疾病的医疗救助试点。全年实施城乡医疗救助53.58万人次，其中城市医疗救助17.86万人次，农村医疗救助35.71万人次。全年救助灾民101万人次，投入救灾救济资金1.83亿元。建成省托老院和7个市县敬老院，新增床位1618张。全年共

销售福利彩票 16.02 亿元，比 2012 年增长 11.8%；筹集社会福利彩票公益金 3.85 亿元，增长 11.6%；直接接受社会捐赠款 725 万元。

（八）社会治理得到切实加强

依法严厉打击各类刑事犯罪活动，"缉枪治爆""禁毒""禁赌"等专项整治行动成效显著，社会治安综合治理全面加强。"六五"普法深入推进，人民调解、法律援助、安置帮教和社区矫正力度加大。建立领导干部信访积案化解制度，深入推进社会矛盾排查调解工作。集中开展"六大专项整治"，清理闲置土地 31.1 万亩，追缴土地出让金 28.72 亿元，旅游市场、环境卫生和交通秩序逐步好转。食品药品和质量技术监督进一步加强。广泛开展群众性精神文明创建活动，全社会文明程度不断提高。完成第七届村委会换届选举。全面落实党的民族宗教政策，民族团结进步事业不断发展。国防动员、人民防空、优抚安置扎实推进。外事、侨务、对台等工作取得新成绩，妇女、儿童、青少年、老龄、残疾人、慈善等事业取得新进步。

（九）安全生产形势仍然严峻

全年发生较大安全生产事故 10 起，比 2012 年减少 4 起。无重特大安全生产事故发生。全年发生各类安全生产伤亡事故 3359 起，比 2012 年增长 32.0%，其中死亡 590 人，增长 6.7%；直接经济损失达 8240.57 万元，增长 28.1%。全年交通道路事故发生 1976 起，增长 11.8%。其中，死亡人数 493 人，增长 7.9%；直接经济损失达 935.02 万元，增长 2.5%。火灾事故发生 1302 起，增长 89.2%；死亡人数 13 人，增长 1.2 倍；直接经济损失达 2539.32 万元，增长 36.9%。亿元地区生产总值生产安全事故死亡 0.19 人，下降 2.9%。

二 存在的主要问题及成因简析

在社会事业取得不断进步的同时，还存在许多明显的问题，有些问题则是长期积累的深层次问题。

1. 居民收入水平低于全国平均水平

2013 年，全国城乡居民人均收入分别为 29547 元和 8896 元，而海南则是 22929 元和 8343 元，分别是全国平均水平的 77.60% 和 93.78%。全国全年居民消费价格（CPI）上涨 2.6%，海南为 2.8%，高于全国平均水平。人民生活水平提高还不够快。究其原因，主要是经济基础比较薄弱，产业结构和投资结构不合理，消费需求还不旺盛；城乡居民持续增收难度加大，地理位置等客观原因造成交易成本较高，物价受全国物价上涨的影响因素较大。

2. 交通拥堵问题依然严重

虽然采取了各种方法，道路建设有新的发展，但是，高峰期堵车问题依然严重，尤其是在海口上下班高峰和三亚冬季旅游高峰时期。分析其原因，主要是路网结构不合理、公交滞后、电动车无序违章行驶、汽车超载破坏道路以及现场管理不到位、不少红绿灯行人通行时间过短，部分路口未设置红绿灯，人车抢道。这已成为城市居民和外来游客不满意的焦点。加气站数量偏少，出租车加气难，也给市民打车带来麻烦。

3. 失地农民安置问题尚未得到解决

海南失地农民约有 20 万人，约占农村总人口的 5%，不少农民无一技之长，收入偏低，不解决这群人的长远生计问题，难免会发生社会问题。

4. 科学管理水平亟待提高

2013 年，由于扎实开展党的群众路线教育实践活动，及时整改群众反映强烈的突出问题，深入开展"庸懒散奢贪"、工程建设、土地利用等领域的专项治理，切实纠正部门和行业不正之风，加大案件查办力度，完善惩治和预防腐败体系，人民群众对政府廉政建设的满意度继续提高。但是，政府在自身建设上，工作落实不力、服务效率不高、为政不勤不廉等现象仍然存在。

三　2014 年社会事业发展展望

2014 年，海南将突出生态优先，突出民生为本，突出科学管理，着力转变政府职能，全面推进国际旅游岛建设，促进经济持续健康发展和社会公正和谐稳定。社会事业的发展将主要体现在以下几个方面。

（一）优先发展教育事业

启动第二轮学前教育改革和发展三年行动计划，新增幼儿园学位 1 万个。推进义务教育公办学校标准化、规范化、信息化建设，开展第二批县域义务教育基本均衡县（区）达标验收。支持高校加快发展，继续推进海南大学"中西部高校综合实力提升工程"和"中西部高校基础能力建设工程"，增强高校服务地方经济社会发展的能力。鼓励社会力量兴办教育、创办高水平大学，推进教育国际交流与合作。加强师德师风建设。扎实做好人才工作，加大人才引进和培养力度，完善人才培养、聘用和激励机制。

（二）积极发展医疗卫生事业

完善基层医疗卫生服务体系，实行乡村医疗卫生一体化管理。完善五大区域医疗卫生中心，加快省儿童医院、省结核病医院、省肿瘤医院等项目的实施进度。强化对传染病、地方病和精神疾病等的防治。提升基层中医药服务能力，支持南药加快发展。加强医德医风建设，改善医患关系，保护医务人员合法权益。落实计划生育基本国策，启动实施"一方是独生子女的夫妇可生育两个孩子"的政策，继续治理出生人口性别比偏高问题，推行初婚初育夫妇结婚证与生育服务证的同时发放。

（三）加快发展文化体育事业

制定省域公共文化服务标准化、均等化先行区建设方案，推进省、市县、乡镇和村公共文化服务设施的达标建设。为 3000 艘渔船安装广播电视接收设施。加快五源河文体中心、省博物馆二期等项目的建设进度，做好国家南海博物馆前期工作。繁荣民族传统文化，打造特色文化精品。大力发展文化产业，推动文化与旅游的融合。加强文化遗产和文物保护工作，开展南岛语族遗址考古研究。加强和规范文化市场管理。深入开展全民健身活动，提高竞技体育水平。

（四）加强就业和社会保障工作

计划新增城镇就业 8.5 万人、农村劳动力转移就业 8.5 万人、下岗失业人员再就业 3.4 万人，高校毕业生初次就业率不低于82%，促进残疾人按比例就业。加强就业培训，鼓励自主创业。维护农民工合法权益，构建和谐劳动关系。完善社会保障体系，继续提高医疗保险财政补助水平、城乡低保保障水平以及企业退休人员基本养老金水平。建立统一的城乡居民基本养老保险制度，实行城乡居民基本养老保险省级统筹。积极发展商业保险。完善社会养老服务体系，扩大社区居家养老服务覆盖面，建立 80 岁以上老人的高龄津贴制度。

（五）承诺完成十大民生实事

在完成 2013 年十大民生实事的基础上，海南省人民政府承诺在 2014 年办好十件民生实事。一是实施 60 个贫困村整村推进扶贫开发项目。二是开工建设城镇保障房 3.5 万套，建成 2.5 万套，完成农村危房改造 2.3 万户。三是从 2014 年 7 月起，将 62 万新农保领取待遇人员基础养老金由每人每月 100 元提高到 120 元。四是适时启动城乡低收入群体补贴与物价上涨挂钩联动机制。五是改善艰苦边远地区教师的教学和生活条件，增加高中学位 4000 个。六是新建 230 处农村安全饮水工程，解决 30 万农村人口饮水安全问题；实施"膜法"饮水示范工程，使 13 万群众达到国家新的饮用水卫生标准。七是对全省农民小额贷款按不低于 5% 的贴息率给予财政贴息，实现农业保险财政补贴 14 个险种全覆盖。八是为 49 个乡镇卫生院配备救护车，继续开展国家免费孕前优生健康检查和地中海贫血筛查诊断服务。九是为困难群众和农民工提供法律援助。十是完成省民族博物馆改扩建一期工程，建设行政村邮站 1708 个。

专 题 篇

以破题 "六个统一" 为抓手推进
海南可持续增长

夏 锋*

　　海南最大的本钱、最大的财富、最可持续发展的家底是生态资源环境。守住海南的青山绿水，也就守住了海南中长期可持续增长的最大优势。为保障有序开发，提高资源利用效率，要尽快在全省范围内"统一规划、统一土地利用、统一基础设施建设、统一社会政策、统一环境保护、统一重要资源开发"。在实施"六个统一"的大前提下，最大限度的向市县放权，向企业放权，向市场放权，才能放而有序，放而不乱。为此，需要成立高规格、专业性强、精干的省规划委员会，制定和实施相关法规和配套政策，促进生产要素合理流动及优化组合，促进区域经济联动协调发展，实现海南可持续增长。

---

* 夏锋，中国（海南）改革发展研究院海南发展研究所。

一 实施"六个统一"与提高土地资源价值潜力

1. 以实施"六个统一"提高潜在土地资源价值

2011 年海南单位建设用地创造的 GDP 为 0.78 亿元/平方公里，仅相当于 2011 年广东的 1/4、深圳的 1/16（见表 1）。如果以城镇化为载体实现"六个统一"，盘活土地资源，将极大地提高土地资源的利用效率。这里做一个假设：到 2020 年海南单位建设用地产出率达到广东 2011 年的水平（2.85 亿元/平方公里），即使建设用地面积不变，海南的 GDP 也将达到 9217 亿元，相当于海南 2011 年 GDP 的 3.7 倍；如果海南到 2020 年达到深圳现有水平的 50%（6.25 亿元/平方公里），海南的 GDP 就将达到 20212 亿元，相当于海南 2011 年 GDP 的 8 倍（见表 2）。

表 1 2011 年广东、深圳、海南单位建设用地 GDP 产出

	广东	深圳	海南
建设用地面积（平方公里）	18484.69	917.75	3234
GDP（亿元）	52673.59	11502.06	2515.29
单位建设用地 GDP 产出（亿元/平方公里）	2.85	12.50	0.78

资料来源：根据相关统计年鉴计算。

表 2 2020 年海南省每平方公里建设用地土地 GDP 产出预测

	达到广东 2011 年的水平	达到深圳 2011 年水平的 50%
地均 GDP（万元/平方公里）	2.85	6.25
GDP（亿元）	9217	20212
相当于 2011 年 GDP 的倍数	3.7	8

2. 以实施"六个统一"提升全省的平均土地价值

根据《中国国土资源统计年鉴 2012》计算，2011 年海口和三亚国有建设用地出让平均价格分别为1435.74万元/公顷和2691.04万元/公顷,其他市县平均为716.18万元/公顷(见表3)。也就是说,其他市县国有建设用地出让平均价格分别仅相当于海口和三亚的49.88%和26.61%。如果适当调整行政区划,实施"六个统一",做大海口和三亚等中心城市,与周边市县形成统一的城市圈,统一土地资源利用,把最高地价降下来,则土地的平均价格将会明显升值,综合用地价格的差距也会明显缩小,老百姓也能从中普遍受益。

表3 2011年海口、三亚与其他市县国有建设用地出让平均价格比较

	国有建设用地出让面积(公顷)	成交价款(万元)	平均地价(万元/公顷)
海口	117.74	169043.48	1435.74
三亚	216.69	583120.81	2691.04
其他市县	1412.23	1011410.79	716.18

资料来源:《中国国土资源统计年鉴2012》。

这里做一个初步测算。2011年全省土地出让金收入达到243.3亿元,土地出让均价为67.27万元/亩。假设通过统一规划、统一土地资源利用,使土地出让均价提高30%,即达到87.45万元/亩,接近海口2011年的平均地价,那么当年土地出让金将提高近73亿元。这样一方面,降低最高地价,将降低企业经营成本,有可能吸引更多的企业,尤其是中小企业入驻海南,活跃海南市场;另一方面,将吸引更多的中等收入群体在海南购房置业,这不仅能够扩大中等收入群体的消费规模,而且也能在相当大程度上解决海南人才不足的瓶颈。从长远来看,通过统一土地资源利用,降低最高地价,提高平均地价,海南土地收益不但不会降低,还可以提高土地整体出让收益。即使降低房地产价格,也可以通过征收房地产税，使房地产价格回归合理区间，并且提高海南房地产市场总体收益，从而能增强海南抵御房地产市场风险的能力。

3. 以实施"六个统一"提高土地资源的使用价值

服务业的用地价格长期高于工业用地价格，既导致工业转型升级动力不足，又制约了服务业的发展，降低了土地的整体使用价值。根据《中国国土资源统计年鉴2012》计算，2011年，海南工矿仓储用地产出率为1.84亿元/公顷，仅相当于广东（3.59亿元/公顷）的51.25%，也低于海南商业、服务业用地的产出率（1.90亿元/公顷）（见表4）。同时，工业用地价格长期偏低。以海口为例（海南整体数据见表5），2011年工业用地价格仅相当于商业用地和居住用地价格的26.43%和18.32%[①]。建设国际旅游岛，应当尽快实行服务业用地与工业用地同价。这样，既能降低服务业发展成本，又能提升土地资源的使用价值。

表4　2011年海南与广东工矿仓储用地产出效率比较

	工矿仓储用地（公顷）	工业生产总值（亿元）	产出率（亿元/公顷）	产出率比较（海南/广东）
海南	258.34	475.04	1.84	
广东	6872.07	24649.60	3.59	51.26%

资料来源：根据《中国国土资源统计年鉴2012》《海南统计年鉴2012》计算。

表5　2011年海南工矿仓储用地产出效率与商服用地产出率比较

工矿仓储用地（公顷）	工业生产总值（亿元）	产出率（亿元/公顷）	商服用地（公顷）	第三产业生产总值（亿元）	产出率（亿元/公顷）
258.34	475.04	1.84	605.15	1148.93	1.90

资料来源：根据《中国国土资源统计年鉴2012》《海南统计年鉴2012》计算。

---

① 根据《中国国土资源统计年鉴2012》计算。

二 实施"六个统一"与释放消费潜力

1. 生态环境是海南可持续增长的最大竞争力

随着全国资源环境制度改革的推进,海南的资源环境潜力将逐步成为现实的经济竞争力。以森林碳汇为例。保守估计,海南目前森林碳汇价值达 12.6 亿美元;根据有关学者关于世界碳汇市场预测数据,乐观估计,海南森林碳汇价值为 80.2 亿 ~ 91.6 亿美元(见表6)。如果把海南拥有的 200 万平方公里的海域面积计算在内,海南的碳汇经济价值会更大。

表6 2011 年海南森林碳汇价值初步测算

活立木蓄积量 (亿立方米)	森林吸纳二氧化碳 能力(吨/立方米)	森林碳汇量 (亿吨)	二氧化碳交易价格 (美元/吨)	森林碳汇价值 (亿美元)
1.25	1.83	2.29	保守:5.52 乐观:35 ~ 40*	12.6 80.2 ~ 91.6

*欧洲于 2005 年 1 月起推行排放交易计划,以力促减少温室气体排放,CO_2 排放交易价格已提高到 29 欧元(35 美元)/吨。日本也在推行相似的 CO_2 排放交易体系。欧洲碳交易机制的碳价格于 2008 年达到 40 美元/吨的高点。

资料来源:根据《海南省环境状况公报》等资料计算。

2. 海南生态环境是扩大旅游消费的最大品牌

以 2014 年春节假期为例。海南旅游市场出现"一升一降"的现象。

(1)减少了公务接待。中央"八项规定"出台后,春节期间海南景区公务接待大幅减少。三亚有的酒店,曾是公款消费主要房型的套房入住率还不足 50%,大大低于酒店整体入住率[1]。

---

① 张谯星:《八项规定吹正气春节海南景区公务接待大幅减少》,《海南日报》2014 年 2 月 7 日。

（2）大众旅游消费快速增长。公务接待的减少并没有降低大众对海南旅游市场的热度。统计数据显示，春节黄金周7天，全省共接待游客260.76万人次，同比增长接近四成①。游客的增长带动了相关旅游消费快速增长。旅游总收入达75.7亿元，同比增长超过三成②；据海南省商务厅抽样监测推算，2014年春节期间（1月31日至2月6日），全省零售和餐饮企业实现销售额约28亿元，比2013年同期增长13.1%；海口全市实现消费总额约15.7亿元，同比增长14.1%。三亚商品销售总额为3.86亿元，同比增长20.8%③。海南旅游消费市场的火爆，主要在于在春节黄金周期间新一轮"清肺游"热潮的带动。这不是一个短期现象，而是一个长期趋势。

3. 生态环境提高了海南房地产附加值

有专家说，北京的房子为什么贵，因为北京有好的公共服务、人脉关系；也有的专家说，为什么要选择在海南买房子，因为在北方买不到海南的空气、阳光，买不到健康。"远离雾霾，到海南买房"是很多人的选择。据全国统计，现在已有超过7成的网友认为雾霾天气已经影响了他们置业地域的选择④。来海南买房就是买这里的阳光、空气、生态、大海，是来买健康的。虽然有媒体称当前楼市深陷价格战，很多楼盘开始大幅降价，但海南楼市行情总体来说依旧看好。海南房协等有关单位的统计数据表明，海南各市县的岛外购房者比例近几年逐年上升，部分市的比例已高达75%。数据表明，全国消费者来海南购房的刚性需求不断增强。2013年，海口以28479套的成交量居首，成交量较2012年增长11.26%。

---

① 杨春虹：《春节260万人次游海南》，《海南日报》2014年2月8日。
② 杨春虹：《春节260万人次游海南》，《海南日报》2014年2月8日。
③ 罗霞：《马年我省消费市场开门红》，《海南日报》2014年2月7日。
④ 李俊丽：《"2013海南年终盘点"之雾霾下的机会》，新浪房产网，2014-01-31。

2013年,海口楼市成交均价为7468.48元/平方米,较2012年成交均价增长19.67%。2013年,三亚、琼海分别以16335套、11581套的成交量位居第二、第三位①。如果把海南的医疗、教育、文化产业再搞上去,海南房地产不仅不会大起大落,而且由此带动的综合消费潜力也会得以逐渐释放。

4. 亟待改善基础设施

在2012年春节黄金周,交通拥堵再次成为海南的突出问题。一个是三亚的"堵城",一个是海口的"出岛难",成为很多门户网站的头条新闻,央视也给予了报道。2月5日海口出港车辆和旅客达到历史最高峰,车辆超过1.2万辆,旅客超过6万人次②。等待过海的车辆在滨海大道上排起了长龙,一方面反映出海南省接待散客、自驾游等大众消费增多,这也将是一个长期趋势;另一方面,也反映出海南公共基础设施亟待改善,以满足自驾游等出游方式。

三 实施最严格的环境保护制度

1. 下大力气保护好生态资源环境

海南的生态环境虽好却脆弱,一旦破坏就不可逆转,而且生态环境的破坏将对国际旅游岛建设带来致命而长远的伤害。有三件事情必须关注:

(1)海南雾霾天气。"海口、三亚出现少有的雾霾天气",成为一些网站的重要新闻。例如,新华网大标题"海口遭遇雾霾天气";中新网"三亚出现少见雾霾天气"。根据《海南省环境空气

---

① 黄婷:《2013年海南楼市量价齐升成交均价过万元》,《海南特区报》2014年1月9日。
② 郭程:《海南:自驾游遭遇"出岛难"》,《人民日报》(海外版)2014年2月7日。

质量月报》，2013 年 12 月，海口市空气质量优良天数占 58%
（18 天），轻度污染天数占 32%（10 天），中度污染天数占 10%
（3 天），而在 8 月份、9 月份、11 月份，海口空气质量优良天数
达 100%。

（2）海岸线生态环境破坏。从南向北，海南东海岸 300 多公
里优质海岸线已基本被开发商圈地完毕①。主要问题有：一是岸线
资源开发利用缺乏长远规划，岸线资源存在过度开发的现象，岸线
资源的稀缺性价值没有得到应有的重视；二是已经开发的岸线资源
过多地被酒店、房地产等经营性项目占用，许多岸线资源成为排他
性的营利性工具。海南岛岸线资源与中部山区热带雨林资源是海南
省拥有的极为稀缺的两大优势资源，是建设海南国际旅游岛的根本
性优势和潜力所在。能否合理有效地开发利用好岸线资源，关系国
际旅游岛建设的成败。

（3）填海牟利的“新造地运动”。目前，填海成本为每亩 10
万~20 万元，之后这些土地以上千万元的总价格被卖给开发商，
开发商再以“海景房”为卖点，以每平方米几万元的价格将其卖
给购房户②。开发商仅需付出获得海域使用权的成本，而目前国家
对此价值还没有进行评估。早在 2010 年，海南已经出现“人工
岛”等项目争相报批的同质化倾向。海南正在建设的大型填海项
目已多达 10 个，多在 2009~2011 年申请报批，海南的海景资源已
经被瓜分完毕③。从生态环境保护来看，单个填海项目环境评价合
格，但当填海造地活动形成规模后，则这肯定会对海岸带和近岸海
域环境造成长远影响。

---

① 《专家：海南东海岸 300 公里海岸线基本被圈地完毕》，新华网海南频道，2011 - 6 -
29。

② 新华社电：《暴利驱动填海造房热》，《京华时报》2011 年 6 月 27 日。

③ 《海南楼市填海风暴》，南方网，2013 - 11 - 22。

2. 率先划定生态红线

明确全省生态文明制度建设的空间布局。根据保护水源涵养区、保持水土和防风固沙、保证全省城乡水资源安全等目标,划定全岛重要生态功能区保护红线。通过地方立法实施对生态红线区的控制,协调经济发展规划和生态功能区划的关系,确保生态功能区划先行,把生态保护作为重要政绩,建立健全有利于推进生态保护的绩效考核评价体系。

3. 加快建立产业准入、提升、退出机制

严格执行产业项目的用地、节能、环保、安全等准入标准,出台产业环境准入政策,凡新上项目必须符合国家产业政策、符合国家节能减排要求,也必须有市场、有规模、有效益,禁止国家明令禁止的"十五小""新五小"项目和列入国家淘汰产品目录项目的进入,确保新上产业项目不降低环保要求、承接产业转移不降低环保门槛、扩大产业规模不增加排放总量。

4. 加快建立资源产权制度

对全省域范围内的水流、森林、山岭、荒地、滩涂、矿产等自然资源进行统一确权登记,形成归属清晰、权责明确、监管有效的自然资源资产产权制度。实行矿产资源的严格审批制度,依法加强对矿产资源的集中管理。不再新增金、钼、钛等矿产资源的开采权。

5. 加快推进环境资源有偿使用制度的试点

尽快出台排污权和碳交易试点方案,出台主要污染物排污权有偿使用和交易管理办法,形成"谁污染谁付费、谁减排谁受益"的市场体系,颁布城镇生活垃圾收费管理办法,加大污水处理费征收力度;开展企业环境行为信用评价、环境污染责任保险试点。探索开展排污权有偿使用和交易试点。

6. 探索开展资源环境税试点

积极争取海南先行开展资源环境税试点;利用海南特区立法

权，研究出台《海南环境税征收条例》；在海南选择防治任务繁重、技术标准成熟的税目开征环境保护税，逐步扩大征收范围，以此作为"环保专项基金"的重要来源。

7. 探索农村环境综合治理新体制

按照"户分类、村收集、乡中转、县处理"的垃圾处理模式，建立"农户—村组保洁员—乡村环保合作社"的农村环保自治体系和"以市（县）为主、省级补贴、镇村分担、农民自治"的运行机制；成立农村环保投资公司，作为农村环境保护的长期投融资平台；引进企业投资，形成"企业＋养殖户""环境治理＋资源利用"模式。

8. 推进环保管理体制改革

成立由省、市（县）政府主要领导牵头的生态环境治理协调机制，省、市（县）两级每年确定生态环境治理重点工程，将生态环境治理和保护作为履行政府公共服务职责的重要内容；率先建立环保"大部门制"，整合分散在各职能部门的环境行政权，将其统一集中到环境行政主管部门；加大生态环境保护在领导干部综合考核中的权重，实行"一票否决"制。

2013 年海南乡村旅游发展评述

赵全鹏 *

2013 年，海南乡村旅游发展取得较大成效，据海南省农业厅统计，截至 2013 年年底，海南全省休闲农业和休闲农业园已发展到 175 家，资产总额为 43.9 亿元，直接从业人员有 1.62 万人，间接就业人员有 6.48 万人，带动农户 2.58 万户，年接待 991.5 万人次，营业收入达 8.15 亿元，取得了良好的经济效益和社会效益。

一 海南乡村旅游促进政策

海南省旅游委积极贯彻省第六次党代会（2012 年 4 月 24～28 日）将国际旅游岛建设成为海南百姓的幸福家园和中外游客的度假天堂的精神，认为发展乡村旅游是利用海南多方面旅游优势打造海南百姓幸福家园的一条重要途径。2013 年，海南省旅游主管部门大力度、多层次开展乡村旅游工作，工作涉及培训乡村旅游人才、组织编制乡村旅游总体规划、编制乡村旅游发展标准、展开乡村度假示范点的推动先行先试等等，对引导海南乡村旅游对接市场，推动乡村旅游科学发展起到了积极作用。首批乡村休闲度假示范点，即文昌市葫芦村、琼海市潭门渔村、上坡村和临高溪尾村等将在充分发掘地方特色和文化内涵的基础上建成。

---

* 赵全鹏，海南大学旅游学院。

2013 年，有关部门积极落实于 2012 年 12 月 10 日通过评审后的《海南省乡村旅游总体规划（2012～2020）》，海南省旅游委确定了近期重点建设美丽乡村公路、乡村旅游示范项目引领工程等六大重点工程。海南乡村旅游设施建设和产品开发取得了显著成效，海南省获得全国休闲农业与乡村旅游星级示范企业有 28 家（5 星级 8 家，4 星级 8 家，3 星级 12 家）。开辟了"一环两圈三带"精品线路，即沿环岛高速公路的"全国十佳环岛休闲农业与乡村旅游精品线路"；以海口为中心，连接文昌、澄迈、定安和屯昌的琼北都市观光体验休闲线路；以三亚为中心，连接保亭、陵水和乐东的琼南都市热带雨林休闲线路；琼海和万宁东部滨海度假休闲农业线路；五指山、琼中和白沙中部原生态休闲农业线路等①。

海南省政府出台了《关于加快发展乡村旅游的意见》。2013 年 10 月 22 日，海南省人民政府颁布了《关于加快发展乡村旅游的意见》，意见要求"市、县、自治县人民政府，省政府直属各单位：为贯彻落实党的十八大、省第六次党代会和省委六届四次全会精神，充分利用海南省乡村旅游资源优势，进一步发挥以旅游业为龙头的现代服务业对三农工作的推动作用，加快海南省乡村旅游发展，推动农业产业结构调整，促进农民就业增收"。并提出了乡村旅游的发展目标、指导思想、基本原则、工作重点和政策措施，对促进乡村旅游发展起到了积极作用。

财政扶持。2013 年，海南省政府要求对乡村旅游发展进行资金扶持。要求今后每年从海南省旅游产业发展专项资金中安排不少于 1000 万元的乡村旅游发展专项资金，扶持重点乡村旅游的项目规划和开发建设，根据其建设规模和标准给予不同额度的资金补助。海南省级财政安排的乡村旅游发展专项扶持资金应根据省财政

---

① 《海南日报》2014 年 1 月 14 日。

收入增长情况逐年递增；各市县政府也应安排相应的专项扶持资金，用于乡村旅游的发展；对省级乡村旅游发展专项资金扶持的乡村旅游项目，有条件的市县政府也应安排专项配套扶持资金。海南省级预算内基建资金、新农村建设专项资金、交通专项资金等，在符合专项资金使用范围的前提下应向乡村旅游项目建设倾斜。农村基础设施和生态建设项目、旧村改造新村建设项目、生态农业发展项目等要向乡村旅游发展倾斜。

免税。海南省政府推出了一系列加快乡村旅游发展的政策措施。对月经营收入 2 万元（含 2 万元）以下的"农家乐"等乡村旅游个体经营户免征营业税。对在城镇土地使用税征收范围内，直接用于采摘和农业观光的种植、养殖、饲养的土地，免征城镇土地使用税；对利用经批准开山整治的土地和改造的废弃土地发展的乡村旅游项目，从使用的时间起 10 年内免征城镇土地使用税；对个人出租住房经营乡村旅游的，免征印花税、减按 4% 的税率征收房产税、免征城镇土地使用税。对从事乡村旅游的小型微利企业（个人独资企业和合伙企业除外），减按 20% 的税率征收企业所得税；对安置残疾人员、下岗失业人员就业和大学生创业从事乡村旅游的企业或个人，按国家相关政策给予税收优惠。

理论研讨。为配合政府对乡村旅游的开发和建设，社科联积极进行卢纶研讨，12 月 10 日，2013 年海峡两岸休闲农业发展（海南）研讨会在海口举行，琼台两地学、业界对休闲农业发展进行多角度探讨。借鉴台湾发展休闲观光农业的先进经验，探讨海南农村休闲旅游发展新模式。

二 "美丽乡村"建设与海南乡村旅游发展

党的十八大报告提出，"要努力建设美丽中国，实现中华民族永续发展"，提出了"美丽中国"的概念。2013 年，海南省在海口市琼山区、澄迈县、琼海市等 6 个市（县、区）启动"美丽乡村"建设试点工作，首批试点涵盖 21 个乡镇 42 个村，涉及人口近 10 万人，各市县因地制宜展开建设，并推动美丽乡村与旅游的融合。

澄迈。澄迈县建设美丽乡村要做到"五个结合"，即与推进城乡一体化、生态文明建设、农村文化建设（含古村落保护）、可持续发展以及农民增收相结合，以产业支撑美丽乡村建设，采取"多村统一规划，统筹联合创建"的方式，让澄迈"美丽乡村"成为一个可经营的乡村旅游品牌。澄迈县第一批规划建设了三条"美丽乡村带"：永发—美亭、老城—桥头、福山—白莲，目前已经启动福山咖啡文化风情镇规划建设，以咖啡为主题，以休闲旅游、观光旅游、咖啡文化表演、生态居住为主要功能，兼商业服务、会议商展、文化创意等辅助功能。

白沙县。2012 年白沙在全县 40 个村庄试点美丽乡村建设，目前已有 38 个村完成主体工程建设，初具规模。在这一过程中，坚持政府主导、企业参与、金融支持、依靠群众的总体思路，不仅要从项目建设角度拉动地方经济，更要通过发展乡村旅游实现长效的进步。2013 年，白沙打造了 31 个美丽乡村。这里的"美丽乡村"建设主要依靠政府投资和村民自行筹资。全村 46 户村民中有 40 户参与了此次民房改造，每户可获得政府的各类补贴近 4 万元。

定安县。定安县委、县政府为改善老区人民生产生活环境，整合资金 3 亿元连片创建"百里百村"文明生态村。"百里百村"北起龙门镇，南至母瑞山革命纪念园，利用龙门至中瑞农场 100 里路两边得天独厚的资源，不拆房不砍树就地对村庄环境进行综合整治，建成文明生态村 200 多个。每个村庄都保持了原生态特色，路相通、村相连，并有一条低密度、高生态的绿色长廊将片区各景点串联起来，形成了一个原生态乡村休闲基地。

海南其他各市县也因地制宜的开展美丽乡村建设活动，取得了一定成效，并在发展美丽乡村基础上开展乡村旅游活动。

三 海南乡村旅游发展模式及问题

海南乡村旅游资源丰富，据《海南统计年鉴（2012）》，全省现有 204 个乡镇，2657 个行政村，18700 个自然村，且区位、资源、交通、接待设施和社会经济条件差异较大。在 2013 年，海南各市县也因地制宜进行了乡村旅游开发，走出了不同的开发和发展模式。

琼海模式。琼海市提出了"打造田园城市，构建幸福琼海"的发展思路，多方筹集资金对农村设施进行提升改造，并按照市场规则，在农村引进"企业 + 农户"新业态，引导传统农业向休闲观光农业发展，吸引游客观光旅游、体验乡村生活。琼海以建设国家农业公园为抓手，以龙寿洋、博鳌和万泉河两岸这三个片区为中心面积近 15 万亩的 3 个农业公园正在开工建设。①龙寿洋农业公园。该公园包括嘉积镇的 5 万亩田野、塔洋镇的万亩鱼塘、养殖基地以及 2 万亩瓜菜种植基地等。在琼海嘉博路北边的龙寿洋里，一段慢行木栈道蜿蜒着伸向远方。这条 7.8 公里长的乡村慢行道，贯穿附近的礼都、官地等 4 个村庄。如今，琼海诸多瓜果飘香的田园和乡村成了城里人休闲的景区，每天不少市民和游客都会来到这里，呼吸新鲜空气，欣赏田园风光，采摘时令瓜果。乡村旅游在这里得到了新的发展。②博鳌农业公园。该公园占地 3 万亩，位于博鳌、潭门、中原等镇。琼海市投资 2000 万元，将毗邻博鳌墟的朝烈、美雅、岭头、南强、大路坡共 5 个自然村的村庄、田野、鱼塘、河溪、椰林、槟榔园等乡村特色资源进行整合规划、连片开发，打造成了主题鲜明、各具特色的田园村庄。同时还修建起便民中心、步行栈道和自行车绿道，把5个村庄串联成一个既多元化又和谐统一的旅游景点。③万泉河农业公园。该公园占地4万亩，位于万泉、龙江、阳江、石壁等镇。

定安模式。定安发展了"百里百村"文明生态乡村游。定安县委、县政府先后投入1.7亿多元，充分利用南建州深厚的历史文化内涵、绿岛红区母瑞山琼崖革命根据地的摇篮、久温塘热带海岛冷泉、翰林亚洲榕树王、火山岩原生态热带植物等丰富的优质旅游资源，以突出红色文化、古色文化、绿色文化为主题，打造母瑞山革命老区"百里百村"原生态乡村休闲基地，推出了"百里百村"文明生态乡村游，形成了以定城至中瑞60多公里公路为主轴，北起龙门镇，南至母瑞山革命纪念园，途经龙门镇、岭口镇、翰林镇、龙河镇和中瑞农场"四镇一场"，共有100多个文明生态村连片创建了"百里百村"乡村旅游品牌。

保亭模式。保亭县推行"大区小镇新村"社会主义新农村建设模式，即采用"旅游+农业""公司+农户"等形式，通过有实力的专业旅游企业牵头，农民、村集体、企业多方合作，改造传统黎族村落。目前，企业已投资2.8亿元规划建设了村民住宅、博物馆、商业中心、管理中心、布隆赛酒店、游客接待中心和度假别墅等设施，并在进行二期投资，让当地村民得到真正实惠。

文昌模式。文昌以八门湾、白鹭湖等自然环境和村落为依托，加强绿道和基础设施建设，形成了多片区的乡村旅游产品。并在2013年举办了"第二届海南乡村旅游文化节暨文昌市南洋文化节"。旨在通过举办系列乡村旅游和文化活动，向全国展示海南乡村旅游产业发展潜力和乡村旅游产品魅力，提升文昌旅游新形象，拉动对海南乡村旅游的消费和投资需求，开发海南乡村旅游新业态和海南乡村发展新模式。活动节期间举办了文昌鸡做法大比拼、青年歌手文昌歌曲大联唱、琼剧爱好者大联欢、旅游商品及民俗文化风情展示、文昌乡村特色小吃美食品尝会、乡村趣味运动会、学国学读书活动、书画展及美术、摄影爱好者乡村风情游等一系列极具海南乡村特色的活动。

琼中模式。为改变什寒村的贫困落后局面，琼中县政府启动了"奔格内"乡村旅游公园项目，政府出资 2149 万元扶贫资金，帮助什寒村建设了民族文化广场、环村路、太阳能路灯、公共厕所和篮球场等基础设施，并进行农户房屋立面改造，建设客栈、茅草屋、射弩场、露营基地、民宿、农家乐、景观台等旅游设施建设，目前，该村干净整洁、道路硬化，具备开展乡村旅游发展条件。海南其他市县如澄迈、陵水、三亚等市县均因地制宜开展乡村旅游开发和发展，取得了不同程度的经济效益和社会效益。

海南在发展乡村旅游过程中也存在一些问题。①城市化问题，一些乡村按照城市模式建设，失去了乡村特色。②基础设施和服务设施不配套。虽然全省大交通格局已经基本完成，但是乡村基础设施欠账很多。政府部门应积极帮助协调那些有旅游资源优势和产业基础的乡村，加快解决交通、通信、供电、饮水、卫生等方面的问题。③旅游服务质量差。乡村接待人员缺乏培训，服务质量差。④缺乏资金。发展乡村旅游最缺乏的是资金，一是乡村经济基础薄弱，二是有条件发展乡村旅游的地区，相当一部分是生态环境好和文化特色明显的山区和少数民族地区，这些地方经济欠发达，农民收入低，发展乡村旅游更需要资金投入。

四 海南乡村旅游发展建议

在 2013 年，海南各市县乡村旅游发展虽然取得了一定成效，但仍有较大发展潜力和空间。（1）加强农村基础设施和旅游服务设施建设，即完善旅游村内外道路、水电设施、污水垃圾处理设施，增加公共厕所、景区点指示牌，开通农村宽带网、有线电视、卫生服务站，保护原生态植被，按照景观标准改造农房，开通城市直达乡村旅游景区景点的公交线路，解决乡村旅游发展基础环境和服务功能配套问题。

（2）吸引企业投资。2013年，许多市县的乡村旅游主要依赖政府投资，但政府投资主要用于重点项目。要吸引企业参与，在农村形成"政府主导、部门参与、企业支撑、农户主体"的格局，让企业入股乡村旅游，发展连锁企业，为乡村旅游的发展注入资本、科技，提升乡村旅游的管理水平。

（3）加强海南乡村旅游产品宣传。组织开展海南乡村旅游的整体形象宣传，在国内主要媒体进行主题展示；精心策划具有广泛影响力的活动，譬如开展"海南最美热带乡村"的有奖评选活动，通过投票、实地体验等方式发动游客了解并体验海南乡村的风采；对重要景区景点精心设计、包装，加大推介力度，争取使其进入由国内旅行商主推的旅游线路；开办海南乡村旅游网站，设置自助游、自驾游服务栏目，搜集海南乡村旅游各方面的信息，实现游客与景区景点的随机互动；组织制作编写海南乡村旅游指南、海南乡村旅游交通线路图等。

（4）突出海南热带、民族和历史等乡村特色。要注意与海南当地农民生产、生活、田园风光、民族风情、文化传承相结合，避免城市化、一体化，整合特色优势资源，打造丰富多彩的乡村旅游项目，让游客吃、玩、乐、知，从而提升乡村旅游的文化品位和服务质量。

（5）人员培训。针对海南乡村旅游目前从业人员素质较低、管理和服务水平受限等实际问题实行海南乡村旅游千名骨干人才培训工程，依托现有的旅游人才培训机构为乡村旅游和相关现代服务业培训千名经营管理、特色生产等方面的专业技能人才。

海南体育彩票业发展对策思考

王公法　王相周*

在后工业化时代，彩票业越来越成为人们休闲娱乐放松的一种重要方式，而伴随滚滚而来的经济效益，彩票业对国家和社会的正面影响效益越来越显现出来。按照国际上通行的说法，广义的博彩业包括娱乐场（Casino）、跑马（Racing）、体育博彩（Sports Betting）、彩票（Lottery）。世界各国和地区根据自身的历史文化、宗教信仰、价值体系、法律构架、社会发展状况和民众素养等因素，来决定这四类博彩的开放程度，其中彩票是开放程度最高的。但博彩业发展到今天，其界线已经模糊不清，在表现形式方面，呈现娱乐场、跑马、体育博彩等各类彩票相互融合、你中有我、我中有你的情形。现时的彩票业，已经很难简单地从表现形式方面，把彩票游戏与其他博彩游戏进行实质的划分。目前，国际上许多大型的体育运动都已经引入彩票竞猜活动，包括各地区的足球赛、篮球赛、赛车、拳击、赛狗、赛马、田径等。2010 年海南在建设国际旅游岛时允许试办一些国际通行的旅游体育娱乐项目，探索竞猜型体育彩票和大型国际赛事即开型彩票的道路是我国政府审时度势、深思熟虑的结果，是对转型期进一步开放我国彩票业的一次重要探索。作为独立的岛屿，海南具有地理位置上的优越性；作为全国最大的特区，海南是改革开放的前沿；作为国际旅游岛，海南是我国

＊ 王公法，海南大学体育部；王相周，海南省文体厅竞技体育处。

旅游改革创新的试验田。因此海南是开发我国彩票业先行先试最理想的地方。从海南建省办大特区到国际旅游岛建设再到实现绿色崛起，从热带农业到新兴工业再到现代服务业，海南完成了以旅游业为龙头、以相关产业为支撑、以第三产业发展为主的历史性变化。在海南国际旅游岛发展彩票业，无论是对海南旅游业还是对我国彩票业的走向和发展进程都具有深远的意义。

一　海南彩票业回顾

1988 年海南福利彩票开始发行，当年的销售额为 512.75 万元，1994 年、1995 年停了两年。1996 年海南体育彩票开始发行，当年销售额为 2500 万元。均比全国发行时间晚一年。

1992 年 10 月"海南省赛马娱乐中心"经海南省计划厅（琼计社会〔1992〕1347 号文）批准立项，项目选址在琼山县（现为海口市美兰区）桂林洋开发区。经过两年多的建设最终因各种因素而不了了之。

2000 年 3 月澄迈县委、县政府在县文化市场整顿试点工作中同意私营业主开办有奖电子娱乐业，并为其办理特种行业许可证，在盈滨半岛增设娱乐场，致使私营业主打着"试点单位"的招牌搞违法经营，进行非法设赌，最终导致"3·19"非法设赌案件发生，在社会上造成恶劣影响和严重后果，相关责任人也受到了处分。

2005 年 1 月，海南"两会"期间，海南省政协委员柯向渔等 4 人提交了《关于海南适度开放博彩业的建议》，希望国家有关部门批准在当地有理、有利、有节地开展博彩业。理由是：海南工业、农业相对滞后，财政收入少，职工工资低，征收博彩税可增加收入。博彩业还可以拉动旅游、交通、房地产、餐饮、娱乐等行业的发展，促进经济繁荣，解决一部分群众就业难的问题。

2007年6月，"快2"游戏正式上市，"快2"游戏是海南独有的彩票品种，返奖率高达67%。

2009年1月，海南"两会"期间，56位政协委员联名提议，海南有条件也有优势发展博彩业，若能适度开放，中国每年流向国外博彩业的6000多亿元人民币，至少有600亿元流入海南。

2010年1月，国务院发布的《关于推进海南国际旅游岛建设发展的若干意见》中特别指出，将在海南试办一些国际通行的旅游体育娱乐项目，探索发展竞猜型体育彩票和大型国际赛事即开型彩票。

2010年2月，今典集团三亚红树林度假酒店开盘，该酒店顺应海南试水博彩业政策对相关设计做出了更改，即在曾设3万平方米博彩功能区的同时，又将原设计中的3万平方米其他功能区域调整为博彩项目区域，给未来预留了空间。

2010年3月，全国"两会"期间，全国人大代表、海南省委书记卫留成表示，国务院此规定为丰富海南旅游娱乐产品开了政策口子，体育彩票与博彩业有很大区别，并且是"试办"和"探索"，而这并不意味着海南要开放博彩业。

2010年3月，博鳌国际旅游论坛设立专门议题，展开探讨试行对香港赛马的联播竞猜以及对一些世界上著名赛事的联播竞猜和对海南研发的新型单项体育赛事的竞猜。

2011年9月，国际旅游岛体育彩票"飞鱼"游戏在海南省上市，"飞鱼"游戏是目前全国地方体育彩票返奖率最高（67%）的一种彩票。

2014年1月，中央电视台"新闻频道"和"焦点访谈"栏目曝光三亚五星级酒店变身赌场，随之三亚市委、市政府做出表态，对像三亚红树林度假酒店这种屡次违规违法的行为，一定要严惩不贷，坚决查处到底。

新中国成立后，彩票业连同赌博一起被视为社会流毒而被禁绝了长达 40 年。自 1987 年开始我国陆续推出社会福利和体育彩票，彩票业连同波澜壮阔的改革开放一同走到了历史的前台。改革开放 30 多年后，中国下一步究竟应该怎么走成为新的命题。此时把海南重新拿出来试验，创造一个更加自由化、更加国际化的独立区域，从而解决国家发展的国际化、全球化问题。而中国在长期经历计划经济创伤后才正面展开自己现代化历程的事实，是我国进一步尝试开放彩票业更深刻的历史警钟。因此从这个意义上看，学界、业界或者官方对海南彩票业的争论、呼吁或实践尝试都是一种探索和积累。

二 海南体育旅游彩票业的现实困境

（一）海南私彩泛滥

"私彩"是近十多年来海南社会经济生活中一道独特的景观。一是屡遭打击但很快就会"死灰复燃"；二是几乎全民参与，"罪与非罪"在社会各阶层中看法迥异；三是私彩业已形成一种独具地方特色的私彩亚文化和产业。如今"私彩"几乎与"老爸茶"一同成了海南省独有的地方特色文化符号。

在海南大街小巷有无数研究号码，等待开奖的民众，这就是被海南人所俗称的"打码"活动的场景。"打码"实际上就是买"私彩"。"私彩"，顾名思义就是私人彩票，即未经政府批准通过地下渠道流通的彩票。海南"私彩"的发行方式一般是私人老板自己命名印制彩票，然后找人代销，代销点常以小杂货店作依托，主要销售给街坊邻居。因此海南私彩销售点遍布海南城市和乡村的大街小巷，投注十分便利。海南私彩投注方式和投注额非常灵活，每张可以投注一元、五角甚至一角，满足了不同层次彩民的需要。如今，在海南不管是城市还是乡村，只要有人聚居的地方就有私彩，买私彩的人群中，上有七八十岁的老人，下有刚上学的孩子。

根据省财政厅彩票管理中心调查，全省 18 个市县均不同程度地有非法彩票销售。2007 年、2008 年私彩年销售量都在 20 亿元左右，这还不包含庞大的隐蔽销售数量。而经国家批准销售的体育彩票和福利彩票，其总量仅为私彩的 20%。即使在被打击和取缔的过程中，私彩年交易额仍有 7 亿~8 亿元。以全省有 1 万个摊点，一个摊点一期销售额为 3000 元计算，一期"私彩"总销售额就高达 3000 万元。海南私彩之所以大受广大民众欢迎，究其原因主要在于其返奖率高、赔率固定、玩法多样、购买方便和信誉安全。

经过数十年的发展和演变，虽然历经整治，但海南的私彩业却愈挫愈强，已经形成了一个十分特殊的具有完整产业链结构的行业。私彩在海南屡禁不止、泛滥成灾是有其深层次原因的。一是社会自然因素。海南独特的气候形成的闲散缓慢的生活方式、毗连彩票业比较开放的港澳和东南亚地理位置、经济文化教育发展的滞后等社会自然因素导致了本地独特的社会群体心理，从而形成了一种流行玩彩票的大环境，其为私彩的泛滥提供了肥沃的土壤。二是私彩相对公彩的优势。玩法简单、投注灵活、返奖率高、购买兑奖方便、口碑信任度好等因素是私彩流行的最重要的因素，也是民众选择和市场调节的结果。三是政府有关部门监管不力。分工不明、职责不清，相关法规不健全，缺乏长效管理机制以及社会习俗等因素导致了政府部门在私彩打击监管力度上的不足。

（二）海南公彩弱小

对比海南省 2008~2012 年福利彩票和体育彩票销售情况（见表 1），无论是福彩还是体彩海南省都有了长足的发展，销售金额呈现逐年快速增长的趋势，但从销售额总量来看，海南省始终在全国最后几名徘徊。2012 年广东的福利彩票销售额为 1695551 万元，排名居全国第一位，体彩销售额达 1027653 万元，排名居全国第三位。2012 年体育彩票销售额全国排名第一位的江苏，其体彩销售额为 1618342 万元。因此，海南省与全国福彩和体彩销售大省相比差距巨大，是个不折不扣的彩票小省和弱省。

表 1　2008～2012 年海南省福利彩票和体育彩票销售统计表

单位：万元

年份 ＼ 类型	福利彩票	全国排名	体育彩票	全国排名
2008	47368. 49	28 位	10221. 71	31 位
2009	38184. 09	29 位	11319. 98	31 位
2010	84036. 38	28 位	15004. 37	30 位
2011	118814. 54	28 位	27182. 24	30 位
2012	143251. 64	28 位	47084. 68	28 位

（三）海南小省小体育

2010 年第六次全国人口普查数据显示，海南省总人口为867. 15 万人。2012 年海南全年实现地区生产总值（GDP）2855. 26亿元。第十二届全运会海南体育代表队在花样滑冰冰上舞蹈、男子470 级帆船、拳击等项目上获得 3 金 1 银 1 铜，全国排名第 27 名。因此海南是名副其实的人口小省、经济小省、体育小省。如果按照传统常规的思路，在海南试行与本岛竞技体育挂钩的竞猜型体育彩票和大型国际赛事即开型彩票，则其发展空间不大；就算发行一些跟国际赛事挂钩的竞猜型体育彩票和大型国际赛事即开型彩票，比如英超、意甲之类，但由于国家体彩对此类比赛已经设定彩票，海南再设此类彩票也难于与国家体彩相竞争，由于此类彩票主要针对居民，并非针对游客，不能成为旅游热点卖点，因此市场太小，不能充分体现《关于推进海南国际旅游岛建设发展的若干意见》中，关于在海南试办一些国际通行的旅游体育娱乐项目，探索发展竞猜型体育彩票和大型国际赛事即开型彩票的国家战略意图，另外这与建设国际旅游岛的目标也不相符。

三 海南体育旅游彩票业的发展机遇

（一）国际旅游岛战略

2010 年海南建设国际旅游岛上升为国家战略，《关于推进海南国际旅游岛建设发展的若干意见》明确了以旅游业为主导和以相关产业为支撑的现代服务业的海南经济发展战略。海南建设国际旅游岛要充分发挥海南的经济特区优势，积极探索，先行试验，发挥市场配置资源的基础性作用，加快体制机制创新，推动海南旅游业及相关现代服务业在改革开放和科学发展方面走在全国前列，把海南建设成我国旅游业改革创新的试验区。旅游业和彩票业是对孪生兄弟，适合旅游业发展的彩票业作为一种拉动型的产业，其发展对酒店业、餐饮业、演艺业、旅游业的拉动效应以及对经济增长的作用已经有目共睹。因此，应充分利用海南建设国际旅游岛的机遇，试办一些国际通行的旅游体育娱乐项目，探索发展竞猜型体育彩票和大型国际赛事即开型彩票的政策契机，进一步寻求国家对海南彩票行业变革的政策支持，大胆进行体制机制创新，整合资源，积极发挥市场作用，探索适合国际旅游岛建设的海南彩票业发展新模式，通过彩票行业的试点改革发挥海南改革创新领头羊的作用。

（二）体育产业基础

海南作为我国唯一一个热带岛屿省份，有天然大运动场的美誉，发展体育产业有其得天独厚的条件和优势。改革开放之后建省办大特区的历史机遇和使命，使海南体育产业从起步之初没有沿袭计划经济的老路，而是走上了由市场决定的发展道路。"一岛三地一中心"的海南体育产业发展格局不经意间渐成气候，在国内外享有一定的知名度。"一岛"就是打造一个世界著名的高尔夫球岛，"三地"就是打造全国著名的体育冬训基地、体育赛事基地和体育旅游胜地，"一中心"就是打造一个国际化水上运动和娱乐中心。高尔夫产业渐入佳境，体育赛事、体育旅游蓬勃发展，国家支持海南建成国家冬训大本营助力体育冬训产业二次腾飞，水上运动娱乐业发展势头强劲，潜力巨大。海南体育产业已经形成一定的产业规模和市场效益。海南省统计局发布，2012 年全省接待旅游过夜客人3320.37 万人，而其中有一部分就是体育旅游带动的。因此，发展良好的体育产业为海南开展体育彩票业提供了重要的保障和支撑。

（三）国际发展形势

世界博彩业日趋普及。目前全球有 100 多个国家和地区在法律上认可博彩业。因为博彩业的发展，既可以增加财税收入，又可以创造就业机会。在发达国家，博彩业收入大概为 GDP 的 1%。其中彩票销售额占了三分之二。全球博彩业呈现游乐场、彩票、跑马、体育竞猜各类博彩相互融合的总体发展趋势，已经很难简单地对其进行"科学"地划分。例如，近些年美国各州快速发展的视频彩票（VLT），许多返奖率都接近甚至超过 90%，其游戏表现形式、统计口径和游乐机游戏（Slot Machines）几乎一样。我国香港赛马会球类竞猜的返奖率也高达 80%，与娱乐场、跑马已经没有区别。

今天美国及其他西方国家的博彩市场已经趋于成熟，博彩业活动开始遍及全球。

管理日趋规范。例如，除马会外，我国香港曾于 2003 年开放足球博彩以应对越来越严重的网络赌球和地下赌球。当年，香港通过了《博彩税条例草案》，特区根据这一条例授权香港赛马会经营足球博彩，不仅增加了财政税收，也从法律上治理了"问题博彩"。这被认为是"疏堵并举"的一个范例。

四 海南体育旅游彩票业发展对策

（一）发展思路

三个因素影响了海南体育旅游彩票业发展思路。第一，海南是热带旅游资源大省和人口经济小省；第二，海南是彩票弱省和政策优势强省；第三，国际成功经验和建设国际旅游岛国家战略为海南体育旅游彩票业提供了发展思路。海南体育旅游彩票业必须走与旅游相融合的复合发展思路，必须走体制机制创新的改革发展思路，必须走借鉴国际成功经验的开放发展思路。

（二）发展模式

彩票业是一个庞大的系统工程，既不能靠单一的市场化运作模式，也不能靠简单的政府推进的公益型模式。一方面要紧紧抓住彩票业由政府主导的公益性，另一方面要充分发挥彩票业由市场主导的产业性。因此，海南发展体育旅游彩票业要走政府主导、企业参与、市场化运作的发展模式。也就是说，国家要继续实行对体育旅游彩票行业的垄断经营政策，但发行权下放给民间资本，政府只是进行有效监管。

（三）发展重点

1. 竞猜型体育旅游彩票业

竞猜型体育旅游彩票是体育旅游彩票业的核心产品和独有资源，也是当今世界彩票业最具活力的品种之一，它是以体育比赛为对象发行的彩票，如足球彩票、篮球裁判、棒球彩票、赛马彩票等。海南发展竞猜型体育旅游彩票业的关键是要利用政策优势设置一些能吸引游客的竞猜型体育旅游彩票的体育项目和赛事，如赛马。随着武汉等地大型赛马场的建成，其他一些地方的赛马项目也开始兴办或等待国家批准，赛马已是大势所趋。另外还要大力引进一些国际上流行的竞猜型体育旅游彩票项目，如宾果（Bingo）等，目前宾果（Bingo）已经进入中国。因此，海南应该借助国务院批准国际旅游岛的机遇，力争先行先试，不要落在内地省市的后面。

2. 大型国际赛事即开型体育旅游彩票业

现在世界上重要的国际比赛基本每天都有，因此大型国际赛事即开型体育旅游彩票业有广阔的市场前景和巨大的吸引力。现在海南每年都要举办 20 多项国内外大型体育赛事，海南开展大型国际赛事即开型体育旅游彩票业有便利的条件和丰富的资源。在国家体育总局体彩中心的支持下，环海南岛国际自行车赛就专门发行了即开型体育旅游彩票，另外环海南岛国际大帆船赛、高尔夫比赛、"龙行天下"国际职业搏击拳王争霸赛也不同程度地发行了即开型体育旅游彩票。目前，当务之急是抓紧制定相关政策、法规和实施细则以及人才培养计划，扩大大型国际赛事即开型体育旅游彩票业的范围、品种和玩法。

（四）发展布局

1. 酒店

海南是全国五星级酒店比例最大、度假酒店最多、顶级品牌最集中的区域，几乎全世界知名的酒店品牌都已经进入了海南。海南已经建成的 40 个五星级酒店和正在建设的 20 个五星级度假酒店，绝大部分由国际品牌公司来管理，基本达到国际先进水平。如凯宾斯基、朗豪、索菲特、康莱德、菲尔蒙、君悦、喜来登、豪华精选、香格里拉、万丽等。这些国际著名酒店大多有成熟的体育旅游彩票业经营模式手段。目前已有一些酒店在着手准备销售体育旅游彩票。因此，未来在高档酒店发展体育旅游彩票业是海南的一个理想选择。

2. 景区

一是在适合的景区设置体育旅游彩票业项目，吸引游客并让游客参与其中。二是把体育旅游彩票业项目作为一个景点景区来管理和运作。

3. 中心城市

利用中国人喜欢聚众热闹的特点，利用中心城市的人气，开发具有代表性的综合性体育旅游彩票业场所，把体育旅游彩票业按照一个景点、景区和主题园区的模式综合开发。这样就可以采取团进团出的方式，从而解决如何对参与者进行管理的难题。

（五）具体举措

（1）利用海南国际旅游岛被纳入国家战略的机会，探索发展竞猜型体育彩票和大型国际赛事即开型彩票的政策契机，积极向国家寻求在海南进行彩票业公司化、市场化改革试点的政策支持。

（2）行使经济特区立法权和国际旅游岛先行先试政策，制定相关法规，完善配套政策和实施管理细则，实行负面清单管理制度，把政策优势转化为产业发展优势。

（3）合并海南体育彩票和福利彩票，对其进行公司化股份制改造，组建海南省彩票股份有限公司。海南省民政厅、海南省体育行政主管部门、海南省人民政府，三者持股比例可根据福利彩票和体育彩票筹得的公益金比例以及公益金国家政策拟定。裁撤隶属于海南省财政厅的海南省彩票管理中心，建立对海南省人民政府直接负责的彩票监督管理委员会。由直属于海南省人民政府的海南省彩票监督管理委员会根据国家有关法规、政策和制度研究制定海南省彩票业发行、销售、管理的具体细则并监督其实施，以维护彩票业市场的正常秩序，同时对彩票公益金进行管理和分配。

（4）开放彩票业发行权，对彩票业发行经营权进行公开拍卖，使运营成本保价低者获得营业执照，负责组织彩票业的发行销售活动。营业执照有效期、彩票销售额分配（公益金、返奖率、彩票公司运营成本、发行权竞得者的获利）等依照海南省彩票监督管理委员会发行、销售、管理的具体细则执行。

（5）合理分配公益金。公益金由海南省彩票监督管理委员会掌管，并按股份比例分别分配给体育、民政和专项彩票基金系统。

五　结束语

体育彩票业是后工业化时代社会发展的一种新形式、新阶段。2013年9月国务院印发了《中国（上海）自由贸易试验区总体方案》，《方案》允许外资企业从事游戏游艺设备的生产和销售，通过文化主管部门内容审查的游戏游艺设备可面向国内市场销售。这一规定的背景是我国长达13年的游戏机禁售规定已被解除。

海南距离国务院给予海南试办一些国际通行的旅游体育娱乐项目的优越政策已经整整三年了。因此，海南应以更大的政治勇气和智慧，不失时机地深化重要领域的改革，攻克体制机制上的痼疾，突破利益固化的藩篱，进一步解放和发展社会生产力，进一步激发和凝聚社会创造力。十八届三中全会精神为海南大力发展体育彩票业提供了强大的思想理论支撑，因此占尽天时、地利、人和的海南理应担当这一改革重任。

案 例 篇

海南文明生态村建设研究报告[*]

一 新理念：本课题的问题意识

本课题的所有分析和设计都是在下述相关问题和意识背景下形成的，这些问题意识构成了整个课题研究的基本理念。

1. 我们正处在人类文明整体转型的新时代

我们的工业文明正处在十字路口。在 200 年的工业化进程中，人类美化了地球，增加了自身的财富，也损害了地球。人类在欢欣鼓舞地创造工业文明的同时，也酿造了严重的后果：环境污染、气候变暖、生态恶化……科学家们提醒说，地球温度和化学性质可能发生灾难性的变化，这会破坏整个生态系统的稳定。他们担心在21 世纪末可能会有大量的动植物灭绝，这将危及人类的生存。这即是 19 世纪以来，工业革命的文明叙事。

---

　* 课题专家名单：课题总监，张学泮研究员、彭京宜教授；组长，曹锡仁教授；副组长，包亚宁教授、李德芳教授；成员，焦勇勤教授、单正平教授、樊燕副教授、著名作家晓剑、尹红副教授、王章佩博士、王云鹏编导；课题总协调，符秀容、刘春峰。

曾经支撑起工业化生活方式的煤炭、石油及其他化石能源正日渐枯竭，以化石能源为基石的整个产业结构面临严峻挑战，以垄断和攫取化石能源资源为目的的地缘政治和巨额政府赤字造成新的饥饿与失业。大自然和社会的共同报复不断向人类发出警告：人类不能再沿袭传统的依赖不可再生资源的经济增长方式，不能再沿袭历史上少数国家以集聚世界多数资源为手段的发展模式，以煤炭和石油为标志的化石能源时代已经由极而衰，人类需要寻求更集约、更可持续、更符合自然和社会经济伦理的生产方式和生活方式。

有专家判断说，我们正处在第二次工业革命和石油世纪的最后阶段。这是一个令不少仍陶醉在工业文明成就中的人们难以理解的事实，但这却是一个严峻的现实，因为这一现实将迫使人类迅速过渡到一个以全新的能源体制和工业模式为代表的新时代。这个时代，被未来学家称为第三次工业革命时代。相对于以化石能源为基础的第二次工业革命，第三次工业革命时代又被称为"后碳时代"。

伴随着以可再生能源与互联网技术相融合为标志的第三次工业革命，人类将进入新的工业文明体系。支撑这个文明体系的有五大支柱：①向可再生能源转型；②可再生能源的分散式生产；③可再生能源的储存技术；④通过互联网技术实现利益共享；⑤零排放的交通方式（清洁能源成为交通工具动力）。第三次工业革命将深刻影响 21 世纪人类的生产方式和生活方式，重塑人类的价值观。在后碳时代，人们将成就世界的新面貌、新形象，实现人之所以为人的大步回归。人类不再是凌驾于万物之上的主宰者，而会因为与自然亲善关系的修复成为地球大家庭的一员，人类将在人与自然的和解中得到永续发展，并成为享受全面自由的人。

我们正处在从第二次工业革命向第三次工业革命的转型期，正处在从化石能源时代向可再生能源时代的转型期，正处在从碳时代向后碳时代变革的转型期。文明进程的十字路口不允许人们有更多的徘徊，这是挑战，又是机遇。

2. 我们应当怎样理解科学发展观

科学发展观，可以认为是我国政府应对第三次工业革命而做出的正面回应。现在全国上下都在贯彻落实科学发展观，问题在于如何正确理解科学发展观，这是贯彻落实科学发展观的前提。

党的十七大报告指出：科学发展观，第一要义是发展，核心是以人为本，基本要求是全面协调可持续，根本方法是统筹兼顾。这是中央关于科学发展观的规范表述。毫无疑问，这一表述全面系统地表述了中国应该怎样发展以及发展方式、发展方向等一系列重大问题，作为一个整体性理论，科学发展观代表了中国现代化前进的方向。

不过，在贯彻落实科学发展观时，有些问题应当引起注意：

首先，如何看待"发展"。科学发展观把发展认定为"第一要义"，但不等于说"发展"就等于一切，关键是要理解"发展什么"、"怎么发展"以及"什么样的发展方式"等问题。不仅世界上有"先发展后治理"的教训，我们自己也有不顾规律盲目发展的失误，今天，"发展"与"保护"的关系日益尖锐突出。所有这些，都构成了我们今天追求发展所不能回避的问题。单纯的不顾规律的发展，一味地追求财富增长（GDP）的发展，以破坏环境为代价的发展，完全依赖化石能源资源的发展，都是不可取的。应有的理念应该是：在中国，要说的是发展，方向是坚持可持续发展；要做的也是发展，蓝图是第三次工业革命。这才是关于发展的好声音。

其次，如何理解"以人为本"。在科学发展观里，"以人为本"的思想具有很强的时代性和严格的界定，本质特征是发展的出发点和落脚点都是为了人。改革开放和现代化的目的，都是为了人民群众。人民群众生活幸福，是科学发展观的根本宗旨。这也就同历史上各种各样的人本主义和民本主义思潮有了根本性的区别。欧洲历史上，曾经出现过"人是自然界的主宰""人是万物的尺度""人是目的"等人本主义思潮，这一思潮，对冲破禁欲主义的神学世界观，冲破中世纪的宗教藩篱，起到了积极作用。正是在这种理性主义光辉的普照下，人类创造了工业化、现代化的辉煌。但是，这种自我中心的人本思想也给世界带来了负面影响，人类在疯狂地征服自然的同时也饱尝了破坏自然的后果。在中国，两千多年前就有"民为本，社稷次之，君为轻"的民本思想，但这一思想是在"民能载舟，亦能覆舟"即国家帝王统治基础层面上讲的，与科学发展观的"以人为本"不能相提并论。

由此，科学发展观中的"统筹兼顾"就不能仅仅理解为只存在于社会层面上，而应从多重关系的维度上去把握它。人不再是自然的主宰，不再是自我的尺度，在人与自然的关系中，和谐成为最高原则。而在社会中，弱势群体、贫困地区更成为人们关注的对象。在人与自然、人与社会、人与人的关系中，和谐均衡才是真正的普世道理。这才是科学发展观，才是一切以人为出发点和落脚点，才是可持续的发展观。

3. 什么才是真正的绿色崛起

"绿色崛起"是海南省委书记罗保铭同志在省六次党代会上针对海南国际旅游岛发展战略思想所提出的概念，这是海南把科学发展观具体化的一种描述、一种把握，让人提神振气，耳目一新。但在有些人的理解中，也出现了一些偏差。主要表现有三种：其一是认为"绿色崛起"就是只要青山绿水，不要金山银山，把保护好环境与加快发展对立了起来，似乎海南只要把环境保护好了，一切都有了；其二是只从表面上形式上理解"绿色"，认为所谓的"绿色"，就是要多植树，多种草，再就是搞好公共卫生和环境卫生等面子形象工程，忘记了发展才是硬道理的真谛；其三是肢解式理解"绿色崛起"，认为发展就是还得走传统的工业化道路，只是要注意解决好污染问题就行了，觉得只有经济发展了，有钱了，才谈得上去治理，才谈得上去搞绿色。

凡此种种，都没有从根本上理解"绿色崛起"的本质，而是把它表面化了。"绿色崛起"作为海南贯彻落实科学发展观的具体表述，其根本含义是要科学发展，要又好又快发展，要可持续发展。"崛起"就是发展，而"绿色"则是怎么发展，发展什么，用什么方式发展的问题。"绿色崛起"实际上是反省"先发展后治理"的传统工业化模式，倡导一种人与自然和谐、城市与农村一体、发达地区与贫困地区均衡发展的理念。在这种理念指导下，人们在重塑着社会经济价值观，重塑着人们的自然伦理和生活伦理，重塑着人们的生产方式和生活方式。正是在这种重塑中，人们开始自觉走出依赖化石能源的碳时代，进入一个全新的第三次工业革命时代，即后碳时代。这才是党的十八大特别强调生态文明的深意所在。

海南具有后发优势，因此可以在第三次工业革命浪潮中，实现国际旅游岛又好又快的发展，这才是根本意义上的绿色崛起。

二 新内涵：后碳时代背景下文明生态村概念新释义

"文明生态村"概念出现在千禧年的中国海南。最初的含义是在精神文明建设中对农村的治理，切入点是整治村容村貌。

"文明生态村"建设已经走过12个年头，我们正处在迎接第三次工业革命的转型期，海南国际旅游岛建设正处在"绿色崛起"

的关键时期，理应赋予"文明生态村"全新的释义，使其获得新的内涵。

1. 后碳时代特征使文明生态村建设获得新思维

文明生态村建设从根本上来说，其实也就是社会主义新农村建设。文明生态村建设是新农村建设的一个综合载体，是一个切入工作的核心抓手。传统现代化模式，就是用工业化来改造和装备农业，使农民成为市民、农村变成企业园区、农业实现工业化，其经济动力基础，是以碳和石油为代表的化石能源。其结果是，大量农民离开了土地涌入城市，在工业化改造中，经济在规模化中得到大幅增长，农村变成了新的工业园区。但这种模式带来的另一种后果却是，原生态良好的农村迅速被环境污染所破坏，公共卫生和食品安全受到严峻挑战。难道这就是数以亿计的农民兄弟所要的现代化生活吗？

现在的世界正面临深刻的变局，全球性的经济结构调整和发展方式转型已成当今一大趋势。其实质就是人类开始反省化石能源时代给地球和人类带来的负面灾难，正在着力实现从第二次工业革命向第三次工业革命的转型，即从碳经济时代向后碳经济时代的转型。

这一变局是深刻的、全面的。在后碳时代，人类将重塑自然价值观，重塑生命价值观，将改变人们既往的生产方式和生活方式。在这一大背景下，农村和农业现代化愿景将得到改写，海南文明生态村建设也必须有新的思维和新的视野。

2. 科学发展要求文明生态村建设必须有新理念

毫无疑问，对于海南，第一要务仍然是"发展"。对于海南农村，当然更是"发展"。离开发展，一切都是空话；没有发展就没有海南国际旅游岛的未来，更没有海南的美丽乡村。

问题在于，发展什么，怎么发展，用什么样的方式发展？这才是问题的根本。

海南农村面临多重问题，一方面海南农村还处在不发达、欠发展的阶段，不少市县和农村还属于国家级和省级贫困县，亟须加快发展，迅速脱贫；另一方面，在新的形势下海南农村的发展又不能走传统工业化的老路，必须探寻新的发展路径。另外，海南农村虽然自然环境良好，但其环境属于岛屿型生态环境，敏感而又脆弱，一旦破坏后果不堪设想。在保护自然不受破坏的前提下走出一条快速发展的道路模式，成为海南农村进行文明生态村建设的根本要义。

因此，科学发展就成为海南文明生态村必须具备的新理念。它要求建立对文明生态村的理解，不能只看见一个又一个具体的村庄，而是应将文明生态村视为海南农村建设的整体。任何只在单个村庄意义上的建设，只能解决个别村庄的皮毛问题。没有整体意义上的把握，文明生态村的建设将是难以巩固的。在这里，文明生态村建设就成了海南农村建设的代名词，所谓综合载体，意义正在于此。同时，海南文明生态村建设必须置于城乡一体化、城镇化进程的背景下。海南作为一个独立岛屿的自然地理特征，要求必须把它作为一个整体、一个单位、一个特殊都市来理解、来规划、来建设。离开了这种整体性，海南的城镇化便会失去方向，所谓的城乡一体化就无法表达它的独特个性。另外，海南社会经济的欠发达性质和其丰富独特的自然资源，可以使海南的文明生态村建设尽可能结合自身特点，在充分利用太阳能、风能、潮汐能、沼气能等可再生能源的基础上，与互联网技术相融合，走一条产业转型升级、旅游化改造和集约化成长的发展之路。

在城市不大、农村不富、工业化基础薄弱的情形下，这是一条全新的跨越传统工业化模式的新型发展之路，是一条结合自身特点又朝着后碳时代迈进的科学发展之路。

3. 绿色崛起成为文明生态村建设的新追求

在新的视野里，海南的科学发展，就是要具体化为绿色崛起。它应是海南文明生态村建设的新追求。这一新追求，不是表面地仅仅保护好生态环境，更本质的是通过改变我们的生产方式和生活方式，不但拯救我们的地球生态，而且实现我们农村的可持续发展。

一方面，我们要告别刀耕火种的小农经济生产方式，因为海南农村依然存在这种生产方式，不但污染着环境，而且效益低下，不能实现经济的快速崛起；另一方面，我们应该依靠新型工业化的思路来发展现代农业，走生态经济、循环经济的农业现代化之路，实现海南农业的"绿色崛起"。

与此同时，在文明生态村创建中，人们的生活方式也将发生重大变化。农民并不是像早年欧美那样全部被逼向城市，住进高楼大厦的水泥密林中。在城镇化加快发展的情形下，总有部分农民虽然不完全从事农业生产，却依然生活在农村中。这时的农民，将住进新型环保材料构建的绿色建筑中，依靠可再生能源为基础的动力，开始一种新的生活方式，绿色食品、绿色教育、绿色环境和绿色出行构成这种生活方式的新内容。

所以，文明生态村建设绝不能仅仅从表面上去理解，不能只当成村容村貌的改观、村路村房的改造和村风民俗的改变。文明生态村建设是在全新的、人与自然互融共生的生物圈意识引领下，重新架构我们的生活，使人们体验后碳时代的生活。

这种生产方式和生活方式的全面变革，应是海南文明生态村建设的新追求。海南农村应在这一追求中实现"绿色崛起"。

4. 文明生态村概念在新定义中获得新内涵

海南文明生态村概念应该在新形势下与时俱进，获得新的内涵。海南文明生态村建设应该置于下述三大背景之下，即世界经济结构面临深刻调整，发展方式面临重大转型，人类即将步入永续发展的后碳时代。海南国际旅游岛建设已步入加快发展关键时期，海南整体化、城乡一体化、全省城镇化进程面临新的历史机遇；在科学发展中实现绿色崛起的使命担当，使海南农村建设有了新的动力和方向，文明生态村建设由此进入一个全新的历史阶段。

海南文明生态村建设业已超越其初始意义，不仅是海南社会主义新农村建设的重要抓手，同时成为整个国际旅游岛建设的重要抓手，成为海南绿色崛起的综合性载体，这将是一场深刻的变革。伴随着文明生态村建设的深入拓展，一场具有历史意义的生产方式和生活方式的革命将随之到来，海南在这场变革中，生态环境将得到进一步优化，生态经济将得到跨越式发展，生态文化将得到空前提升，一个全新的海南、一个美丽的海南乡村将成为现实。

三 新解读：我们应该怎样理解既往的
成就与经验

1. 海南文明生态村建设的主要成就

（1）率先创建，成为国家新农村建设的示范亮点

海南省文明生态村建设始于 2000 年，最初称生态文明村。试点成功后，2002 年 1 月在文昌召开了全省生态文明村建设现场经验交流会，全面开始了从环境治理着手的全省生态文明村创建活动。同年 4 月，省委原书记白克明同志在省第四次党代会报告中，将生态文明村改称文明生态村，指出"创建文明生态村活动，是海南省各级党组织努力实践'三个代表'重要思想的一项富有创造性的工作"，这是"一项深得农民群众拥护的民心工程"，要求把文明生态村建设作为农村发展的重要任务，坚持不懈地抓下去，力争经过五到八年的努力，使全省半数以上的自然村建成文明生态村，实现海南农村面貌历史性的新变化。同年 6 月，省委书记罗保

铭同志（时任省委副书记）在全省文明生态村建设工作汇报会上指出，文明生态村建设是造福海南百姓的一项富有深远意义的民心工程，必须统一思想，全力推进文明生态村建设。

海南省委、省政府创造性地将精神文明建设和生态环境建设结合起来，在全国率先扛起文明生态村建设大旗，取得了实实在在的成效，受到中央高度重视。中共中央总书记习近平和中共中央原总书记胡锦涛、江泽民等中央领导先后到海南视察文明生态村建设，给予高度肯定，并寄予殷切期望。中共中央政治局常委（时任中宣部部长）刘云山同志视察海南时评价说，开展文明生态村创建活动，是海南省委、省政府从海南的实际情况出发，从海南的特点出发，从海南的优势出发，开展农村精神文明建设的一个创举，是农村工作的一个有益探索和成功实践。通过创建活动，促进了农村经济社会的全面发展，为建设社会主义新农村积累了很好的经验。这些经验对建设社会主义新农村具有广泛的推广价值。

海南省委将文明生态村建设作为社会主义新农村建设的综合载体来抓，成效显著，成为国家新农村建设的示范亮点。2006 年 9 月，国务院扶贫办、中央文明办、农业部、科技部、教育部等十个部委联合发文，要求在贫困地区积极倡导文明生态村建设。这是第一个国家文件向全国提出推广建设文明生态村。新华社、《人民日报》、中央电视台等各大媒体，纷纷对海南文明生态村建设作全方位报道。海南文明生态村已经成为全国农村精神文明建设的一个响亮品牌。近年来，先后有 20 多个省区市、2000 多批次考察团来海南参观考察文明生态村。甚至，日本、美国、泰国、新加坡、马来西亚等国家 200 多个团队也慕名而来。

到 2012 年年底，海南全省约 58.6% 的自然村建成了文明生态村。海南创建文明生态村的模式，在全国推进社会主义新农村建设中起到了积极的示范作用。

（2）创新模式成为改变农村面貌的有效途径

海南在文明生态村建设过程中，不断创新创建模式，找到了改变农村面貌的有效途径。其中，"三赢模式"就是一种典型。所谓的"三赢模式"，就是实现经济、社会与环境的共赢。其中，优化农村环境是基础，发展农村经济是核心，和谐农村社会是目的。这就是实现经济、社会与环境效益"三赢"的海南文明生态村建设模式。这是全国其他地方生态文明建设未曾走过的道路。它既不同于西方工业化时代"先污染，后治理"的传统发展模式；也不同于有人主张的"先保护，后发展"的路子。前者以破坏生态系统为代价，使发展难以为继，后者将使海南永远停留在贫困落后的状态。因此，海南文明生态村建设过程中的"三赢"模式是基于海南实际情况的重大创新。

通过建立"三赢模式"，海南文明生态村建设步伐的不断加快，内涵不断丰富，成为海南落实中央重要战略部署的有效抓手，使海南农村面貌焕然一新。

首先是优化了农村环境。通过消除陈年垃圾和建垃圾箱、改水改厕、建沼气池、硬化道路和植树绿化等环境整治美化工作，彻底改变了千百年来海南农村脏乱差的落后状况。

其次是发展了农村经济。各市县结合实际，有的围绕发展绿色

保亭三道镇什进村文明生态创建前后对比（摄影：焦勇勤）

种植业和生态养殖业，涌现出一批"槟榔村""香蕉村""冬季瓜菜村"等专业村。有的把文明生态村建设与开发乡村旅游相结合，涌现出一批特色旅游村和景点。2011年，全省建成农家乐和乡村旅游点144个，累计接待游客293万人次；全省文明生态村农民人均纯收入6895元，比当年全省农民人均纯收入的6446元高出449元。

最后是提高了乡风文明程度。随着农村环境的改善、农民收入的增加，以及多种方式道德教育和文体活动的开展，文明生态村的农民吸毒、赌博、打架斗殴、封建迷信等不文明、不健康现象越来越少，遵纪守法、追求科学、学文化、求致富、展才艺、争先进的积极性空前高涨；农民的生态意识、环境意识、卫生意识大大增强；和睦相处、互相帮助的和谐人际关系、邻里关系、村庄关系和尊老爱幼、济贫助学的乡风民风逐步形成。

（3）大胆尝试，成为解决"三农"问题的新载体

海南在实践中大胆探索，将创建文明生态村和解决"三农"问题结合起来，紧紧抓住发展农村经济，增加农民收入这一中心，使文明生态村建设成为海南解决"三农"问题的新载体。

文昌辣椒种植园（摄影：焦勇勤）

一是大力发展庭院经济和特色经济。经过多年的实践，海南一镇一业、一村一品的特色经济渐成规模，许多文明生态村已发展成"香蕉村""槟榔村""养殖村""胡椒

村"等专业村，给当地农民带来显著的收益。

二是大力发展与畜牧业、渔业和农副产品加工业相关联的循环经济。如儋州市和庆镇的美万新村搞生态农业试验，农民在山头种植小叶桉和加勒比松，在山腰种植橡胶、柑橙、龙眼、油梨等果树，在水面养鸭，在山坡上养牛羊，在庭院内养猪、养鸡，还建起了沼气池、卫生厕所和太阳能设施。人畜粪便被冲入沼气池内，沼气做饭照明，沼液成为优质有机肥。富裕起来的美万新村村民全部住进了统一修建的两层别墅式生态型民居。琼海市在发展生态经济的过程中则实行了"山坡椒胶果、水田稻菜瓜、池塘鱼鳖虾、林阴养鸡鹅、城郊搞服务、河海成旅游"的模式，使农村经济得到快速发展。

三是大力发展以生态观光、乡村休闲、民族风情为特色的旅游经济。海南在文明生态村创建过程中紧密与旅游产业相结合，形成了"文明生态村＋乡村旅游"的模式。依托琼崖革命23年红旗不倒的红色文化、海上丝绸之路的蓝色文化、乡土田园的绿色文化、黎苗聚落的特色文化，创建红色、蓝色、绿色、特色文明生态村，打造了一批乡村旅游品牌；三亚市采取"政府＋企业＋农户"的合作方式，把凤凰镇槟榔文明生态村片区建成了热带黎家风情乡村旅游景区和文明生态村示范基地，大受游客赞赏。

（4）连片创建，加快了城乡一体化的步伐

随着文明生态村数量的不断增多，海南各地开始探索连片创建，区域推进的创建模式，取得了良好效果。为此，2006年海南省提出了"连片创建，向经济化、生态化、集约化升级"的发展思路，促动了海南的文明生态村建设的纵深发展，使文明生态村创建在形式上具有"科学规划、突出重点、联动共建、连片发展"的特点。海南文明生态村连片创建主要采用三种方式。一是区片联创，即在一定区域内组合若干自然村创建，村庄之间的分工形成既相互联系又独立发展的有机整体，通过整合资源，优化配置，实现资源共享、共同发展的目的。二是辐射连片。对村与村之间较远的区域，采取以建好的示范村庄为中心，辐射带动周边村庄形成连片，扩大了创建覆盖面，提高了创建的整体水平，增强了创建的影响力。三是将文明生态村建设向"问题村""难点村"延伸辐射，切实解决农民的实际困难，让更多农民享受文明生态村建设的成果。

文明生态村的连片创建，节约了资金，防止了重复建设，实现了资源共享。从"一枝独秀"到"众芳吐艳"，连片创建改变了过去"先点后面"的建设模式，使文明生态村的自然、地域、经济等特色更鲜明，农业结构更合理，并逐步形成了一批生态经济产业带、特色经济及文化旅游带，大幅度提高了农民的收入，为推进城乡一体化积累了经济实力。截至2011年年底，海南全省建成文明生态村片区84个，覆盖全省80多个乡镇，865个自然村，受益人数达100多万。文明生态村连片创建带来的农业产业结构调整，增加了农民收入，提高了农业综合效益和城镇化水平，缩小了城乡居民生活的差距，推动了城乡之间的协调发展。

2. 海南文明生态村建设的基本经验

（1）高层发动，强力推进

文明生态村最初由海南省文明委、宣传部精心培育的农村精神文明建设之花，升级为海南社会主义新农村建设的综合载体，是海南省委、省政府的创造性贡献。回顾海南创建文明生态村的历程，首条经验即是"高层发动，强力推进"。

省第四次党代会提出要把文明生态村建设作为农村发展的重要任务；省第五次党代会提出要大力推进文明生态村、文明生态集镇、文明生态社区和文明生态城市建设；省五届四次会议提出要加强对农村工作领导，健全体制机制，由省委统一领导全省文明生态村建设，省委和省政府合力推进；省第六次党代会又明确提出，要继续推进文明生态村建设，丰富内涵、提升水平，到 2016 年，把全省 75% 的村庄建成文明生态村。省委、省政府把文明生态村建设列入市县领导班子绩效考核体系。

在省委、省政府的大力推动下，各市县党委、政府把文明生态村建设纳入当地经济社会发展规划，资金投入纳入年度财政预算。文明生态村建设成为各市县"一把手"工程。正是由于省委、省政府的高度重视，各市县强力推进，海南文明生态村建设才不断取得新进展。

（2）示范引领，全面创建

海南在文明生态村创建过程中，始终坚持从农民的切实需要入手，以示范村建设为切入点，通过典型示范，使群众迅速感受到看得见的实惠，从而激发了广大农民的主人翁意识和创建积极性。

海南在开始创建文明生态村之初，首先在海口、儋州、文昌等市县进行了示范点建设，优先选择群众基础、经济基础、规划基础比较好的村庄进行创建，先易后难，逐步推进。各地还采取因地制宜，创建了不同类型的示范点，使之更具有代表性，更具有说服力。在 2001 年全省精神文明工作会议之后，各市县纷纷组织各乡镇、村委会骨干力量到海口、儋州等示范点参观学习，通过示范点的辐射、带动，发挥了很好的示范作用，有力地促进了各地文明生态村全面创建工作的开展。

自 2002 年以来，海南定期召开全省性的文明生态村建设现场经验交流会。有的市县也定期召开现场经验交流会，如临高县坚持全县每月召开一次文明生态村建设现场交流会，每个月至少要推出一个重点、推广一条经验、推广一个做法、解决一个问题。临高"四个一"的工作机制，是对典型示范方法的升华，在实践中取得了很好效果。

（3）因地制宜，主体添力

农民是文明生态村建设的主体。海南文明生态村建设始终把"依靠农民、为了农民"作为出发点和落脚点，把这项创建活动变成了广大农民群众踊跃参与的自觉行动。全省创建文明生态村活动，有标准但不搞达标；有要求但不搞强求；组织群众但不摊派群众。省委、省政府领导再三强调，不搞一刀切和行政命令，不提绝对量化的标准，坚决反对和杜绝劳民伤财的形式主义、"形象工程"；各市县的创建工作要因地制宜、突出特色，并且要充分尊重农民意愿。

海南各地十分重视发挥农民的主体作用。不少县在创建文明生态村的过程中，坚持"三步走"。首先，提高群众对创建文明生态村的认识，从群众最想改变、最需要改变的地方入手，发动群众动手自己创建，从改善环境做起；在此基础上，政府加以扶持和引导，投入资金建设各种文化体育活动基础设施，提高创建档次。其次，充分发挥基层组织和群众作用，制定各种村规民约，建立长效管理措施，巩固创建成果。这样做，一方面激发了群众的热情，广集了群众的智慧，使文明生态村的建设更符合群众的需要；另一方面，政府又节省了资金投入，使有限的创建资金用到刀刃上，提高了创建的成效。

（4）多方参与，激活动力

在创建文明生态村活动中，海南省委、省政府在充分发挥农民的主体作用的同时，又注重广泛动员机关、部队、企业等社会各界积极参与，激活了各界创建动力，使之形成强大的创建合力。

首先，各部门协同起来，整合财政涉农资金，集中投入文明生态村建设中。海南将"村村通"资金、退耕还林、茅草房改造、改水改厕、扶贫等各项涉农专项资金，在政策允许范围内集中使用，以此引导金融资本、社会资本投入农业产业，增强农业农村经济发展后劲。

其次，除了政府投入外，海南摸索出一套"一个为主，四个一点"的多方投资创建机制，即以群众投工投劳为主，各级财政投入一点，在外工作干部捐助一点，企业支持一点，华侨及其他热心人士赞助一点，形成了农民出力，各界出钱，协同共建的场面。

在省委号召下，社会各界表现出空前参与文明生态村建设热情，纷纷为文明生态村建设添砖加瓦。如昌江县七叉镇黎族村庄机保村，在 2007 年该村开始创建文明生态村时，因资金投入不足，导致民房改造中断。国投海南水泥有限责任公司得知后，于 2008 年 8 月捐资 116 万元，帮助黎族村民建新房，完善基础设施。海南省军区与海口市龙华区涌潭村开展共建文明生态村活动，力图将文明生态村打造成为军民鱼水情的新的凝聚点。省军区首长多次考察涌潭村，带领官兵们参加村庄建设，还专门请来历史、规划方面的专家，对辖区内的古村落进行科学规划，挖掘这些村庄的历史文化资源，逐步将涌潭村建设成为独具文化特色的文明生态村。

（5）创新发展，不断深入

创新是海南文明生态村创建与发展的灵魂。12 年来，海南历届省委、省政府坚持不断创新，走出了一条创新发展、不断深入的文明生态村建设之路。

首先是指导思想创新。2005 年中央做出建设社会主义新农村的战略部署后，海南省委及时提出将文明生态村作为社会主义新农村建设的综合载体。在指导思想上，海南文明生态村建设开始与社会主义新农村建设融为一体，进一步明晰了海南解决"三农"问题的思路，推动全省文明生态村建设进入了新的发展阶段。

其次是模式创新。海南文明生态村以优美的生态环境、发达的生态经济、丰富的生态文化和一流的生活质量为目标，以物质文明、政治文明和精神文明协调发展、共同进步为原则。走生态主导型的绿色小康之路，是海南社会主义新农村建设模式的创新。

再次是实践创新。海南在创建文明生态村过程中的许多创新做法，如"围绕中心，综合创建""以人为本，依靠群众创建""从实际出发，因村创建""广泛参与，城乡共建""稳步推进，扎实创建"等做法，对全国社会主义新农村建设起到了榜样的作用。

3. 新视野里的再解读：价值与缺失

海南文明生态村创建工作在社会主义精神文明建设中起步，在国际旅游岛建设上升为国家战略的背景中深化，经过12年来的不懈努力，使超过一半以上的村庄发生了巨大变化。海南文明生态村建设取得的宝贵经验，成为国际旅游岛建设的重要财富。充分地肯定、总结这些经验，使其更好地为海南社会主义新农村建设服务，为海南国际旅游岛建设服务，意义重大而深远。

问题是，海南的文明生态村建设是在不断地探索中被丰富被深化的。在人类进入全新的后碳时代的转型中，海南文明生态村建设应该获得新的视野和新的解读。我们应该清醒地认识到，我们还不曾深刻理解我们所处的后碳时代的时代特征，还不能自觉地从新的工业革命和社会变革层面来理解科学发展和绿色崛起的本质与内涵。我们需要超越传统工业化、城市化的发展模式，在新的人与自然共存共荣的地球生物圈理念中重建我们的意识形态。我们需要在一场历史性的生产方式、发展方式乃至生活方式的变革中，去深入理解"文明生态村"问题，理解它在怎样的意义上成为真正让农村走向幸福美丽未来的综合载体。

既往的成就和经验只能说明我们开了个了不起的好头，全方位、高品质、可持续的构建美丽中国海南篇章的文明生态村建设还任重而道远。所以，我们应该清醒地认识我们既往的成就，客观地评估创建的质量和水平，应该对海南文明生态村创建中存在的问题和面临的挑战有一个新的认知。

四 新认知：海南文明生态村建设中存在的问题与面临的新挑战

1. 文明生态村创建中存在的主要问题

海南文明生态村创建工作虽然取得了巨大成绩，但存在的问题不能忽视。

（1）领导重视程度不一，创建工作时紧时松，创建水平参差不齐

总体来看，海南各级党委、政府对文明生态村的创建工作是高度重视的。这是文明生态村创建和发展的政治保障。但是在调查中发现，各级各届领导在重视程度上不一，直接导致创建工作时紧时松，创建水平也参差不齐。

就全省而言，前紧后松的情况比较明显。尤其在创建初期和中期，各地纷纷按照省里统一部署，并通过示范引导，创建工作搞得红红火火，海南的创建工作很快成为农村工作的亮点，引起各方广泛关注。但到后来，尤其近几年，创建工作明显降温，这种降温，主要来自上层，在此情况

某文明生态村现状（摄影：焦勇勤）

下，一些地方一年都不开一次专门会议，甚至个别地方为了表达政绩，只管上报创建数量，不顾实际质量，个别村庄虽然已是文明生态村，但村里污水仍然乱流，垃圾仍然到处乱堆，在该次文明生态村农民问卷调查中，有31.49%的人认为最不满意的是垃圾处理，有21.55%的人认为是污水处理。这种因领导重视不够导致的创建工作时紧时松的情况，直接影响了文明生态村的创建质量和创建水平。

时紧时松的问题出在基层，但根源在领导。本来，海南是全国最早开展创建文明生态村的省份，而且做得有声有色，但不知什么原因，近几年突然好像没人管了，既不开专门会议，也不开全省性会议，只是基层市县按照工作惯性在努力工作，这给创建工作带来不少困局，影响了创建工作可持续开展。

（2）全省缺乏统一规划，创建工作存在一定盲目性

缺乏统一规划，是该次文明生态村基层调查座谈中反映的最突出的问题之一。所谓统一规划，首先是全省统一的文明生态村总体规划。全省没有一个具有法律意义上的统一规划，这种省级规划，是从文明生态村概念定义，到指导思想、本土特色、产业调整、实施方案、保障体系等方面更具体的设计与规划，是指导全省文明生态村建设的规范性文件。全省统一规划的缺失，给工作带来不少盲目性和随意性。其次是各市县在全省统一指导下的市县文明生态村规划。缺少市县级的规划，使市县在创建工作上缺少了具体的指导和依据。再次是更具操作性的具体文明生态村的村庄创建规划。据说省里两年前曾启动过具体村庄的文明生态村建设规划，但由于缺少资金和没有严格要求，这次规划实际无疾而终。在该次12个市县的调查中了解到，只有两个市（琼海市和儋州市）的个别村庄开始了具体规划，但这两个地方的具体规划方式是由两位该地的慈善人士操作的，他们出自爱乡爱土的情

感，自愿走村串乡，积极主动为村里进行改造设计，帮助当地文明生态村建设。这种模式虽然也受到村民的欢迎，但毕竟与在一定先进理念指导下，按照省里统一要求所展开的村庄建设规划不是一码事。通过调查发现，各地干部，尤其是村镇干部都对文明生态村建设规划有强烈的要求，是文明生态村创建工作必须首先要解决的一大问题。

（3）创建专项资金投入不足，涉农资金捆绑不力，有限财力难以发挥整体效益

其一是省里专项资金投入不足。海南省文明办的文明生态村创建专项资金仅数百万元，在全省文明生态村创建工作中只能起引导作用。各市县文明生态村建设经费比较单一，主要为市县财政安排的专项经费，中央和省级配套资金几乎都没有安排，资金缺口较大。这和兄弟省市比差距较大（如江苏省现在创建文明生态村，每个村动辄上百元甚至数百万元）。由于资金严重不足，大部分文明生态村建设标准较低，创建质量大受影响。

其二是各项涉农资金缺乏统一安排调度，有限财力难以发挥整体放大效应。虽然省里有关于涉农资金捆绑使用的要求，但由于没有操作机制，各地在执行上却出入较大。除少数市县由主要领导牵头捆绑，保障了资金效益外，不少市县相关涉农单位仍缺乏统一安排，从而使有限财力难以发挥放大效应。

其三是社会资金动员乏招，社会反哺农村难以给力。社会资金包括企业赞助、华侨捐赠、个人奉献及村企合作，由于这方面缺乏智慧的策划和有效的组织动员，城市反哺农业、社会反哺农村、企业带动乡镇难以大见成效。

资金问题说到底是一个领导层的认识和态度问题。在城乡一体化背景下，究竟应当怎样安排城市与农村的投入比例？如何将公共服务均等化的重点放在农村？怎样让农民兄弟跟城里人一样共享改

革红利？该次调查发现，在文明生态村建设中，乡镇干部和村民们对资金投入呼声最高，在社会公平正义呼声渐高的情形中，资金保障应当受到省里的严重关注。

（4）普遍缺乏产业支撑，集体经济相对薄弱，缺乏可持续发展能力

生产发展是文明生态村建设的首要目标和要求。而生产发展、农民增收必须有产业支撑。海南在文明生态村建设过程中，尽管个别村庄依托旅游、种植、养殖等产业发展起来，成为文明生态村建设的亮点，但就整体而言，海南文明生态村普遍缺少产业支撑，集体经济十分薄弱，这不仅严重影响了文明生态村创建速度，也严重制约了文明生态村建设质量的提升。据问卷调查，在文明生态村建设存在的主要问题栏中，排在前三位的依次为：村庄集体经济实力不强，建设动力不足、农民增收缓慢（见图1）。在村庄优先解决的问卷调查中，排在第一位的是提高农村产业化水平（见图2）。建设文明生态村，抓基础设施建设和环境整治，只是第一步，如果在创建过程中产业扶持跟不上，农民增收问题不解决，可持续发展能力缺乏，建成的文明生态村就难以巩固。

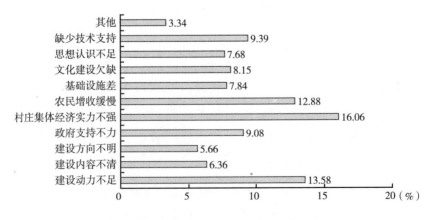

图1　文明生态村建设过程中存在的主要问题

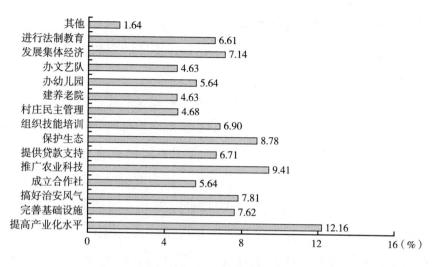

图2 文明生态村建设应优先解决的问题

（5）基本公共服务缺失严重，体制机制创新急待突破

长期以来，城乡分割的二元经济社会体制和政策造成了城乡居民基本权利和发展机会的不平等，并形成了城乡经济社会结构的失衡。海南通过文明生态村建设初步改变了农村的面貌，但在农村公共产品供给上仍然普遍缺少公共财政的雨露，基本公共服务缺失比较严重。农村公共道路、公共卫生、公共照明等均依赖农村集体经济支撑。由于海南各地农村集体普遍薄弱，本应向农村提供的公共产品供给不足，从而导致文明生态村巩固难，提高层次更难。由此可见，海南城乡基本公共服务均等化的任务十分艰巨。

另外，目前海南文明生态村创建体制机制及政策设计方面存在滞后和不适应时代要求的地方。突出的问题是，集体建设用地的流转问题、文明生态村公共服务政策问题及农村建设的财政政策和文明生态村建设长效机制问题。正由于这些缺失，所以在文明生态村创建中就缺少了体制保障、投融资保障，使产业结构转型调整及创建容易巩固难等问题很难解决。

（6）"等、靠、要"思想依然存在，主体动力和村民素质有待提升

农民群众是文明生态村建设主体。各地文明生态村创建工作的迅速发展，既靠党和政府的推动，又靠群众主体作用的发挥。凡是建成的文明生态村，都是较好地发挥了农民群众主体积极性的结果。但是，也有的村庄村民安于现状，认为文明生态村建设是政府的事，"等、靠、要"思想严重，即使是对一些力所能及的事也不愿出工、出力。有人对创建文明生态村虽然表示拥护，但一旦涉及个人、家庭利益时，就目光短浅，思想狭隘，缺乏全局利益观念，制约了创建进度。在已经建成的文明生态村，部分村民自治意识缺乏，环境保持不尽如人意，脏乱差现象出现反弹，有损文明生态村形象。由此可见，对农民的素质教育亟待加强，文明生态村建设主体动力有待提升。

某些文明生态村脏乱差现象反弹（摄影：焦勇勤）

2. 海南文明生态村建设面临的挑战

海南文明生态村创建工作不仅存在诸多问题，在后碳时代理念的比照下，也面临不少挑战。

（1）观念陈旧、思路老套是创建工作面临的首要挑战

党的十八大将生态文明建设写入大会报告和党章中，成为中

国生态文明的宣言书。这势必加快经济发展方式转变，促进绿色发展、低碳发展，促进从生态赤字转向生态盈余，开创一条绿色产业革命的新路。其目标首先是实现生活与碳排放的"脱钩"：一是促使已有的"黑色"能源"绿化"，即采用能耗更低、更清洁的方式使用化石能源，使单位能耗的污染强度下降；二是促使化石能源的使用与经济产出之间"脱钩"，尽量减少化石能源在经济生产和消费中所占的比重；三是促进非化石能源、可再生能源、绿色能源的大幅上升，并促进新能源的利用最终占主导地位。

后碳时代对文明生态村建设提出了更高的标准和要求。我们应该在第三次工业革命即绿色产业革命的理念中创新文明生态村的建设模式和实践模式，要在新的生产方式、发展方式、生活方式的变革中去理解文明生态村的建设。海南文明生态村建设，作为迈向超越传统工业化时代的绿色小康生活、奔向信息化和生态化时代的重要一步，必须考虑怎样根据自然界的承受能力进行适度的开发利用，更要结合海南实际，探索可再生能源与互联网相融合的新发展模式，要依循绿色工业革命的要求与目标来调整产业结构，开发新型的产业类型，安排人们的生产生活，把开发与保护自然有机结合起来，在人与自然互补共生的地球生物圈概念中寻求海南新农村的发展路径。当前，海南文明生态村建设正在向纵深水平发展，面临重大机遇。如何在准确把握后碳时代的时代特征基础上，主动适应形势发展的需要，抛掉陈旧的、老套的思路，创新发展，推动文明生态村建设转型升级，构成了文明生态村建设的首要挑战。

（2）在财力不足的制约下，如何解决集中投入和强力投入问题，构成创建工作的严重挑战

海南和经济发达省份相比，经济总量小、底子薄，综合实力

弱，欠发达省情尚未根本改变；教育科技、医疗卫生、文化体育等社会事业仍较滞后，城乡居民收入水平不高。全省财政收入总量不多，各项刚性支出负担重，财力仍然不足以满足海南经济和社会发展的需求。12年来，海南全省文明生态村建设共投入资金49.2亿元，其中，各级财政投入44亿元，社会资金投入5.2亿元。这种投入强度，还不及一个一般中心城市年度城市建设投入的十分之一。更何况其中直接用于文明生态村建设中的数量就更少了。即便如此，海南以有限的财力改变了全省半数以上的农村生产生活状况，成绩令人瞩目。然而，海南还有40%以上的自然村处于待建状态，在所有已建成的文明生态村中，也都存在一个巩固提高的问题，因此各地均迫切要求给予更多的财政支持。面对文明生态村建设庞大的资金需求缺口，海南财政资金投入不仅存在总量不足的问题，而且也存在资金分散、衔接不够、效率不高等一系列问题。以县级政府分配管理支农投资的部门为例，就有十几个之多；各种涉农资金基本上都是以"条条"为主管理的，有的地方主管部门之间缺乏沟通，致使不同渠道的政府涉农资金在使用方向、项目布局、建设内容等方面难以形成合力，使有限的资金不能发挥应有的效益。在海南财力有限的情况下，如何提高资金投入强度，同时又通过体制机制建设，充分整合各类涉农资金，解决文明生态村创建的资金投入问题，是必须面对和解决的。

（3）在生产方式落后、普遍缺乏产业支撑的情况下，怎样促进经济发展、农民增收，是创建工作面临的普遍挑战

海南通过创建文明生态村初步改善了农村生产生活环境，促进了农村经济发展，个别村庄成了远近闻名的富裕村。但是，总体说来，海南文明生态村的生产方式落后状况没有根本改变，普遍缺乏强有力的产业支撑（见图3）。

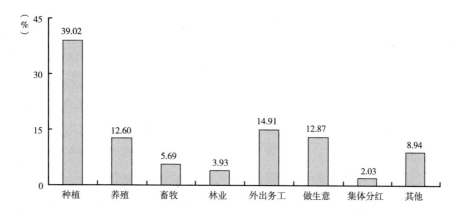

图3 村民家庭收入的主要来源

从调查看，即使是文明生态村，村民收入的50%以上仍然来自传统的种植业和养殖业，除去近30%来自外出务工外，几乎没有什么高附加值的产业收入，更谈不上集体经济的收入了。同时，海南农村还有70余万贫困人口，这些贫困人口相对集中在中部少数民族地区、西部干旱地区和北部火山岩地区3个片区，5个国家扶贫重点市县，600个重点贫困行政村和150个特困自然村。如何在已建和待建的文明生态村促进经济发展，实现农民持续增收，是海南文明生态村创建工作面临的普遍挑战。这种挑战主要体现在以下几个方面。一是海南省如何依托自身的资源禀赋，进一步突出生态旅游的特色，打造差异化的旅游产品，使文明生态村成为生态旅游的经济亮点，成为促进文明生态村经济发展、农民增收的重要途径。二是怎样深入推进农村经济结构的调整，进一步加强以市场为导向、农业发展方式转变为主线的生态特色农业的发展。三是怎样开发农村的人力资源，以机制创新带动集体经济发展，坚持和完善农村基本经营制度，发展农民专业合作和股份合作，发展规模经营，构建集约化、专业化、组织化、社会化相结合的新型农业经营体系。四是怎样继续坚持把基础设施建设和社会事业发展重点放在农村，为农村经济发展、农民增收创造良好环境。能否解决好上述问题，有效应对挑战，在很大程度上关系着海南文明生态村建设的成败。

（4）在村庄空心化、人口老龄化趋势明显的情形中，把握发展动力、建设美丽乡村，成为一个很大的挑战

在我国计划生育人口政策和城镇化的双重推动下，农村人口出现历史性和规律性的下降趋势。海南的情况亦是如此。随着农村人口大量迁出，农村留守人口越来越少，且以儿童、妇女和老年人为主，农村劳动力短缺，人口老龄化严重，农村空心化现象愈发突出。

该次在对全省 12 个市县 30 多个村庄的走访调查中发现，现在留在村里的基本上没有青年人，留下来的都是些老、弱、病、妇、幼。不要说对传统农业进行产业化改造，提高其规模化、科技化、组织化水平，就是日常的耕作增收，也难以为继。这的确是个十分严峻的问题：一方面城镇化的步伐在加快，大量的农村青壮年将继续离开故土涌向城镇；另一方面，新农村建设正需要大量的有文化有知识有抱负的年青人参与其中，成为文明生态村建设的主力军。如何解决这一根本性矛盾，确实构成创建工作的一个尖锐的挑战。

（5）在农村农业现代化、城镇化水平滞后发展的背景下，怎样按照国际旅游岛绿色崛起的新要求尽快实现经济社会的跨越式转型发展，是创建工作面临的更深刻挑战

海南是一个农业省，农村人口占全省总人口的一半以上，农业现代化水平不高，城镇化率低于全国平均水平。以文明生态村为综合载体建设社会主义新农村，解决"三农"问题，是一个艰巨的历史任务，也是一项复杂的系统工程。从根本上来说，海南文明生态村建设质量取决于海南经济社会发展水平，取决于国际

旅游岛绿色崛起的实现程度。按照国际旅游岛绿色崛起的新要求，加快海南产业结构调整，尽快实现经济社会的转型升级，是创建工作面临的深刻挑战。

海南经济规模总量不大，产业结构问题比较突出。如第一产业偏"老"，劳动生产率低下、结构不合理、产业化水平较低；第二产业偏"小"，总体规模水平较低、产业链条不够完善、资源约束和环境压力较大、创新能力不强；第三产业偏"弱"，服务业总体规模不大、发展不足、市场化程度不高。当前，海南国际旅游岛建设进入了关键时期，加快转变经济发展方式是统揽海南国际旅游岛建设发展的主线。如果海南省未能抓住机遇，加快传统优势产业转型升级，调整优化产业结构，大力培育和发展战略性新兴产业，就必然会延缓海南城乡一体化的进程，海南文明生态村建设也就缺乏牢固的根基。在创建海南文明生态村的过程中，如何在绿色崛起战略引领下，将先进的后碳时代可再生能源与互联网融合为新能源体系和产业模式，实现经济社会转型升级，就成为刻不容缓的现实任务。

五　新视界：文明生态村建设的国内外案例透视

1. 国内其他省份文明生态村建设及启示

案例一：四川成都郫县友爱镇农科村的做法

农科村（花木种植、农家乐）位于成都市郫县友爱镇，是首批国家级生态村，我国农家乐旅游发源地，全国农业旅游示范点，国家4A级景区，农业部农村实用人才培训基地。

农科村自20世纪80年代就开始大力发展花卉苗木产业，在花木经营过程中探索出了农家乐旅游模式，目前，花木种植与农家乐旅游各占该村经济收入的半壁江山。据透露，中等家庭的年收入可达 50 万元，中上等年收入达百万元，高收入家庭可达千万元，走出了一条良性发展的路子。

农科村基本经验包括以下几个方面。

一是协会管理。村民成立农业协会，对农家乐事务实施自我管理、自我服务。协会的主要功能有：对农家乐评分、评星；筹措资金谋发展；组织农民学习先进管理经验，提升本村服务水平。

二是制定村规民约。强化自我管理，改变村民陋习，强化倡导新风。

三是组织活动，丰富生活，增强吸引力。通过举办"豆瓣文化节""世界小姐走进农科村""啤酒消夏晚会""川剧座唱"等活动以增强吸引力。

四是加大推广力度，形成品牌。充分利用媒体扩大宣传。"同一首歌"、中央七台"致富经"、中央四台"远方的家"均来过农科村；开通了农科村新浪、腾讯官方微博，形成持久推广影响；通过宣传，农科村知名度得到提高，八方游客慕名前来。

案例二：贵州省贵阳市摆贡寨（村）的启示

摆贡寨虽在贵阳市辖区内，但自然条件差，一直是贫困村。它们接受了生态文明的先进理念，在政府的扶持下，依靠全寨村民，走出了一条生态经济发达、生态文化先进、环境治理良好的文明生态村新路子。给人们以很多启示：一是引进先进理念，争取国际组织支持。在政府协调下，摆贡寨成为世界气候组织（英国前首相布莱尔发起的世界非政府组织）、李连杰壹基金确立的生态建设"千村计划全球第一村"，在该组织的支持下，全村安装了 35 盏太阳能 LED 路灯，促进了村庄水、电、路、电视、电话、环境整治等基础工程的全面改造。

二是以生态经济为理念，建立安全食品基地，推动经济发展。出于食品安全、锻炼身体、陶冶情操、培养子女劳动意识等方面的考虑；村里建起了"开心农场"租给城里人，人均收入从2008年的3217元提高到了2010年的6300元。

三是立足自治，村民共建。新农村环境的建设与美化，仅靠政府监管、扶持还不够，需要成立一个村民自我管理的长效机制。就此，摆贡寨设立了"村庄整治理事会"。理事会设理事长、副理事长、秘书长，搜集村民对村寨改造的意见，组织村民到外地新农村学习参观，持续美化并不断保持村庄美好环境。

案例三：山东省生态文明乡村行动经验

山东省虽起步较晚，但其在海南学到创建经验后，迅速启动全省生态文明乡村行动计划，业已成为全国生态文明建设的先进省份。其基本做法是：

一是政府给力，强力反哺农村。2012年，山东省财政筹集资金近30亿元，支持实施五大工程，努力推进生态文明乡村建设。筹集7.25亿元，实施造林绿化工程，并对2046万亩国家级和省级公益林进行生态效益补偿。筹集2.06亿元，实施生态能源工程，大力推进沼气建设，支持建设循环农业示范基地，着力打造农村能源建设新样板。筹集3.72亿元，实施资源修复工程，支持省级重点风沙区水土保持项目实施，推进湿地公园和国家级、省级自然保护区建设。筹集2.94亿元，实施面源治污工程，扩大土壤有机质提升补贴范围，改进土壤状况。筹集资金13.56亿元，实施乡村文明工程。

二是全省统筹，全力改善环境。在垃圾处理方面，全省推广实施"户集、村收、镇运、县处理"的垃圾处理模式，目前全省

66.7%的县已建立农村生活垃圾的集中处理模式。在面源污染方面，引导农民科学使用农药、化肥，推广测土配方施肥，农药案件减少了30%以上。

三是"两区同建"，城乡一体发展。自2012年起，山东开始推广德州"两区同建"经验，即在建设新型农村社区的同时，推进农业经济园区建设，促进生产发展。2008年以来，山东德州坚持把"两区同建"作为统筹城乡发展的抓手，做法包括如下几个方面。①合并村庄。全市按"保留自然村，合并行政村"的安排，积极推进村庄合并，减少4980个建制村，新建3339个社区性组织。②全面规划。在尊重民俗民意、彰显乡村特色、注重文化传承、方便群众生产生活、规模适中的基础上，全市新建社区实现了规划全覆盖。③启动建设。全市规划农业园区455个，总面积为76.8万亩。以农业园区建设带动产业发展。2011年，全市农民人均纯收入8350元，比2008年增长47.6%，城乡一体化进程显著加快。

2. 国外的生态村建设与启示

案例一：欧美的理念与做法

生态村概念最早由丹麦学者Robert Gilman于20世纪90年代初在他的报告《生态村及可持续的社会》中提出，"生态村是以人类为尺度，把人类的活动结合到不损坏自然环境为特色的居住地中，支持健康的开发利用资源及能持续发展到未知的未来"。1991年丹麦成立生态村组织并给出如下概念：生态村是在城市及农村环境中可持续的居住地，它重视及恢复在自然与人类生活中四种组成物质（土壤、水、火和空气）的循环系统的保护。

该观点得到国际社会普遍认可。据"全球生态村网络"资料显示，目前全球生态村运动遍布世界七大洲，主要在欧美。欧洲拥有生态村的国家有 25 个；北美洲有 4 个；南美洲有 7 个；亚洲有 5 个；大洋洲和非洲各有 2 个。美国是世界上拥有生态村最多的国家。基本理念如下：

一是有机食品本地化。发展有机农业，用最少的能量生产最健康的食物是生态村广泛采用的生产系统。生态村居民食物构成中的 80% 由当地生产，以保证物质的当地循环。为了提供健康、新鲜的本地食品，人们要在居住区边界内保留野生动植物栖息地。

二是村庄及建筑物生态化。经科学规划设计，生态村展现合理布局和优美景观。建设中多选用本地出产的天然无毒建筑材料，如黏土、石头、木料等。合理采用太阳能、风能、水能、节水材料等，开发可更新能源系统，建设名副其实的绿色住宅。

三是生活方式网络化。轿车、卡车、飞机等交通工具的盛行，给环境资源带来沉重压力。生态村要求限制食物、货物的过分运输。这就需要大力发展并广泛运用现代通信技术，如电视、电话、电子信箱、互联网等，来完成信息转换，最大程度代替交通运输。

四是社群生活健康充实化。社群生活方式强调健康、充实。积极引导居民与自然环境友好相处，提供部分农地供居民种植蔬菜、水果等农业作物；多沟通交流，经常组织郊游、野炊等，建立互助、友爱的生活氛围。

案例二：日本的町村改造

"二战"之后日本实行三级行政体制：中央–都道府县–市町村。市町村是基层行政区划。市处于城市化地区；村即乡村地带；町与村类似，但地点一般距城市化地区较近，人口较多，在形态上更接近中国的郊区集镇。战后日本采取町村合并、工业导入、加强公共服务事业等做法，促进町村改造。基本做法是：

一是町村合并优化行政管理。1953 年日本颁布《町村合并法》，规定把町周围几个村合并进町，城市化程度高的设立市。1947 年，町村数量为 10295 个。到 2000 年年底，政府颁布行政改革大纲，提出把当时的 3200 个市町村进一步合并至 1000 个左右。合并后，行政管理体制得以优化，町村能集中财力从事地方建设，并使建成的公共设施拥有更大的使用效率。

二是工业导入提升经济实力。町村工业发展主要有两种模式：一是发展壮大农副产品加工、农具制造等传统产业；二是通过招商引资方式创建新工业。战后日本政府实施阶段开发政策，积极引导城市工业向町村转移。20 世纪 90 年代中期以后，政府通过减免税费、增加补贴、低息贷款、招商引资等方式进一步将工业引入町村地区。

三是不断完善公共服务事业提升城乡一体化水平。战后日本政府加强公共服务事业，通过制定向町村倾斜的政策，引导人流、物流往町村流动，提升城乡一体化水平。在环保方面，町村的环境改善对涵养水土、保全日本国土意义重大，政府于是对町村地域进行生态补偿。重视教育，1965 ~ 1973 年，教育投资年均增长 17.6%，到 20 世纪 80 年代，日本普及了高中教育，40% 的农村适龄学生可进入大学深造。

案例三：韩国的新村建设

韩国政府自 1970 年开始发起新村运动。该运动以"勤劳、自助、合作"为宗旨，通过村庄建设项目，加速推动农村现代化发展。

具体措施如下：

一是顶层设计，理顺体制。中央在内务部设立中央协议会，道

（省）、郡（县）、面（乡镇）政府设立地方各级协议会，负责牵头管理新村建设。中央内务部课长和局长负责1个道，道级课长和局长负责1个郡，面、郡两级公务员每人帮扶4个村。内务部收集整理全国数据，及时总结、调整有关政策。

二是加强规划，完善基础设施。政府拟定村镇建设规划，通过"政府出大头、地方出中头、农民出小头"的集资方式新建农村房屋。到20世纪70年代后期，韩国已基本构筑乡村公路网，实现村村通。

三是政府扶持，增加农民收入。政府为新村建设提供大量资金，向农民发放长达30年的低息贷款，并争取国际组织贷款。1970～1980年，韩国政府向新村建设累计投入2.8万亿韩元，相当1972年国民生产总值的一半。新村建设实施后，农民人均收入大幅提高。

四是发展产业，缩小城乡差距。1983年韩国中央政府提出"农村工业园"计划并于次年开始实施，即在条件较好农村地区建立工业园，设立工厂，发展非农产业，增加农民收入。"农村工业园区"由1984年的37个增加到1986年的61个，1988年的122个。到1993年，政府划定350个农村工业园区，建成4500家工厂，为83万农民提供了就业机会。农村工业和非农产业得到迅速发展，城乡差距得以缩小。

五是加强培训，提升农民素质。1960年韩国颁布《农村振兴法》，规定了对农民、农村青少年和农村妇女进行农业生产技术、经营管理方面的培训。培训内容以农村实用技术为主，培训前，培训机构一般还会对农民需求进行调查，按需培训。

新村运动在较短时间迅速扭转了城乡差距扩大趋势，成功实现了农村现代化。韩国一项民调显示，新村建设被认为是韩国现代历史上最重要的成就之一。

六　新把握：挑战与机遇的 SWOT 分析

用全新的理念引领海南文明生态村建设确有很多优势和机遇，但也存在明显的劣势，同时面临严峻的挑战。系统分析这些因素及其相互关联，对深入开展文明生态村建设就显得尤为必要。

1. 优势

（1）省委、省政府和各市县对文明生态村建设高度重视。

（2）文明生态村建设积累了很多宝贵经验。

（3）海南太阳能、风能、地热能、海洋能等可再生能源储备丰富，利用试点效果很好。

（4）海南农村所占地域广大，农民人口少，可开发利用空间大。

2. 劣势

（1）海南经济发展水平较低，可支配财政资金较少。

（2）文明生态村建设未能与海南省能源开发利用结合起来。

（3）海南农村基础设施相对落后。

（4）海南农村集体经济建设较弱。

3. 机遇

（1）生态文明建设已被党的十八大确定为国家战略。

（2）国家可再生能源、太阳能、地热能、新材料发展等新兴产业规划已为国家提供明确的发展方向和途径。

（3）国家分布式发电并网等政策的出台为可再生能源利用提供政策和技术支持。

（4）海南国际旅游岛战略和科学发展绿色崛起战略成为最大的历史机遇。

4. 挑战

（1）各级领导对后碳时代发展方式转变的认识仍有待深入。

（2）能源与产业革命升级换代投入大、见效慢，需有长远眼光和坚强魄力。

（3）文明生态村建设在重点突破和全面推进方面存在一定分歧。

（4）包括干部在内的各级人才队伍的建设瓶颈亟待突破。

优势（Strengths）	劣势（Weaknesses）
1.省委、省政府和各市县对文明生态村建设高度重视 2.文明生态村建设积累了很多宝贵经验 3.海南太阳能、风能、地热能、海洋能等可再生能源储备丰富，利用试点效果很好 4.海南农村所占地域广大，农民人口少，可开发利用空间大	1.海南经济发展水平较低，可支配财政资金较少 2.文明生态村建设未能与海南省能源开发利用结合起来 3.海南农村基础设施相对落后 4.海南农村集体经济建设较弱
机遇（Opportunities）	威胁（Threats）
1.生态文明建设已被党的十八大确定为国家战略 2.国家可再生能源、太阳能、地热能、新材料发展等新兴产业规划已为国家提供明确的发展方向和途径 3.国家分布式发电并网等政策的出台为可再生能源利用提供政策和技术支持 4.海南国际旅游岛战略和科学发展绿色崛起战略成为最大的历史机遇	1.各级领导对后碳时代发展方式转变的认识仍有待深入 2.能源与产业革命升级换代投入大、见效慢，需有长远眼光和坚强魄力 3.文明生态村建设在重点突破和全面推进方面存在一定分歧 4.包括干部在内的各级人才队伍建设瓶颈亟待突破

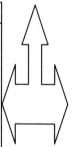

海南文明生态村建设 SWOT 分析框架

根据这一 SWOT 分析框架图，用对持矩阵模型可以看出文明生态村建设中应采取的措施：

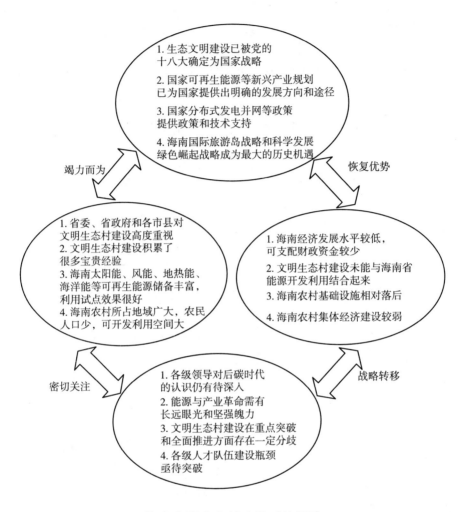

海南文明生态村建设对持矩阵

七　新定位：文明生态村建设应成为海南绿色崛起的重大战略

文明生态村建设究竟在海南国际旅游岛建设大格局中扮演怎样的角色，在海南绿色崛起的进程中应当给文明生态村建设一个怎样的定位，这是至关重要的问题。没有准确的定位，文明生态村建设便会失去方向，在行动中就会摇摆不定。

本研究报告认为：海南文明生态村建设应是全国生态文明建设表率的示范区，是争创中国特色社会主义实践范例、实现跨越式发展的突破口，是谱写美丽中国海南篇章的核心章节，是加快社会主义新农村建设、实现海南绿色崛起的综合载体。

1. 海南文明生态村建设应是全国生态文明建设表率的先行示范区

习近平总书记最近在海南考察时强调，保护生态环境就是保护生产力，改善生态环境就是发展生产力。良好的生态环境是最公平的公共产品，是最普惠的民生福祉。他指出，青山绿水、碧海蓝天是建设国际旅游岛的最大本钱，必须倍加珍爱，精心呵护。希望海南处理好发展和保护的关系，着力在"增绿""护蓝"上下功夫，为全国生态文明建设当个表率。

海南要当好"表率"，从哪里起步，以什么为重点？这是问题的关键。本报告认为，应当把文明生态村建设作为做好"表率"的先行示范区。理由是：①海南80%以上的地区属于农村地区，有65%以上的人口属于农业人口，这一地区生态环境好坏决定了全省生态环境的质量；②随着城镇化进程加快，城市空间正不断扩大，所涉及的新增城区，其实原本也是农村，这些农村的消失抑或转型，也是城乡一体化中要解决的问题；③相对城市而言，目前生态环境受到严重威胁的依然主要在农村，传统落后的生产生活方式、基础设施的严重滞后、公共服务的缺失、经济基础的薄弱以及无序盲目的开发等都对农村生态构成严峻挑战。不解决好这些问题，海南的"最大本钱"将丢失殆尽。

当然，把文明生态村建设作为"表率"的先行示范区，自有它的优势。首先，是海南已有12年的文明生态村建设历史，积累了丰富的农村生态文明建设的经验；其次，是海南已确立了把整个海南当作一个大城市来设计规划的思路，这给其提供了城乡一体化新思维；最后，海南广大农村干部群众已逐步建立起比较强烈的环境意识，为做好"表率"提供了较好的思想基础。

因此，把文明生态村建设在整体上设定为做全国生态文明建设表率的先行示范区，将会加快海南生态省建设步伐，为做好全国的"表率"发挥重大作用。

2. 海南文明生态村建设是争创中国特色社会主义实践范例、实现跨越式发展的突破口

中国特色社会主义的价值追求，就是要维护和促进社会公平正义，实现全体人民共同富裕。实现这一目标，发展仍是第一要务。问题在于，这里的发展绝不是掠夺式的、资源消耗型的、以牺牲环境为代价的发展，而是在反省传统现代化教训的基础上，以可持续为目标的跨越式发展，这一发展，就是科学发展。

海南要争创中国特色社会主义实践范例，实现跨越式发展，应该如何选择突破口呢？本报告的结论是，海南文明生态村建设是实现突破的关键抓手。

本报告做出如上结论，主要是基于下面几个理由。第一，在城乡二元结构的格局中，农村是弱势的一极，是落后的一极，是不发达的一极。要解决城乡统筹发展，必须先加快农村发展的步伐。第二，在解决全体人民共同富裕的过程中，大半以上的人口仍然是农民，城乡居民收入的差距，正是贫富差距的集中体现。不解决广大农民的脱贫问题，不能让广大农民兄弟共享改革红利，社会主义的优越性就无从体现。第三，在实现跨越式发展中，农村是最容易见成效的区域。海南农村由于发展滞后，生产方式落后，没有传统产业转移带来的包袱。在第三次工业革命浪潮推动下，海南完全有条件利用本地可再生能源资源和先进的互联网技术，率先从一开始就走一条新型能源之路，建立起可持续发展的新能源体系和农村产业化模式，实现跨越式发展。

在海南，几乎可以说，抓住农业、农村、农民这一发展的难题，整个海南的社会公平正义和共同富裕以及和谐稳定就抓住了发展突破口。

3. 海南文明生态村建设是实现绿色崛起的综合载体，是美丽中国海南篇章的核心内容

海南文明生态村建设从整治村容村貌入手，到生态环境与精神文明建设先进村，再到这一建设包含建设生态环境、发展生态经济、建立生态文化等多方面内容，是文明生态村创建活动的深入深化。现在，海南文明生态村建设不仅是国际旅游岛建设的重要抓手，而且是加快社会主义新农村建设、实现海南科学发展绿色崛起的综合载体，这是在新的时代背景下的升华。

作为综合载体和重要抓手，既包含社会主义新农村建设的总体要求，又融入了新的时代内涵，即适应全球世界经济大调整、产业结构转型和发展方式的大转变，实现从化石能源时代向后碳时代的大变革，实现历史性跨越式发展。这一综合载体，不再只是注重作为单体的独立村庄的整治，而是把整个农村作为一个整体，在城镇化进程中实现农村生产方式和生活方式的大变革，在社会公平正义和共同富裕的道路上实现海南的绿色崛起。

文明生态村建设作为海南国际旅游岛建设的重要抓手和综合载体，实际上已涵盖了政治建设、经济建设、文化建设、社会建设和生态建设的所有内容。这样一个综合载体的成功创建，就是美丽中国的海南篇章，就是中国梦的海南曲。文明生态村建设应是实现海南绿色崛起的响亮奏鸣曲。

八　新方案：全面推进海南文明生态村
建设的行动纲领

新的定位确立以后，海南文明生态村建设应有新的行动纲领，要点包括以下几个方面。

1. 指导思想

高举中国特色社会主义伟大旗帜，以邓小平理论和"三个代表"重要思想为指导，以科学发展观为统领，深入贯彻落实党的十八大精神和习近平总书记海南考察的指示精神，紧紧抓住国际旅游岛建设这一最大历史机遇，深刻认识世界时代新变局、新特征，以转变发展方式为主线，在城乡一体化格局中全面推进文明生态村建设，并以此作为争创中国特色社会主义新农村实践范例的突破口，发展生态经济，优化生态环境，提升生态文明。经过不懈努力，使海南农村成为全国生态文明建设的表率，成为社会公平、人民富裕的幸福家园，成为美丽中国海南新篇章，成为中国最美新农村。

2. 建设原则

（1）政府主导，社会共建原则

在政府主导型现代化建设模式中，党和政府的强力推动是至关重要的一环。农村千百年来一直养育和支撑着城市和国家的进步和繁荣。在现时代，农村的发展理应得到全社会的关注和扶持，城市支持农村，工业反哺农业，市民支援农民，成为题中应有之义。所以，文明生态村建设是国家大事、民族大业，而绝不能将其看成仅仅是农民自己的事，全社会都应该有一种责任担当感。政府主导、社会共建应是首要原则。

（2）跨越式发展原则

所谓跨越式发展，就是说海南文明生态村建设不能走传统的工业化、现代化的老路，不能走"先发展后治理"的旧路，从一开始，就要在深刻理解后碳时代第三次工业革命的背景下，在能源动力、产业选择、居住品质和商业模式等方面走一条可持续发展路径，使海南农村发展实现历史性跨越，成就绿色崛起。

（3）因地制宜，传承与创新并举原则

因地制宜主要针对三大事项：一是产业选择、布局和结构调整，二是村庄合并或搬迁，三是民居改造或重建。在文明生态村建设中，这都是不能回避的大事。到底乡村及乡镇应怎样选择产业，怎么调整旧的结构，怎样在全省农村区域布局产业，都要在充分调查研究基础上，做出决策，而不能靠兴趣、拍脑门决定。其他事项也一样，村庄为什么合，为什么重建，又为什么搬，民居的改造应遵循什么原则，这不仅涉及历史文化的传承和村民的意愿，还涉及如何在传承中体现时代特征。因此，因地制宜、传承与创新并举就显得尤为重要。

（4）整体推进，分步实施原则

在文明生态村创建已有12年历史的基础上，今天不能继续采取"自愿为主，先易后难"的做法了，否则对那些更落后、更偏僻的农村就不公平，所以无遗漏的整体推进应成为新阶段的创建原则。当然，在具体的实施中，要在统一规划的前提下，分类指导，分步推进，从而在整体上而不是只在"典型"的意义上共创文明生态村的建设大业。

3. 产业结构及布局

在全面推进海南文明生态村建设中，产业选择与布局、产业结构调整是重要一环。海南农村产业最突出的问题包括以下几个方面。一是传统农业种植业所占比例过重，仅有的一点农业加工业不仅是初级的，而且是低附加值的；其二是由于城乡隔离，新兴工业在布局上还没有将农村纳入视野，这种产业化布局跟新农村建设要求相去甚远，不能完成农村现代化的使命。

在新的视野里，应对海南农村产业发展做出新的选择、布局和调整。

（1）在把海南作为一个整体、一个大城市来规划建设的前提下，应一体化地把农村产业与城市产业放在统筹中进行布局，要围绕南北带、西部新兴工业带和东部旅游经济带，以及文化产业"一区三带九重点"的格局，对农村产业布局进行重新规划，使产业布局向农村延伸，形成琼北地区、琼南地区、东部地区、西部地区以及中部地区等五大农村工业产业园区，改变海南农村只有传统农业种植业和养殖业的格局。在此基础上，要结合实际，建设若干以中心镇为依托的农业工业区，形成全省新的产业布局，并带动全省农村人口向城镇集中，加快海南人口城镇化步伐。

（2）下力气全面改造传统农业模式和经营方法，提高其规模化、集约化和科技化水平。在文明生态村建设中，要通过城市资本、社会资本的介入，通过经营农地的流转和农村合作制的创新，不断推动农业产业化、现代化水平提升。要引进先进的耕作方式、组织方式和经营方式，采用全新的能源体系和商业模式，把海南农村建成现代化新农业和可持续发展的绿色农业的范例。

（3）在充分调查研究基础上，有重点的对部分乡村进行旅游化改造，建设具有本土特色、文化内涵丰富、各具特色的文明生态村。并不是所有海南村庄都适合搞旅游，要结合实际，不能一哄而上。要结合区位特征、历史传统和资源特色，选择一批适合发展旅游的村庄，进行全面的旅游化改造，大力发展乡村度假、乡村休闲、乡村乐居、乡村购物和乡村种养生活体验，使其成为这些文明生态村的经济增长点，成为国际旅游岛建设的新亮点。

4. 行动策略

海南文明生态村建设已经进入一个全面推进的新阶段。在城乡一体化的战略中，应有新的行动策略。

（1）标准引导策略

创建之初，海南文明生态村建设从环境整治和精神文明建设入手，不搞强求，不立标准，不搞摊派，这是正确的。但是现在的创建工作已经进入一个新的历史阶段，若没有一个创建的标准，既不好部署，也不好评估，显然已不合适。这一创建标准应根据新形势下中央关于新农村建设的要求，结合农村的具体情况进行设计，有具体的分项差异，并且加以权重区别（具体标准体系应另有设计）。由此，使各地在文明生态村建设中有依据、有尺度、有标准。

（2）连片联建策略

连片联建策略要求实行几个行政村甚至一个乡镇辖区村庄成片联村打造，或依据地理单元及自然资源关联性整合联动创建。这样做适应了在新理念上利用新能源、新材料尤其是新技术（互联网）的需要，更有利于在一定范围内整合资源，布局生产力，安排产业结构，以及引入社会资本，加快新型文明生态村的建设。

（3）引智引资策略

新阶段的文明生态村建设是一件事关大局、事关未来的伟大创举，单靠现有政府和乡村的能力是远远不够的，所以需要社会大资金和专家人才的进入介入。至于如何引智引资，当有另外的设计解决。

（4）分步实施、强力推行策略

全省2万多个自然村，同时起步、同时实现显然不可能。但依原目标五年达到75%又太慢，这样对后建的农村不公平，所以，应在统筹的前提下，按照每年新建2000个，巩固提升2000个的进度，用五年完成全省文明生态村建设任务。具体步骤是：一年规划引导，三年强力推进，一年评估提升完成。如图示：

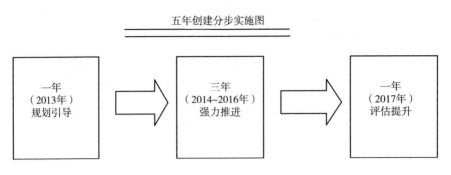

五年创建分步实施

九　新举措：深入推进海南文明生态村建设的具体对策建议

1. 编制海南省文明生态村建设系列规划，为全面创建提供指导和依据

应立即着手编制海南省文明生态村建设系列规划。系列规划应包括：海南省文明生态村建设总体规划、各市县文明生态村建设总体规划、各乡镇文明生态村建设总体规划和行政村文明生态村建设规划。

上述规划应与国际旅游岛建设规划、海南省城乡一体化建设总体规划、海南省社会主义新农村建设规划相衔接。要根据后碳时代第三次工业革命的新理念，依据党的十八大精神和习近平总书记视察海南的指示精神，对文明生态村建设的方向、目标、内容、要求等进行创新设计，使其具有时代先进性和实际操作性。

规划中还应具体做好以下工作：

首先，要尽快启动全省乡村产业（包括布局在农村区域的农业产业和非农产业）调查工程，发现优势，精心选择，谋篇布局，全力扶持引导农村产业成长。

其次，要尽快启动全省村庄历史沿革与文化遗产普查工程，挖掘确认乡村历史文化个性，设计村庄个性化历史传承定位，确定其文明生态村建设模式与特色。

最后，要尽快启动覆盖所有乡村的规划工程。保障创建活动建前有规划，建中有监督，建成有评估，提高巩固有依据。

2. 大力调整经济结构，积极推广新能源新技术，加快转变发展方式，使文明生态村建设获得新的文明指向

文明生态村建设的生命线是生态经济的高度发展，因此，必须大力调整经济结构，积极推广新能源新技术，加快转变发展方式，以生态经济带动文明生态村建设工作的全面开展。

第一，制定文明生态村高效生态农业综合项目名录。要积极探索既高效又生态的现代化新型农业项目，在这方面，海南省有些地方已经积累了一些比较成熟的高效生态农业项目，比如稻鸭共育项目、稻虾共生项目、积肥软床猪圈项目、"马来一号"波罗蜜种植项目等，这些项目不仅生态而且高效，在实践中都收到了很好的效果，应尽快制定文明生态村高效农业发展项目名录，在全省农村大力推广。

第二，成立省文明生态村新能源、新材料、新技术推广委员会。新能源、新材料、新技术是文明生态村建设的重点方向，由于海南省农村经济发展实力较弱，过去农村在新能源、新材料、新技术应用方面过去一直落后于城市，因此，应该成立省文明生态村新能源、新材料、新技术推广委员会，加强文明生态村建设对新能源、新材料、新技术的应用。

第三，出台文明生态村可再生能源开发利用扶持政策。海南省农村拥有丰富的可再生能源利用条件，日照时间长、空间开阔、地形多样，太阳能、风能、潮汐能、地热能资源丰富，因此，应该尽快出台文明生态村可再生能源开发利用扶持政策，在可再生能源利用开发项目、资金、设施、人员上向文明生态村倾斜。

第四，建立文明生态村住宅生态节能建筑材料推广试验点。海南省广大农村普遍面临升级改造的压力，住宅建筑的发展是农村的重点需求，因此，可以建立文明生态村住宅生态节能建筑材料推广试验点，借助文明生态村建设在危房改造、住宅升级过程中推广普及生态节能建筑材料，推进农村民居建设生态化。

第五，设立文明生态村互联网普及工程专项资金。当今世界已经进入信息化时代，而海南省大多数文明生态村在互联网普及方面还做得很不够。因此，应该设立文明生态村互联网普及工程专项资金，专门用于建设覆盖全省的文明生态村互联网工程，全面提高农民信息化水平，提升农民数字化生存本领。

除此之外，还应积极申报国家高效生态农业示范区、国家分布式光伏发电规模化应用示范区和国家可再生能源建筑应用示范市（县）等项目，充分利用国家资金提升海南省文明生态村建设水平和档次。

3. 建立文明生态村建设资金保障体系，着力克服投入瓶颈

第一，要改变既往城乡二元结构的财政意识，克服"农村建设农民干"的传统思想，确立政府主导、社会共建的新财政思维，把文明生态村建设投入列为国际旅游岛财政改革重大战略，彻底集中解决瓶颈问题。

第二，依据文明生态村建设的新定位和创建进度要求，加大投入力度。除原投入力度每年应有增加外，建议从每年全省农村土地出让金中划出一定比例，作为反哺农村、推进文明生态村创建的专项资金，列入年度财政预算，按计划、按规范和管理权限予以划拨支付，全力支持文明生态村建设。

第三，按照省委、省政府要求，在相关机构的统一协调下，将

涉农资金统一捆绑使用，以文明生态村建设为总纲领，使所有涉农资金发挥最大效益，全面提高涉农资金的使用效率。

第四，成立省、市（县）两级文明生态村建设基金会，搭建社会力量共同建设文明生态村的参与平台，为社会资本、民间资本共同参与文明生态村建设提供规范通道，形成社会共建的融资平台，将全社会的力量汇聚在一起，形成全社会共建的良好局面。

4. 强化主体意识，提高农民素质，充分发挥农民建设主体的作用

要加强村民自治组织的建设，加强村集体领导班子建设，加强农村民主政治建设，充分发挥村民组织的主体意识和自主精神，使其能够真正承担起文明生态村建设组织实施的基本职能。

要不断提高村民建设文明生态村的积极性和主动性，使广大村民真正认识到文明生态村建设的重要性和必要性，要吸引他们积极参与到文明生态村建设中来，主动承担其文明生态村建设的各项任务，积极维护好文明生态村建设成果，使文明生态村建设常态化、持久化。

在文明生态村创建中，目前最为迫切的就是要大力提高农民综合素质，充分发挥农民建设主体的作用。本报告的建议是，立即启动"海南省农民素质提高工程"建设。实施这一工程的要点是：①由省文明办组织专家编写一套农民素质提高工程教育读本；②由省文明办、教育厅、科协联合动员万名（或以上）高校师生成立志愿者队伍；③通过三年左右时间对全省农民进行全覆盖教育培训。通过工程实施，使全省农民素质有一个较快的提升。

5. 大胆推进农村集体建设用地产权制度改革，使文明生态村建设获得更大发展空间

农村土地制度改革滞后已成为我国农村发展的一大矛盾，而农民土地权益在城市化扩展中不能得到有效保障，已成为实现社会公平的一大难题。在文明生态村建设中，海南应先行先试，大胆推进农村集体建设用地产权制度改革，实行农村集体建设用地自由流动交易制度，使农村发展具有更大的资源支配增值空间。

这项改革的好处是使农村农民获得正当的集体建设用地权益，使农村发展具有更大的支配空间，从而使农民不但能直接从土地增值中获益，而且使农村具有吸引社会资金参与农村发展的自主权。目前，成渝国家城乡一体化改革综合试验区内已实施了这一改革，并取得了很好的成效。

实施这项改革的第一步是确权和颁证，即对村民宅基地和村集体建设用地进行确认、确权和颁发土地使用权证；第二步是建立省市（县）两级交易中心，使农村集体建设用地在规范的前提下获得自由交易平台。海南应充分利用国际旅游岛建设这一比较优势和最大机遇，尽快研究改革方案，出台相关政策，支持农村集体建设用地自由流转交易，为海南文明生态村建设开拓新的发展空间。

6. 构建文明生态村建设的全社会共建体系

第一，要积极探索建立文明生态村建设的决策咨询与论证制度，成立由政府人员、专家学者和群众代表共同组成的专家委员会，为文明生态村建设提供专业的顾问、建议和论证报告，推动决策的科学化。

第二，要鼓励社会组织、企业和个人积极参与到文明生态村建设工作中来，建立"政府主导、社会参与、机制灵活、政策激励"的文明生态村社会共建模式。要大力提升企业参与文明生态村建设的积极性，要探索建立更有效的建设机制，积极构建企业与村集体合作的模式，大力推广村企合作创建工程，充分调动城市企业资源加入文明生态村建设中来，以工哺农、以工支农、农企合作，以加快新农村变革步伐。

第三，要探索鼓励文明生态村建设社会捐赠制度，要制定相应的经济政策，通过减免税费、资金扶持、冠名表彰等政策吸引社会力量捐赠或赞助文明生态村建设。

第四，要深入开展农村致富带头人培育工程，使其在政府和社会的扶持下脱颖而出，带领农村发展、农民增收。

第五，要大胆启动两支队伍建设工程（1000 名专家支农队伍，1000 名支农志愿者队伍），引智入村、引资入村，构建文明生态村建设的外援主体，使其成为新村里人，协助新农村全面进步。

7. 建立文明生态村建设考核评估机制，推动创建工作高效健康发展

第一，要组织专家，在政府指导下尽快制定科学规范的考核评估指标体系，使文明生态村建设真正成为硬任务、硬指标，成为可衡量、可检查、可考核的对象。

第二，要建立专业评测机构评估机制。专业评测机构独立于政府、专家和个人，它的立场比较中立，能够提供更客观的评估数据，所采用的评估方法更科学，评估结果也更能够被群众接受，因此，应该逐步建立起专业评测机构评估机制。

第三，要利用好传媒的信息发布和社会监督功能。一是要通过传媒向全社会广泛征集对文明生态村建设的意见和建议；二是要通过传媒及时公布文明生态村评估结果，迅速获取公众对评估的反馈意见；三是要通过传媒形成与公众的良性互动，共同创建有利于文明生态村建设的社会共建模式。

8. 深化改革，进一步理顺体制机制，切实加强对文明生态村建设的领导

实践证明，省委、省政府关于文明生态村建设的领导体制是得力的、有效的，但是随着文明生态村创建工作的深入推进，尤其是当文明生态村创建工作有了新的时代定位后，体制问题特别是机制方面也随之暴露出一些问题，主要是领导认识不统一，工作时紧时松，各市县体制机制不统一，给执行问题带来困扰；信息不通畅，不能有效保障创建工作的高效性；财政投入严重不足，涉农资金政出多门，不能有效捆绑使用，不能集中力量办大事等。

在新的形势下，应通过深化改革，进一步理顺体制机制，强化对文明生态村创建工作的领导，坚持坚定把文明生态村建设作为"一把手工程"，以保障有效整合利用行政财政资源，提高创建工作的执行力，使创建工作深入扎实展开。

十　结束语

宇宙神奇，地球苍茫。宇宙和地球共同创造了人类，并敦促人类不断前行。今天，人类开始迎接全新的后碳时代。这是人类文明史上又一次伟大的转型。人类经历了千年的伟大征服，这次转型，将使人类回归与地球自然的和谐状态。

于是，文明生态村建设获得了新的宏大背景。这是一种新理念、一种新思维、一种新追求。由此，海南文明生态村建设将成为中国特色社会主义实践范例的开山篇，将谱写美丽中国的海南篇章。海南应当毫不犹豫地抓住机遇，在宏大背景的语境中去追求第三次工业革命在海南的落地，去实现海南的绿色崛起。

有没有这样的眼光和能力将对海南是一次重大考验。这是一种责任担当，一种中国梦的海南担当。

海南将在这种担当中实现美丽与文明的再升华！

琼海市新型城镇化建设调研报告[*]

加快推进新型城镇化建设是党的十八大确定的重大战略决策。习近平总书记 2013 年 4 月 8 日视察海南时做出了关于"做好'三农'工作，推动城乡发展一体化"的重要指示。琼海市认真贯彻落实中央的精神，按照省委的部署，结合当地的自然禀赋和人文特色，坚持科学发展，实现绿色崛起，以"打造田园城市、构建幸福琼海"为发展战略，以"不砍树、不拆房、不占田，就地城镇化"为原则，加快推进城镇化建设，努力探索琼海特色发展之路，谱写美丽中国的琼海篇章。

一 贯彻落实党的十八大精神，贯彻落实省六次党代会精神，以"打造田园城市、构建幸福琼海"的发展战略推进城镇化建设，是遵循规律、因势利导、顺势而为、水到渠成的选择

琼海的资源禀赋非常好、生态环境非常好、人文环境非常好。路不拾遗、夜不闭户，这就是琼海最好的资源、最独特的资源和最彰显本地特色的资源。琼海的湖泊众多、河流密布。琼海的村庄都掩映在绿树之下，房子都不高于树，只见树林不见房屋。像这样的资源在国内少有，在海南也是少有的。如何发挥这样的优势，加快琼海的发展，是琼海市委探索的重大课题。

---

* 琼海市调研小组。

党的十八大将科学发展观和生态文明建设作为重大的发展理念，并且把促进城镇化、农业现代化同步发展，推动城乡发展一体化。作为加快转变经济发展方式的重要举措，海南省第六次党代会确立了坚持科学发展、实现绿色崛起，全面加快国际旅游岛建设的发展战略。琼海市委深刻领会中央和省委的精神，从海南建设国际旅游岛的国家战略中寻找自己的定位和突破口，结合本地资源禀赋和人文优势，在2012年下半年提出"打造田园城市、构建幸福琼海"的发展战略和目标，全面推进特色城镇化建设，走城乡发展一体化道路。具体来讲就是通过建设"田园城市"的这个路径，来最终实现"幸福琼海"这个目标。在城镇化建设中，琼海市确定了"不砍树、不拆房、不占田，就地城镇化"的原则。这个"三不"原则所表达的理念体现了三条红线："不砍树"就是保护生态的红线，"不占田"就是敬畏自然的红线，"不拆房"就是社会民生和谐的红线。"打造田园城市、构建幸福琼海"的特色城镇化，就是要以尊重老百姓的生活和生产方式、尊重村形地貌、尊重生态本底为前提条件，除重大基础设施和公共服务产品建设根据规划需要拆迁农村之外，原则上不再砍一棵树、不再拆一间房、不再占一亩田，而是让广大的农村就地完善基础设施、完善功能配套，就地城镇化，努力实现"城在园中、村在景中、人在画中"，让市民感受田园气息，让农民享受城市的生活品质，让琼海成为一个"望得见山，看得见水，记得住乡愁"的地方，最终把琼海建设成为琼海人民的幸福家园，成为中外游客的度假天堂。

二　以风情小镇作为城镇化建设的重要支点和平台，加快推进特色城镇化建设

将生态文明理念融入城镇化全过程，因地制宜，抓住特色，发

挥优势，顺势而为，是琼海市城镇化建设的关键所在。2012年以来，琼海市以风情小镇建设作为推进城乡一体化、建设新型城镇化的重要抓手和平台，充分挖掘琼海全部12个镇的历史和文化，充分尊重各个镇老百姓的生活传统和习惯，充分尊重各个镇的资源禀赋，按照"一镇一风情，一镇一特色，一镇一产业"的模式来打造特色各异的风情小镇，特别是更突出通过传承地方历史文脉来提升城镇品位，以文化来丰富和塑造特色，打造精品。

博鳌镇是琼海市对外经济合作和文化交流的一个很重要的平台，是一个开放度和国际化程度很高的地方。越是本土的，越是民族的，就越是国际的。琼海市把琼海民居文化中最典型的青砖、雕梁、脊带和翘头等要素，全部用到博鳌风情小镇的建设上，提升镇墟的文化品位，使本土文化与国际文化形成一个非常鲜明的对比，形成美好的对接，起名为"博鳌天堂小镇"。

潭门镇的渔民自古以来，深耕南海，守卫我们的蓝色国土，做出了特殊的贡献。习近平总书记给予了潭门高度的肯定。海南省委罗保铭书记在党的十八大一结束，就到潭门给渔民宣讲十八大精神，指示加快潭门建设，提出要将潭门做成海南第一风情小镇，做成国内富有影响的风情小镇。琼海市充分挖掘潭门的地方文化、历史和产业，打造"潭门南海风情小镇"。

中原镇在南洋的华侨比在本地居住的人口还多，而且这些华侨很爱故土，积极支持家乡建设，华侨医院、华侨中学、自来水厂等都是华侨捐资建设起来的，中原镇弥漫着一股非常浓郁的南洋风情。琼海市打造南洋风情小镇，就是要让中原的华侨回到家乡、回到故土时，能够找到自己熟悉的感觉。

塔洋镇自元朝至正年间就是县治所在，历经元、明、清、民国等600多年，直到1950年海南解放县治才撤走，塔洋的聚奎塔最能体现琼海悠久的历史和灿烂的文化，塔洋的建筑风格就是琼海最古老的民居建筑风格，所以定为古邑风情小镇。

万泉镇位于美丽的万泉河畔，还有一条富有文化韵味、富有神奇浪漫色彩的文曲河流过，两河在万泉墟交汇。为了充分挖掘两河文化底蕴和资源，把万泉河沿岸的建筑风格以水乡的形式给体现出来，就要将其建成为万泉水乡风情小镇。

其他各镇也以各自的文化资源为灵魂，规划建设不同风格的风情小镇，像大路镇的农耕风情小镇、阳江镇的红色风情小镇、会山的黎苗风情小镇等，都将于2014年年底全部建成，成为当地百姓的美丽家园。

2013年4月，一个以展现"耕海、爱海、守海"的南海文化为主题的潭门南海渔业风情小镇初具模样，荣幸地迎接了习总书记的视察，引起了巨大的良好社会反响。近日，住房和城乡建设部公布了全国第一批8个美丽宜居示范小镇，博鳌镇成为海南省唯一入选的美丽宜居示范小镇。

三 以创建"国家农业公园"作为城镇化中统筹乡村发展的重要手段，助推农业增效、农民增收

国家农业公园是农业与旅游业融合发展的一种全新的旅游业态，集新农村建设、乡村旅游、农产品销售于一体。琼海市的热带高效农业发展好、生态保护好、田园风光好。依托这样的资源，琼海市在尊重老百姓生产和生活习惯、尊重生态文明、尊重风土人情、尊重原有村庄的基础上，把全市划分为"龙寿洋国家农业公园""热带滨海国家农业公园""万泉河国家农业公园"等3个大片区，以国家级的标准来完善充实提升连片的田洋及周边农村的基础设施和配套，着力培育新型经营主体，将农业升级转型，使农业向企业化、组织化、高效化、休闲化转变，使传统农业与旅游业紧

密结合，打造一个具有现代农业产业化功能、旅游功能、休闲功能和运动功能的城镇化乡村综合载体，使农业公园成为老百姓发家致富的产业支撑的园区，成为美丽家园重要体现的平台，让农业成为有奔头的产业，让农民成为体面的职业，让农村成为安居乐业的美丽家园。

通过农业公园建设，带动农村观光、休闲、体验旅游业发展，不仅让农副产品变成农副产品叠加旅游产品来增加它的附加值，还把农民从原来的单纯种植生产中解放出来，参与到铺面经营、土地出租、劳务工等多种经营中，实现从原来单一的生产性收入转变到经营性、财产性、工资性、生产性四项收入并举。农民的增收渠道明显变宽，增收速度明显加快。

通过农业公园建设，发展"合作社＋农户""公司＋农户"等模式，促进形成现代农业经营体制机制，实现统一种苗、统一饲料、统一防疫、统一技术、统一市场、分散养殖的"五统一分"组织化，带动周边农民大力发展种养业，让农民从规模生产中增加收入。通过农业公园建设，打造农业品牌，2012年以来，琼海市先后获得"中国胡椒之乡""中国珍珠番石榴之乡""中国火龙果之乡""中国油茶之乡""中国莲雾之乡"等称号。大大提高了农产品的知名度，提升了农产品市场竞争力，带动了生产规模的不断扩大和产品的增值，让农民从生产中增加收入。仅在2013年，琼海市就先后成立了油茶、火龙果、莲雾、青皮冬瓜、常年瓜菜、养猪等各类农民专业合作社12家，入社社员1800户。

四　以公共服务产品向农村延伸、社会事业向农村倾斜，提升农村生活品质

琼海市从改善群众生产生活条件入手，以推进公共服务均等化

为目标，加快完善城乡交通、供水、垃圾和污水处理等基础设施，把行政服务、教育、医疗等公共服务产品向农村覆盖，提升村民生活质量，让农民共享城镇化建设成果。

以骑行绿道串联整个琼海大景区，带动城乡一体化发展。琼海市推进城镇化建设，打造田园城市，最终目标是把整个琼海建设成一个5A级的大景区，让这个大景区成为琼海人民安居乐业的美丽家园、幸福家园。为了加快这一建设步伐，琼海市规划建设起网络型的骑行绿道系统，让一条条绿道像一条条金线一样，把琼海的田园、村庄、乡镇和景点，联结成一个大景区。"骑1广7"绿道的建设，充分尊重自然、顺应自然，结合山水脉络的独特风光，依地势而建，完善了城乡交通可达系统，成为当地百姓更舒适方便的生产、生活、出行通道；同时，在绿道若干处点缀推出田园风光农家乐、原生态绿色休闲游、万泉河垂钓自驾游等旅游精品，让游客休闲小憩，各得其乐，形成了主客共享，居旅相宜，独具琼海特色的绿道网络系统。

推进城乡生活垃圾处理一体化。结合创建国家卫生城市工作，开展城市整洁大行动，建立起"户分类、村收集、镇转运、市处理"的城乡生活垃圾规范化处置模式。2014年第一季度将实现全市全部12个镇204个村（居）委会2756个村民小组的城乡垃圾一体化处理，城乡环境卫生综合治理工作排名全省第一，创建国家卫生城市工作达到了国家标准，并通过国家暗访。推进城乡供水一体化，仅2013年就新铺设自来水管网239公里，受益人口6.5万人。

创新社会管理，为广大农民提供优质政务服务。针对在乡镇撤并改革中，多个乡镇被撤并，原来的办公机构也随之撤走，出现了很多村民由于路途远、交通不便等原因，"上镇""上城"办事难的新情况新问题，从2012年10月起，琼海市全力推进基层便民服务窗口的建设，建立起13个镇一级政务服务中心，51个区域性和村级便民服务窗口，近百个村级便民服务代办点，形成了市、镇、片区、村四级服务窗口（代办点）服务体系，2013 年又将 37 项行政审批权限下放到各基层便民服务窗口，优化便民服务窗口运行功能，进一步促进政府职能由"管理型"向"服务型"转变。2013年便民服务窗口来共接待群众 3.6 万余人次，代办各类事项 4 万余件。琼海市农村服务窗口的建设，既是服务型农村组织建设的举措，也是创新社会管理的重要举措，从根本上转变干部作风，解决老百姓办事难的现实问题，让老百姓不出村、不出镇就能够享受到优质的服务，把想办的事情就地办好，以优质服务促进社会和谐。琼海市的社会治安状况和社会环境均位居全省第一，被授予"2009~2012 年全国平安建设先进市"荣誉称号。

琼海市教育均衡发展工作在农村有效推进，成为首批通过国家"义务教育发展基本均衡市"国家验收评审的市县；还将统筹城区教师定期到乡村中小学任教，让城乡居民的子女共享优质教育资源。推行城区医生轮流到镇卫生院和村卫生室坐诊服务群众，让城乡居民一起共享优质医疗资源。琼海市还正在研究将城区的公交车开到每一个行政村，让农民一起享受便捷的交通服务。

五　以产业为支撑，特色城镇化建设取得初步成效

城镇化的关键是"产业"的城镇化。琼海市在城镇化建设中，着力发展以旅游业为龙头的第三产业，带动第一、第二产业结构的调整和升级，促进经济持续健康快速发展，让农民"不离乡、不离土"就地就业、增收致富。2013 年，琼海市三次产业比重由 2012 年的 41.7∶17.2∶41.1 调整为 38.7∶19.1∶42.2；城镇居民人均可支配收入增长 18%，农民人均纯收入增长 20%，是近十年来琼海市城乡居民收入增长幅度最大的一年；全市居民个人存款

141.99亿元，增长15.4%，人均存款近30000元。

城镇化促进了产业转型升级。潭门镇在渔业风情小镇建设之前，主要是以海洋捕捞业为主。在中央做出建设海洋强国、海南省做出建设海洋强省战略部署后，特别是习近平总书记视察潭门，嘱咐琼海市委要尽快让潭门渔民过上更加美好生活后，琼海市一方面加大扶持海洋渔业发展力度，另一方面努力引进人才、技术、资金，开发潭门特色工艺品精加工，加快推进蕴含丰富南海渔耕文化、爱国守海文化的旅游项目。现在，潭门已从渔业为主转变为以渔业、旅游和工艺品生产销售多业并举的产业体系。以贝类加工为主的海洋经济产业园区，加工厂从原来的68家增加到现在的100多家，产值由过去的每年1亿多元迅速发展到2013年的24亿元；贝类工艺品商店从之前的35家发展到现在的310家，增长了9倍，占镇墟铺面三分之二，其中有65家是从五金、日杂、修理等转变而来的；每天慕名到潭门的游客从原来的寥寥无几变成现在的2000人以上；工艺品商店纯收入由原来每月5000元左右变成现在的每月10万元左右；镇墟铺面从原有的100多家迅速发展到456家，增长了3倍多；镇墟商业销售额从之前的每月800万元左右增长到9000多元，增加了10倍多；铺面月租金从之前的500多元猛涨到5000元，增加近10倍；新增从业人员总数达1.5万人，其中7000多名是本地外出打工人员回流当地就业。中原镇经过风情小镇改造后，铺面的租金增长了2倍。万泉镇在建设水乡风情小镇的过程中，吸引外来投资1亿多元，农民在镇上新建房屋50多间，投资4000多万元。塔洋古邑风情小镇建设之后，铺面租金翻了一番，吸引外来投资5000多万元。琼海市的风情小镇建设，拉动投资和消费极其明显，现在人气旺了，消费高了，规模大了，每个镇在新型城镇化中的作用越来越突显，成了城乡发展一体化的重要平台和纽带。

城镇化推动了农旅融合发展。博鳌镇美雅村在政府完善农村基础设施和配套，整合 5 个村的自然资源，发展具有观光旅游、休闲度假等功能的农村田园式郊野公园的基础上，鼓励当地村民集资开发乡村客栈、自行车营地等农家乐项目，增加收入。仅农家乐收入这一项，就使 2013 年全村 132 人的人均收入增加了 2.3 万元左右。美雅村的老莫曾担心城镇化改造后自家的房子被拆掉，现在却乐呵呵地在自家里办起了家庭小旅馆，每天接待不同口音的游客，还入股农家乐当了股东。据不完全统计，琼海市休闲农业组织 13 家，具有一定规模的农家乐 22 家，带动 5000 多位农民就业，有力推动了农业与旅游的融合发展，让农民"不离乡、不离土"就地就业，促进了农民的增收致富。2013 年，全市农民人均纯收入 9820 元，比海南省平均水平高 1520 元。

城镇化提高了城镇的品位。作为琼海市政府驻地的嘉积镇，依托城市郊区万亩面积的龙寿洋及周边村庄、农田、经济作物等现有资源，建设龙寿洋国家农业公园。通过提升完善村庄生产生活设施配套，完善骑行绿道，将周边上百个自然村串联起来，嘉积镇打造出一个"像一颗颗珍珠玛瑙一样镶嵌在城市周边"的城郊公园。瓜果飘香的田园成了城里人休闲的景区，每到周末，不少市民和游客都会来到这里漫步、骑自行车，呼吸新鲜空气，欣赏田园风光，采摘时令瓜果，感受乡村的生活气息。田野公园的建设使农村的交通、生产、生活设施日益改善，周边近 6 万村民轻松地享受到了城市的生活品质。在城区万泉河 2.7 公里长的岸线范围内，合理搭配种植乔木、藿木和花草，完善休闲小筑、游艇码头、亲水平台、演艺台、木栈道等配套设施，建设万泉河生态示范区，成为市民享受自然生态和家庭亲情娱乐的好去处。

城镇化培育了新兴产业聚集带。博鳌和潭门特色城镇化建设的成功，使越来越多的投资者对琼海市充满了信心。琼海市紧抓机遇，瞄准高端产业和产业高端，努力建立现代产业体系，重点推进博鳌乐城国际医疗旅游先行区、中信博鳌风情广场等旅游项目，加快旅游业升级；推进博鳌国际会展文化产业园、温德姆度假酒店等项目建设，加快发展会展业；推进数码港、LNC 发电厂、新能源和智能电网产业基地建设，大力发展高新技术和新能源等新兴产业，使城镇化的基础进一步夯实。

琼海市通过打造田园城市来推进新型城镇化建设，使一个个具有浓郁地域特色的风情小镇就像一个个珍珠一样以各种优美的姿态、优雅的风情镶嵌在琼海 1710 平方公里的美丽田园之上，一片片绿色的村庄散落在小镇四周，一间间质朴的民居掩映在绿荫中，一条条散发着热带风情的绿道将城市、小镇和村庄连成一体，不分边界，现代城市文明与传统乡村文化和谐融合、相互衬托。正如琼海市委书记符宣朝所说："琼海市城镇化建设的一个突出特点，就是使村庄的基础设施功能达到城区的水平，就地实现城镇化，让广大城乡居民在不知不觉中提升生活品质，增加收入，让百姓的笑意写在脸上，幸福发自内心！"

澄迈县"美丽乡村"建设情况汇报[*]

为深入贯彻落实党的十八大、省第六次党代会、省五届人大一次会议精神，2013年3月15日，澄迈率先提出全面推进澄迈县"美丽乡村"建设，率先制定美丽乡村建设标准，并成为全国10个"美丽乡村"建设试点地区之一，同时也是全国试点地区中最早开始推进"美丽乡村"建设工作的市县。全县"美丽乡村"建设工作，以发展"三农"（农村、农业、农民），改善"三生"（生产、生态、生活）为抓手，以实现"农业生产发展、农村生态优美、农民生活富实"为目标，多种措施并举，全面推进澄迈县"美丽乡村"建设。现将有关工作汇报如下。

一 加强领导，认真制定工作方案

（1）成立组织实施机构，落实"一岗双责"。为扎实、有序、高效推进全县"美丽乡村"建设，大力提升全县社会主义新农村建设水平，县委、县政府成立了以县委书记杨思涛为组长，县委副书记、县长吉兆民为常务副组长，分管农村工作、生态文明、财政、住建等有关县领导为副组长，相关职能部门主要领导为成员的澄迈县美丽乡村建设工作领导小组。领导小组设在县财政局，负责统一协调"美丽乡村"建设各项工作。"美丽乡村"带建设工作紧密结合群众路线教育并落实好党风廉政建设"一岗双责"，确保建

---

[*] 澄迈县委、县政府办公室。

设资金一定要落到实处，干部要扎在农村一线。

（2）制定工作方案，指引美丽乡村建设。经过县委、县政府主要领导多次深入实地调研，相关部门结合实际，制定了《澄迈县"美丽乡村"建设工作总体方案》，明确了指导思想、总体目标、基本原则、工作步骤以及工作措施等。总体目标为依据县、镇、村三级规划，综合考虑各个村庄不同的资源优势、区位条件、文化底蕴和经济社会发展水平，突出特色，按照"示范引领、打造品牌、连点成带、全面推进"的思路建设美丽乡村。到2015年，建成6条美丽乡村带，力争全县99个500人以上的村庄达到美丽乡村建设工作要求。全县各镇也根据县、镇、村三级规划，制定镇级"美丽乡村"建设工作方案，每个镇集中精力建设1~2个镇级"美丽乡村"。

为了科学有序地开展建设工作，全县提出了"美丽乡村"建设"五个结合"工作原则和"五化"标准。"五个结合"，即"美丽乡村"建设与推进城乡一体化相结合，与生态文明建设相结合，与文化建设及文物保护相结合，与农村稳定和可持续发展相结合，与农民增收相结合；"五化"标准，即规划优化、环境净化、闲地绿化、村庄美化、村道亮化。

二　突出重点，积极推进创建工作

（1）重点打造三条"美丽乡村"带。从2013年开始全县重点打造3条"美丽乡村"带，第一是福山至桥头带（福桥带），主要村庄为福山镇境内的向阳村、侯臣村、白堂村、敦茶村、永边村和桥头镇境内的国泰村等；第二是罗驿至美文带（罗美带），主要村庄为老城镇的罗驿村、沙吉村、美文村等；第三是永发至美亭带（永美带），主要村庄为永发镇的南轩村和金江镇美亭工作站的美朗村、扬坤村、大美村等。

（2）成立三条"美丽乡村"带领导机构。分别成立了澄迈县福山至桥头带"美丽乡村"建设工作领导小组、澄迈县老城"美丽乡村"带建设工作领导小组和澄迈县永发至美亭"美丽乡村"带建设工作领导小组。县委书记杨思涛兼任福山至桥头"美丽乡村"带建设工作领导小组组长，县委副书记、县长吉兆民兼任老城"美丽乡村"带建设工作领导小组组长，县委副书记、政法委书记唐守兵兼任永发至美亭"美丽乡村"带领导小组组长。

（3）坚持规划先行，建设工作有据可依。全县2013年全县所有村庄规划编制工作，为"美丽乡村"建设工作打下了良好的基础。建设"美丽乡村"提上县委、县政府议事日程后，全县立即组织规划设计单位编制了三条"美丽乡村"带的建设总体规划，并于2013年3月28日通过县规划委员会审定。

在3条"美丽乡村"带总体规划指引下，全县又先后制定了3条"美丽乡村"带沿线公路绿化美化方案、福桥带向阳村"美丽乡村"规划建设方案、福桥带侯臣村规划设计方案、福桥带侯臣村建设实施方案、福桥带侯臣村经营发展方案、罗美带罗驿洋田洋整治方案、罗美带白莲墟立面改造方案、永美带工程设计方案、永美带海黄线公共基础设施工程设计、永美带大美内史坊工程设计等工作。

（4）书记带队跑经费，统筹全县资金保障。县委书记杨思涛专程赴京汇报工作，争取国家专项资金支持。全县还以县委、县政府的名义向省委、省政府报告全县开展"美丽乡村"带建设工作情况，主动争取省里的支持。由于前期工作进展顺利，全县开展"美丽乡村"建设的情况受到了中央和省委、省政府的认可。目前，中央、省共下达全县"美丽乡村"建设经费4500万元。全县按照"资金性质不变，管理渠道不变，统筹使用、各司其职、形成合力"的原则，通过统筹协调，对全县的上级专款、地方财政资金进行整理，用于"美丽乡村"建设。经整合，2013年全县可用于建设3条"美丽乡村"带的资金共有12133万元，其中上级专款有4500万元，地财资金有7633万元。预计2014年可用于全县三条"美丽乡村"带建设资金23618万元，其中上级专款有12108万元，地财资金有11510万元。专门出台《澄迈县美丽乡村带专项资金账务管理暂行办法》，简化资金审批程序，加快资金拨付，为"美丽乡村"建设工作提供了强大的资金保障，目前已经拨付7500万元。

为了确保资金安全运行，按县委、县政府要求，县纪委、县监察局、县审计局等3个部门同步介入"美丽乡村"建设工作，每家单位在每条带上各派出2名工作人员，对3个"美丽乡村"带的建设工作进行全程的监督、检查、资金审计，确保各项建设工作依法依规进行。

（5）尊重民意，"美丽乡村"建设项目化。全县"美丽乡村"建设不喊口号，不谈空话，结合农村的实际，以繁荣农村经济、增加农民收入为核心，以项目建设为抓手，以现场调研和现场办公的方式，在一线解决存在的问题，推进"美丽乡村"建设。县委书记杨思涛，县委副书记、县长吉兆民，县委副书记、政法委书记唐守兵等多次召集各有关单位和村民座谈会，与村民面对面沟通、坐在树底下畅谈"美丽乡村"建设。形成了走村串户，互动式创建"美丽乡村"的工作模式。通过宣传发动和沟通交流，在全县形成了"美丽乡村"家喻户晓，创建工作人人支持的良好氛围。

其中，福桥带以重点项目推动全带"美丽乡村"建设，将向阳村和侯臣村作为福桥带重点打造村庄，结合福山咖啡文化风情镇5A景区的规划发展需求，对向阳村和侯臣村进行升级改造，向阳村建设总投资630万元，侯臣村建设预算总投资3.7亿元。尤其是侯臣村通过盘活旧村闲置土地资源，通过利用政府资金带动社会资金投入和发动群众积极投工投劳，实行整村打造，既要改变原先落后破旧的面貌，又要建立和丰富农村产业，实现农民快速增收。

罗美带建设内容包括五大块，总投资概算为 14770 万元，分别是：罗驿村乡村改造，罗驿洋高标准基本农田改造，沙吉村乡村改造，美文村乡村改造，白莲墟立面改造。2013 年优先安排第一笔1000 万元的资金，用于 15 个项目，分别是：白莲墟立面改造，罗驿田洋整治，三个村旅游环境整治及管理，农村池塘改造，农村绿化建设，罗驿道路改造，路标指示牌、景点简介、卫生设施建设，罗驿村旅游厕所建设，解说员培训及误工补贴，罗驿村卫生室建设，扶持农家乐建设，美文村猪栏搬迁补贴，罗驿村古屋修复维修及各景点周边环境治理，美文村村道硬化，2013 年罗驿村旅游厕所管理费。

永美带建设内容包括七大块，93 个项目，总投资 6397 万元。其中包括海黄线全线公路设施建设项目，金江镇大美至南轩村旅游慢行系统建设项目，永发镇南轩村建设项目，江镇美朗村建设项目，金江镇扬坤村建设项目，金江镇大美村建设项目，田洋整治、资源普查及文化下乡项目。2013 年优先安排 1300 万元用于启动 78个项目建设。

（6）促农增收，"美丽乡村"提升产业水平。县委、县政府建设"美丽乡村"始终以繁荣农村经济、增加农民收为核心，多种形式拓宽增收渠道，实实在在为农民钱袋子想法子。一是 3 条"美丽乡村"带建设全部把改善农业生产条件作为重中之重。福桥带重点打造 600 亩种植 9 种热带特色农作物的观光农业示范基地；罗美带把罗驿洋农田综合整治提升作为核心工程；永美带抓紧实施黄竹美亭田洋改造，并把南轩、文英等田洋整治纳入计划。二是鼓励发展形式多样的休闲旅游业。福桥带围绕福山咖啡文化风情小镇5A 级景区建设，打造向阳村家庭旅馆和手工作坊，侯臣村将整村改造成具有独特地域文化的风情商业街；罗美带以罗驿村李氏宗祠为核心打造海南李氏文化及美文生态文化旅游；永美带紧密结合美榔双塔、大美内史故里、南轩石照壁等文物古迹及地区水资源丰富等发展历史文化及休闲农家游。三是将历史文化形成品牌合力。县委、县政府将3条"美丽乡村"带及其周边的所有文物古迹、历史遗存及非物质文化遗产加以打包，并整合提炼，由县文体局组织申报世界非物质文化遗产，形成澄迈县乃至海南省的重要文化品牌。四是发动群众参与，增加农民收入。凡是投资规模小、技术要求低且不需要走招投标程序的项目，原则上由项目所在村实施，实施工作按照村级公益事业"一事一议"相关规定执行。如永美带美朗村路巷改造、危旧房改造、卫生整治、池塘整治、绿化美化均由该村组成的工作队实施，激发了村民建设积极性，同时也增加了村民劳务收入。五是提升农民组织化水平，发展品牌农业。帮助村集体和农民成立股份公司或合作社，结合全县"四大富农工程"（橡胶槟榔富农、商标富农、打工经济富农、特色农业富农），提高农民组织化、专业化水平。如福桥带侯臣村将成立管理公司管理侯臣风情商业街；罗美带、永美带都将由政府帮扶成立股份公司，协调村庄发展、旅游管理等事务；永美带南轩村已经决定利用该村槟榔林面积大的优势，注册"南轩槟榔园"品牌，积极发展山鸡养殖等林下经济。

（7）加强"美丽乡村"环境整治。将"海南文明大行动"和"绿化宝岛"活动纳入美丽乡村建设工作，以农村环境卫生综合整治为基础，坚持"5个结合"，发动机关、乡镇干部和村民把镇道村路、房前屋后绿化好，农村垃圾、污水治理好，努力达到"五化"标准。2014年财政投入3000多万元用于农村垃圾处理工作，用于建垃圾转运站、村垃圾收集点和购置运垃圾车。其中投入900多万元健全和完善村镇垃圾池、果皮箱等环卫设施，形成"村收集、镇运转、县处理"的村庄环境卫生整治模式。村庄美化得到巩固和提高,农村卫生长效保洁机制基本建立,农村人居环境明显优化。

(8)加大"美丽乡村"宣传推广。县宣传部门除了制作大型宣传画幅、报纸等传统宣传方式外,同时通过注册"美丽乡村"建设微博平台,设计、注册"澄迈美丽乡村"品牌,提升"美丽乡村"含金量,以快速、实时的方式向社会展示澄迈形象,提高与群众的互动性,让广大农民群众充分了解和认识开展"美丽乡村"建设的目的和重要性,激发村民参加美丽乡村建设的热情,使其积极参与"美丽乡村"的建设工作,为"美丽乡村"建设工作营造良好的氛围。县宣传部门加大"美丽乡村"对外宣传力度,自3月15日以来,先后在人民网、新华网、中国网、《海南日报》、南海网、《南国都市报》、腾讯网、新浪网、凤凰网等媒体刊载新闻报道150多篇次。

(9)强化督导检查。自美丽乡村建设工作部署以来,县委书记杨思涛、县长吉兆民、县委副书记唐守兵等多次带领小组成员深入实地开展美丽乡村建设调研,了解项目进展情况,并召开现场办公会议,就项目建设过程中存在的问题进行及时的指导、解决。同时县委办、县委农委、县委督查室、县财政局定期不定期地对项目建设工作进行督查,确保"美丽乡村"建设工作稳步有序地进行。

三 取得成效及存在问题

全县首个"美丽乡村"试点村——向阳村的建设、美化、绿化工作已全部完成,村民自办手工咖啡作坊、手工豆腐作坊和15栋家庭旅馆也已经正式对外开放,并取得实效。2013年端午期间福山咖啡文化风情小镇旅游收入较2012年同期增长超过25%,国庆黄金周七天福山咖啡文化风情镇接待游客13.61万人次,带动了向阳村68户200多名村民增收致富。向阳村以旅游服务业带动区域经济发展，从而实现了农村可持续发展，农民快速增收，也让广大干部群众对"美丽乡村"建设增强了信心。目前，福山侯臣村的详细建设规划及实施方案已全部完成，该村预计于 2014 年年初建成并开始接待各地游客。

罗美带罗驿村以拍摄 26 集电视剧《福山恋》为契机，对省级文物保护单位李氏宗祠进行修缮和村庄环境卫生整治。目前罗驿村、美文村的绿化建设和池塘改造工作已经基本完成。罗美带各村庄的宣传栏、宣传画幅、路标指示牌、景点简介也已制作完成。美文村的村道硬化工程大部分已完成，罗驿田洋公路已于 2013 年 8 月中旬动工兴建，美文村和沙吉村的"膜法"安康饮水工程已动工兴建。

永美带美朗村美榔双塔周边通过县文体部门和交通部门投入近 500 万元对国家级文物保护单位美榔双塔景区进行了美化和道路硬化。该村也投工投劳 10000 多人次对池塘、村道和环境卫生进行了整治，修复了全村大部分石屋石巷，开展村道绿化、闲地绿化，种植花梨木、波罗蜜、重阳木、木棉树、黄皮、石榴、龙眼、杧果等树木近千棵，旅人蕉、三角梅、黄朱蕉、蜘蛛兰等绿色植物 9000 多株，种植草皮 1500 平方米，自发美化自己的家园，全村获得劳务收入近 120 万元。

2013 年全年实现旅游接待人数 243 万人，同比增长 31.93%，实现旅游收入 10.93 亿元，同比增长 33.78%。2014 年春节黄金周期间，全县共接待旅游人数 41.39 万人，同比增长 27.82%，实现旅游收入 1.18 亿元。其中，福山咖啡文化风情镇接待游客 20.85 万人，自驾游车辆 2.15 万辆，美榔姐妹塔、农家乐共接待游客 5.77 万人。向阳村"美丽乡村"家庭旅馆 7 天全部爆满。

虽然全县"美丽乡村"建设取得了一定的成效，但也存在一些问题。一是宣传力度不够，仍然存在个别群众思想不到位，过多考虑个人利益而影响工作进度的现象。二是"美丽乡村"资金投入大、前期工作量大、建设周期长，资金使用进度跟不上，影响美丽乡村建设工作快速推进。三是美丽乡村建设体制机制不尽完善，干部群众缺乏相关工作经验，影响工作进展。四是部分干部存在畏难情绪，工作推进缺乏主动意识，积极性和主动性没有得到很好的调动和发挥。

四　下一步工作思路

（1）思想解放，进一步加强制度建设。探索完善美丽乡村项目审批、资金拨付、质量监管等方面的制度，简化不必要的手续，提高运作效率，加快项目进度。

（2）走群众路线，耐心细致做好群众思想工作。了解群众诉求，以群众的需求作为美丽乡村建设工作方向，合理引导群众，使村民充分了解"美丽乡村"建设长远利益，避免阻碍"美丽乡村"建设现象的发生。

（3）加快项目资金划拨。同时县纪委、县监察局、县审计局等部门同步介入，对"美丽乡村"建设工作进行全程的监督、检查、资金审计，确保各项建设工作依法依规进行。

（4）加大督导力度，充分调动干部积极性。发扬"五加二""白加黑""8加X""晴加雨"的"澄迈精神"，确保工作按时、按量、按质完成。由县委督查室定期对项目建设情况进行督促检查，确保各项工作在要求的时间内完成。

海南长居休闲产业发展调研报告

夏鲁平 李 俊*

一 长居休闲，是 21 世纪的一种消费新需求

发达国家在 20 世纪下半叶进入休闲时代。中国 1995 年 5 月开始实行每周 5 天工作制，也开始进入休闲时代。休闲成为社会的一个重要话题，而长居休闲则是一种崭新的业态，泛指地处温带、寒带的居民到气候温暖阳光灿烂的热带地区长期居住。

长居休闲的概念来自台湾学者日式英语 Long Stay 的翻译，泛指在常住地之外时间超过 15 天的居留型休闲。2000 年日本出版的《Long Stay 白皮书》将长居休闲旅游定义为：不是旅行，也非移居（生活据点的迁移）的长期停留，不是观光或购物的旅行，而是将生活源泉置于日本的同时，在居住地区接触当地文化，并与当地居民交流，发现生活意义。

欧洲的西班牙是欧盟最负盛名的长居休闲目的地。一篇题为《西班牙的雪候鸟》的文章对此有如下描述："他们是欧洲版本的佛罗里达'雪候鸟'，来自欧洲各个国家，大概有 200 万欧盟的居民希望在接下来的 10 年内能到南欧安度退休后的生活。温暖的气候、条件良好的医院、充足的房屋和政府聪明的宣传技巧，共同促使西班牙成为一个有魅力的目的地，在争取欧洲步入老年的婴儿潮一代人的竞争中，它领

---

* 夏鲁平、李俊，海南省委党校。

先于其他阳光充足的欧洲地区，比如葡萄牙、意大利和希腊。"

地处热带的美国佛罗里达州是全球长居休闲发展最好的地区。据粗略统计，全州 1800 万人口中有近 400 万是长居休闲客，每年创造 700 亿美元的收入，是另一个以接待观光旅游为主的热带州——夏威夷的 7 倍。

亚洲的日本是自 20 世纪 80 年代开始推动本国的银发族的长居休闲的，1992 年，日本成立了"Long tay 推进联络协会"，负责组织和服务这项消费，到 2004 年，已经有 7 万余名银发族到海外长居休闲。东南亚的马来西亚、泰国、菲律宾、印度尼西亚近年大力发展长居休闲产业，以欧美和日本的银发族为营销对象。他们专门制定了方便外籍人士入境长居休闲的"退休者签证制度"，成立了能够使用日语的医疗机构，建立了和日本银行通存通兑的金融机构。最成功的马来西亚目前每年接待日本的长居休闲客超过一万名，成为日本游客海外首选的长居休闲目的地。

2005 年，中国台湾开始了推动长居休闲示范计划，完成了"营造乡村社区作为日本银发族国外长居休闲之可行性研究"。2006 年，中国台湾成立了"长居休闲事业发展委员会"和"台湾长居休闲发展协会"，确定花莲、台东、南投、高雄、台南为长居休闲示范区，并且给日本游客颁发可停留 100 天的长期签证，去日本举办相关说明会推销我国台湾。2008 年马英九在竞选台湾地区行政长官时，特别提出推进台湾中南部地区大力发展长居休闲产业的政策。目前，我国台湾地区每年接待的长居休闲者以日本人为主，但是数量不多，只有数百人的规模。

二 2003 年以来，海南长居休闲产业发展迅猛

海南第一批"候鸟族"是来长居工作而不是长居休闲，他们

就是利用海南冬季温暖的气候来这里进行农作物南繁加代育种的农业科技人员，一般逗留 3~5 个月，每年参与的人数在 5000 人左右。据不完全统计，1959 年以来，先后有 20 多个省份的 500 多家科研生产单位、高等院校、民营企业的农业专家、学者 30 多万人次冬季来海南从事南繁育种工作，直接经济产值每年达 2 亿元。2003 年影响全国的非典疫情显著改变了国民的消费观念，以三亚房地产复兴为标志的长居休闲产业开始在海南迅速发展。大量内陆民众（以退休的银发族为主体）陆续选择在海南购房、租房或者投亲靠友等，来琼避寒 3~5 个月，时间集中在每年的 10 月至次年 3~4 月的冬季。以海口为例，2013 年 1~11 月，岛外人士购买商品住房 11691 套，占总销售套数的 46%。

三亚市最近 3 年岛外人士购买商品房的比重逐年上升，2011 年三亚市销售商品房 10718 套，岛外人士购买了 8985 套，占总销售套数的 84%。2012 年销售商品房 9775 套，岛外购房者达到 86%。2013 年商品房岛外销售市场进一步巩固，外销商品房 15135 套，岛外购房者达到 89%。

市县的情况更为突出，在琼海市 2010~2013 年销售的 56610 套商品房中，外省籍人士购买了 52258 套，占 92.3%。在陵水县 2011~2013 年销售的 12380 套商品房中，岛外人士购买了 12164 套，占 98.3%。文昌市 2013 年销售商品房 5434 套，岛外购房者占 91%。

据初步估计，2013 年国内来海南的这种避寒休闲型"候鸟一族"的数量大约为 60 万人次，按照每人逗留 100 天计算，全省长居休闲客数量在 6000 万人·天以上，远远超过全年观光游客 3672 万人次的数字。

2013 年 12 月完成的一份《海口"候鸟族"与"候鸟族"文化的调研报告》指出，近两年每年来海口过冬的"候鸟族"达

18.9 万人次。他们的吃、住、行、娱乐，都很适情、畅意。

1. 海口是"候鸟族"避寒养老的天堂

每当早餐前后，"候鸟族"便来到假日海滩、万绿园、白沙公园、人民公园、金牛岭公园、府城三角公园等地散步、打太极拳、放风筝。每当夜幕降临，"候鸟族"们便来到各个街头休闲广场、小游园，自发地扭大秧歌，唱京戏，载歌载舞，好不热闹，成为海口街头的快乐景观。在海口某老年公寓，来自黑龙江大庆的张老说，他来自油田行业，退休后有三四千元的退休金，每年冬天，他都要来海口住段时间。"海口的气候太好了，来了就不想走，在家我住在 6 楼，一到冬天几乎不下楼，因为有哮喘、气管炎、关节炎等老年病，一接触冷空气就要犯病，一个冬天光吃药就得花费四五千元。可是到海口后，哮喘等毛病就全好了。"张老现在住在海口一家老年公寓，该公寓是一栋别墅，一个房间 60 平方米左右，床上用品、空调、电视、热水壶、电话、厨具齐全。老张每月花费大约 1000 元，其中每天伙食费 20 元，也可以自己做饭。小区绿化优美，生活很惬意。老张在海口过冬的现状，就是大多数海口"候鸟族"的生活写照。

2. "候鸟族"在海口生活很方便

阳光、海水、沙滩、绿色植被和洁净的空气，是享受现代旅游生活、身心快乐、有益健康的五大要素。毫无疑问，这些要素，海口都是具备的。尤其是海口的空气，堪称全国第一。民间环境保护组织"自然之友"在京发布年度环境绿皮书《中国环境发展报告(2013)》，对全国直辖市和省会城市的空气质量进行排名，海口名列全国第一。在 2012 年前，全国直辖市和省会城市空气质量排名中，海口连续 5 年排名第一。中国环境监测总站公布的全国 74 个城市 2013 年 1～2 月空气质量状况月报显示，海口空气、环境质量均名列全国第一。除此之外，海口的住、吃、行、购、娱乐等都很方便，特别适合"候鸟族"避寒、休闲、度假、养老、居住。

近年来，海口市城乡社区文体服务、医疗卫生服务水平不断提高，各类服务项目逐渐丰富，管理机制不断规范。各区政府加大投入力度，建设了一批老年服务设施。居委会、社区、村庄等，有不少都成立了老年之家、老年协会、"候鸟族"联谊会等，使"候鸟族"吃有人管，住有人问，娱乐有人安排。这些组织每天都安排"候鸟族"进行唱歌、舞蹈、棋牌等项活动。海口市老年大学和位于海口的省老年大学，分别开设了书法、国画、音乐、诗词、计算机和英语等专业课程，结合"候鸟族"的特点，采取灵活方式，吸收"候鸟族"就学。

3. 海口的"候鸟族"文化设施越来越完善

近年来，随着国际旅游岛建设的发展，海口环境和设施条件越来越好，越来越多的外省老人加入"候鸟族"。人们常说，"要想活到九十九，常来海口走一走"。海口是养生胜地，其稀缺的环境资源，温和的气候条件，悠闲的生活节奏，让来过的人交口称赞，乐不思返。

海口市城乡各地社区文体服务水平、医疗卫生服务水平不断提高，各类服务项目逐渐丰富，管理机制不断规范。各区政府加大投入力度，建设了一批老年服务设施。海口市利用中央补助资金和市政府筹集资金1600多万元建设社区"老年星光之家"110个，覆盖了全市74.8%的社区；同时，投入2000多万元安装了大量适合老年人活动的健身器材和娱乐用具；近两年，海口市投资4500多万元，新建街心文化广场、小游园59个，使全市街心文化广场、小游园达到137个，公共绿地达550.2公顷，为社区老年人和"候鸟族"提供了一大批高质量的文体活动场所。海口市各区镇的养老院、敬老院也办得很上档次。龙华区遵谭镇敬老院像宾馆一样漂亮，文化室、阅览室、活动室等一应俱全，"候鸟族"在这里生活、养生、娱乐，都很舒心畅意。

4. 专家学者对海口"候鸟族"文化予以充分肯定

对老年人"结伴南迁"的"候鸟族"文化现象，哈尔滨老年大学王教授认为，这是社会进步的表现，人们已经从故土难离的桎梏中解放出来，寻找生命中的第二故乡。这种到新的城市生活一段时间的方式与纯粹的旅游不同，后者身份是游客、过客，而前者则要求"候鸟族"成为新城市的"临时市民"。到一个新的城市里生活，"候鸟族"要完成环境、习惯、饮食，甚至语言上的适应和调整，其参与社会生活的机会显著增加，这对"候鸟族"的身体和心理健康很有好处。退休后，老年人已不再有规律的上下班；随着子女的成熟，父母角色也在淡化，家中空巢的时候越来越多，这都导致老年人出现很多心理疾病。"候鸟族"文化、"候鸟型"养老，不仅帮助老年人拓展生活空间、改变空巢状态，实际上也使他们获得了重新担任社会角色的机会，能够改善其精神状态、填补其退休生活的空白，对老年人的心理疾病有"不治而愈"的效果。大多数"候鸟族"都对这种养老方式赞不绝口、回味无穷。从遥远的海口返回自己居住的城市后，"候鸟族"普遍感到身体比以往更健康，精神比以前更好，眼界也比以前更开阔了。

哈尔滨市的一位医生著文论证，"候鸟型养老对老年人的身体有益，原因有三。一是适宜的温度。冬季时哈市气温太低，心脑血管病极易复发。海口温暖适宜的温度，对老年人身体有益。二是合理的生活方式。哈市冬季太冷，体弱的老年人往往无法进行室外体育锻炼。"候鸟族"相聚在一处，天南地北谈心，交流养生经验，适当进行体育锻炼，这是他们每天生活的重点，对身体有极大益处。三是健康的饮食习惯。海口人饮食习惯是少油腻、少糖酒、多清淡、多吃新鲜蔬菜水果"，受当地人饮食习惯的影响，来自北方的"候鸟族"也渐渐改变了多盐嗜酒的爱好，适应了海口的饮食习惯。这对"候鸟族"的养生保健大有益处。

三　海南长居休闲产业发展的市场潜力与竞争优势分析

1. 海南长居休闲产业发展拥有巨大的潜在市场

中国有世界上最多的"银发族"（60岁及以上居民），他们都是长居休闲的潜在客源。2012年，中国银发族已经超过2亿人。根据中国社会科学院老年科学研究会的估计，这个数字到2020年将达到2.3亿，2030年达到3.4亿，2050年将达到4.11亿。这种增长在大城市表现得尤其明显。以北京为例，2011年常住人口中老龄人口为280万人，预计到2015年将达到360万人。

2. 中国国土中热带地区比重甚低，凸显海南的气候优势

海南拥有国内少有的冬季舒适气候。中国960万平方公里的国土只有1.2%属于热带（其标准是最冷月平均温度大于17摄氏度），其中1/3在海南，中热带国土占全国国土面积的千分之一，全部在海南琼南地区。这种资源的稀缺性，在全球12个超过一亿人口的超级人口大国中绝无仅有。印度、巴基斯坦、孟加拉国、印度尼西亚、尼日利亚、巴西、墨西哥等7个发展中人口大国都地处热带，热带资源充足，而日本、俄罗斯、欧盟等发达国家和地区则根本没有热带国土，美国的面积与中国相当，热带地区比例则远大于中国（是中国的5倍左右）。因此，海南的气候优势在中国独一无二。

现代气象学综合考量湿度与温度对人体舒适感觉的影响，设计出温湿度指数公式，并且测算出生理气候评价指标。以海口为例，这里全年均适宜旅游活动，其中当年10月至次年4月基本上属于舒适气候，既适宜旅游也适宜休闲疗养（参见表1和表2）。

表 1 生理气候评价指标

温湿指数范围	>28.0	28.0~27.0	26.9~25.0	24.9~17.0	16.9~15.0	<15.0
体感程度	炎热	热*	暖*	舒适**	凉*	冷

注：*表示适宜旅游活动，**表示既适宜旅游也适宜休闲疗养。

表 2 海口市各月温湿指数情况

月份	1	2	3	4	5	6
温湿指数	16.7*	20.4**	22.3**	22.5**	25.3*	26.8*
月份	7	8	9	10	11	12
温湿指数	26.9*	25.8*	25.4*	23.8**	20.1**	19.8**

注：*表示适宜旅游活动，**表示既适宜旅游也适宜休闲疗养。
资料来源：数据根据海口市 2007 年温湿度计算，引自《2010 年海南省"十二五"前期研究课题汇编》下册《海南旅游资源与环境可持续研究》一文。

3. 海南的生态环境良好，和气候优势形成叠加效应

2013 年海南统计公报显示，海南城市（镇）环境空气质量总体优良。全年城镇环境空气质量优良天数比例为 99%，其中 77% 监测日空气质量为优，所有监测城市（镇）空气质量均达到或优于居住区空气质量要求的国家二级标准。

地表水环境质量总体优良。全年 90.8% 的监测河段、88.9% 的监测湖库水质符合或优于可作为集中式生活饮用水源地的国家地表水类标准，南渡江、昌化江、万泉河三大河流干流、主要大中型湖库及大多数中小河流的水质均保持优良态势。

近岸海域水质总体为优。海南岛近岸海域水质总体为优，绝大部分近岸海域处于清洁状态，一、二类海水占 92.7%，94.1% 的监测海域水质符合水环境管理目标的要求。

中国目前环境污染严重，已经严重影响了国民的健康，特别是空气质量更成为国民的一大心病。2013 年全国 72 个重点城市中，

PM2.5 指标有 92% 的城市不达标，而海口空气质量最好，在仅有的 5 个达标城市中排名第一。海南是一块生态绿洲，加上气候的优势，显著提升了海南发展长居休闲产业的竞争力。

四　发展长居休闲，为国民做出贡献

2013 年 7 月《美国国家科学院学报》发表了中国、美国和以色列专家的联合研究报告《空气污染对于预期寿命的长期影响：基于中国淮河取暖分界线的证据》，认定由于 20 世纪 80 年代与 20 世纪 90 年代的雾霾和空气污染，中国北方五亿国民平均每人缩短了五年半的寿命。来海南避寒的大陆民众不但避免了冬季北方的空气污染，享受到了这里良好的生态环境，特别是洁净的空气和灿烂的阳光，提升了生活质量和生命质量，也延长了自己的寿命。按照每年来琼的 60 万"候鸟"一族每人可以延长 5 年寿命计算，海南为他们延长了累计 300 万年的有质量的生命。"一寸光阴一寸金，寸金难买寸光阴"，即使按照延长一年寿命折合 10 万元价值的很低标准，海南作为最佳避寒养生之地，实际上也正在为国民创造着每年 3000 亿元的生命价值。

美国地处热带的佛罗里达州目前接待 400 万人长居避寒的银发族，海南接待的"候鸟"一族如果达到 400 万人的规模，则其创造的生命价值将超过 2 万亿元。

这是海南岛今天乃至未来可以为国民做出的最大也是最有价值的贡献。为了实现海南绿色崛起，必须告别目前"买地—盖房—卖房"的无法持续的模式，探讨生态变现财富、气候变现资源的永续发展新道路，培育长居休闲生态养生作为海南的重要产业，尤其是海南中部地区可以依赖其得天独厚的气候优势和生态优势，率先起步，后来居上。

在探索新道路的过程中，必须坚持"生态为本、民生为根、文化为魂"的宗旨，在农垦和农村（城市周边）大力发展长居休闲与乡村旅游产业，促进东中西部的和谐发展、山海平原的和谐发展、城市与乡村的和谐发展、社会与自然的和谐发展，践行海南特色的城镇化道路，真正实现有绿色产业支撑的绿色崛起。

大市场创造大机遇，把握大机遇需要"联合舰队"来破冰。2013 年年底由进入中部地区开发生态休闲与乡村旅游的保亭常青茶溪谷养生区、保亭呀诺达景区、保亭槟榔谷景区、白沙天涯驿站、白沙天湖黎寨、龙江农场和乐光农场、开心农场、海口花卉大世界、亚龙湾热带森林公园等单位发起的"海南省生态休闲与乡村旅游企业联盟"已经成立，并且开始以中部山区为核心建设生态休闲养生网络。

后　记

　　2013 年 12 月 25 日，海南省社会科学院正式挂牌成立。海南省社科联与省社科院实行"一套人马、两个牌子"合署办公的体制，坚持为海南经济社会发展服务、为党委政府科学决策服务，努力发挥"思想库"和"智囊团"的作用，致力于打造社会主义新型智库。编写海南发展蓝皮书是海南省社科联（院）进行新型智库建设的具体抓手。在 2013 年出版海南发展蓝皮书的基础上，2014 年省社科联（院）又组织有关专家、学者和政府工作人员，共同编写了《海南国际旅游岛建设报告（2014）》。

　　《海南国际旅游岛建设报告（2014）》按照海南国际旅游岛建设总体情况及六大战略目标定位，安排了一个总报告、六个分报告、三个专题报告和四个案例分析。总报告回顾了 2013 年海南国际旅游岛建设情况，分析了海南国际旅游岛建设在全省及各市县的实现程度和指数，预测了海南国际旅游岛在 2014 年的建设发展趋势，提出了很多好的意见和对策建议。六个分报告分别论述了旅游产业、新兴产业、文化建设、生态文明建设、农业发展、社会事业发展的情况。三个专题报告分别论述了如何推进海南可持续发展、海南乡村旅游发展、海南体育彩票业发展等问题。案例篇是本书的一大亮点，选取了四篇经典调研报告，尝试找出海南文明生态村建设、海南新型城镇化建设、海南美丽乡村建设和海南长居休闲产业发展的成功原因。

　　参加本书编写和提供材料的人员共有 30 余人，分别来自海南省旅游发展委员会、省工业和信息化厅、省海洋与渔业厅、省文化广电出版体育厅、省农业厅、省国土环境资源厅、省人力资源和社会保障厅、省统计局、海南大学、省委党校、海口市委党校、中国（海南）改革发展研究院、省社科联（院）等近20个单位。编写队伍中既有社科专家学者，又有政府机构的实际工作者，总体上保持一定的稳定性，这样的组织架构在一定程度上实现了理论与实践的结合，增强了本书的权威性、理论价值和实践指导意义。

本书在编写、出版过程中，得到了各级领导和有关人士的热情关心和支持帮助。海南省社科联党组书记、主席赵康太和海南大学教授曹锡仁担任本书主编，负责全书的选题策划和审阅定稿，赵康太还亲自为本书作序；省旅发委巡视员陈耀、省社科联专职副主席祁亚辉、韩江帆，以及省社科联秘书长詹兴文、普及咨询部部长陈文做了大量具体的工作。本书编委有朱华友、鲁兵、包亚宁、闫广林、夏鲁平、王琳、李仁君、杨小波、王明初、詹长智、焦勇勤、王丽娅、陈建雄、何劲松、黄朝阳、李岱妮、吴贤洋、彭罗生；编辑部成员有邓章扬（常务）、陈惠芳、李亚琼、何凌、罗继东、蒋伶敏；发行人员有李新立、周卫疆、郭乐新、岳承乾、王花、梁海强、廖文。社会科学文献出版社周丽副总编和责任编辑陈凤玲、于飞大力支持本书的出版，对全书进行了深入认真的审读和校改。在此，我们特向关心、支持、帮助本书编写出版的各有关单位和各级领导、各界人士表示诚挚的谢意！同时，本书引用了大量统计和调查数据，在此一并对有关单位和作者致谢！

由于时间仓促，条件有限，疏漏之处在所难免。我们希望广大专家学者、读者对本书不足之处给予批评指正。

海南省社会科学界联合会

海南省社会科学院

2014 年 3 月 13 日

图书在版编目（CIP）数据

海南国际旅游岛建设报告. 2014/赵康太，曹锡仁主编.
—北京：社会科学文献出版社，2014.4
ISBN 978 - 7 - 5097 - 5932 - 5

Ⅰ.①海…　Ⅱ.①赵…②曹…　Ⅲ.①地方旅游业 - 经济
发展战略 - 研究报告 - 海南省 - 2014　Ⅳ.①F592.766

中国版本图书馆 CIP 数据核字（2014）第 077386 号

海南国际旅游岛建设报告（2014）

主　　编／赵康太　曹锡仁
副 主 编／陈　耀　祁亚辉　詹兴文　陈　文

出 版 人／谢寿光
出 版 者／社会科学文献出版社
地　　址／北京市西城区北三环中路甲 29 号院 3 号楼华龙大厦
邮政编码／100029

责任部门／经济与管理出版中心（010）59367226　　责任编辑／陈凤玲　于　飞
电子信箱／caijingbu@ ssap. cn　　　　　　　　　责任校对／岳书云
项目统筹／周　丽　陈凤玲　　　　　　　　　　　责任印制／岳　阳
经　　销／社会科学文献出版社市场营销中心（010）59367081　59367089
读者服务／读者服务中心（010）59367028

印　　装／北京季蜂印刷有限公司
开　　本／787mm×1092mm　1/16　　　　　　　印　　张／17.25
版　　次／2014 年 4 月第 1 版　　　　　　　　　字　　数／225 千字
印　　次／2014 年 4 月第 1 次印刷
书　　号／ISBN 978 - 7 - 5097 - 5932 - 5
定　　价／69.00 元